中國学術思想 研究輯刊

二三編

林慶彰 主編

第 4 冊

先秦至魏晉孔子形象之道家化歷程
——兼論儒道關係（上）

鄭倩琳 著

花木蘭文化出版社

國家圖書館出版品預行編目資料

先秦至魏晉孔子形象之道家化歷程——兼論儒道關係（上）／
鄭倩琳 著 — 初版 — 新北市：花木蘭文化出版社，2016〔民
105〕
目 2+160 面；19×26 公分
（中國學術思想研究輯刊 二三編；第 4 冊）
ISBN 978-986-404-555-6（精裝）
1.（周）孔丘 2. 學術思想 3. 儒學 4. 道家
030.8　　　　　　　　　　　　　　　　105002141

中國學術思想研究輯刊
二三編　第 四 冊　　　　ISBN：978-986-404-555-6

先秦至魏晉孔子形象之道家化歷程
——兼論儒道關係（上）

作　　者	鄭倩琳
主　　編	林慶彰
總 編 輯	杜潔祥
副總編輯	楊嘉樂
編　　輯	許郁翎
出　　版	花木蘭文化出版社
社　　長	高小娟
聯絡地址	235 新北市中和區中安街七二號十三樓
	電話：02-2923-1455／傳真：02-2923-1452
網　　址	http://www.huamulan.tw 信箱 hml 810518@gmail.com
印　　刷	普羅文化出版廣告事業
封面設計	劉開工作室
初　　版	2016 年 3 月
全書字數	335755 字
定　　價	二三編 24 冊（精裝）新台幣 46,000 元

先秦至魏晉孔子形象之道家化歷程
——兼論儒道關係（上）

鄭倩琳　著

作者簡介

鄭倩琳，台灣宜蘭縣人，一九七八年生，國立臺灣師大國文系博士。撰有《戰國時期道家之宇宙生成論》（碩士論文）、《先秦至魏晉孔子形象之道家化歷程——兼論儒道關係》（博士論文，該論文獲第二屆四賢博士論文獎第三名）及〈宗密難儒道元氣論探析－以《原人論》為討論中心〉、〈從《論語釋疑》之聖人論探王弼「以玄釋經」之得失〉、〈從《郭店・老子甲》「絕智棄辯」章探析《老子》相關思想之詮釋發展〉、〈從《莊子》外雜篇中「孔子困厄」之論述探析儒道之衝突與會通——兼論孔子形象之詮釋〉等單篇論文，並參與編輯《兩漢諸子研究論著目錄》。

提　要

　　本論文以「先秦至魏晉孔子形象之道家化歷程——兼論儒道關係」為題，旨在研討先秦到魏晉時代，孔子形象逐步道家化的現象及其思想意蘊。在《莊子》內篇中，莊子創造了「道家化的孔子」，這位「孔子」已意識到自己的侷限，他努力以心齋自修，代表著由凡人邁向聖境的追尋。莊子後學中，或據內篇之一端批評孔子，或據內篇之另一端納孔子入道家，兩者都可以在內篇中找到根源。《莊子》外雜篇中的孔子形象複雜難解、方向不一。外雜篇中的孔子有時是「求道者」，有時是「體道者」；有時被拒於道門之外，有時又與道者並駕齊驅，甚至凌駕於脩渾沌氏者之上，甚而還有法家氣味的黃老道家孔子。孔子形象隨作者的立場而改易。在《呂氏春秋》中，孔子以求治為目標，他因順時勢、見小知大；強調盛極而衰、物極必反；將「誠」的發用，化為統治之術；論「無為而治」時引用老子之言，儼然成為會通儒道之人；而在〈精諭〉的塑造下，孔子與溫伯雪子同列為與天符同的聖人。在《淮南子》中，孔子以「精誠」感動民心，他能通權達變、不化應化，強調「夫唯無知，是以不吾知」。《淮南子》承繼了《老》、《莊》之理，卻選取了孔子作為體道應世的代表，在其詮釋下，孔子已成為儒道共通之聖人，具有黃老道家色彩。在《列子》中，「道家化的孔子」境界更通透圓融，其「道行」也較《莊子》中的孔子略高一籌。這位孔子已上臻憂樂兩忘、有無俱遣、刳心去智、融通大道的境界，其道家至聖地位更加穩固。在「道家化孔子寓言」與「經典注釋」之間的關聯方面，王弼與《淮南子》兩者所論之孔子形象同出於《莊子》，自然有相應之處；而郭象《莊子注》與《淮南子》對《莊子》的詮釋形態固然有異，但是兩者的「孔子形象」亦有許多重疊的部分。

　　各書中的孔子形象，正反映了不同階段的儒道關係：先秦時，在《莊子》內篇中，莊子透過了孔子形象，溝通了方內與方外之間的隔閡。處於迷悟之間的孔子，似乎也象徵了儒道的關係，既有衝突的一面，亦有會通互補的可能。而《莊子》外雜篇中，〈盜跖〉、〈漁父〉等篇反映了儒道之激烈相爭；而孔門對話及孔子為道家評論人的文字，則反映了儒道之緊密結合。秦漢時期《呂氏春秋》與《淮南子》中的儒道會通，是立基於「王治」的政治目標所作的結合。「道」必須下落為治世之「術」，是以二書多以孔子的事例或言論來佐證黃老道家之理，這是書中常見的儒道結合模式。在魏晉時期，相較於前面所提之典籍，《列子》中「孔子」已完全是貫通儒道之玄聖，「孔子」之人格境界已真正超越了「儒道之是非」。而在《論語釋疑》與《莊子注》中，王弼與郭象藉由「經典注釋」的方式進行儒道會通。最後，《孔子家語》中孔子的道家色彩，反映了先秦到魏晉時期儒道交融的情形。《家語》雖是歷來資料之整編，但編輯者在整理的過程中，已反映出內心預設的孔子形象，正是儒道兼融的聖人。

目次

第一章　緒　論

本論文以「先秦至魏晉孔子形象之道家化歷程——兼論儒道關係」為題，旨在研討先秦到魏晉時代，孔子形象逐步道家化的現象及其儒道思想意蘊，以下將說明本論文之研究動機、研究範圍及研究方法。

第一節　研究動機

《莊子》中的孔子形象，是許多學者曾經關注、討論過的問題。在《莊子》書中，關於「孔子」的記載為數不少，以內篇而言，多集中於〈人間世〉、〈德充符〉及〈大宗師〉中。然而，莊子對於孔子的態度及評價究竟如何？向來是個爭論不休的論題。論者或以為莊子無不處處貶抑、揶揄孔子；或以為莊子在嘲弄孔子的文字背後，其實隱含著「尊孔」的基調。這表示《莊子》內篇中的孔子形象，就表面而言，確實存在衝突性。若吾人排除《莊子》內篇成於眾人之手的可能，那麼要如何才能解釋這種衝突的現象？再進一步檢索，將會發現，外雜篇繼內篇之後，載有三十餘則與孔子相關的記錄。莊子後學或將孔子視為得道之人，或以激烈言辭批判孔子，矛盾的情況更甚於內篇。為何對「孔子」的詮釋會產生這樣的矛盾？矛盾背後的意義為何？外雜篇的孔子論述與內篇的孔子又有著什麼樣的關聯？《莊子》批判孔子的文字，暫可用「儒道之相絀」來解釋；那麼，《莊子》中以孔子為道家發言人的這類記載，究竟要視為虛構，抑或真實？後世對《莊子》這類文字的解讀並不一致，正因為各家解讀上的差異，才開啟了多元化的孔子詮釋。這些問題，開啟了筆者對「道家的孔子詮釋」議題的興趣。

　　再者，針對「《莊子》中的孔子形象」議題，前人研究成果已豐。然而，仔細思量，以往的研究仍有一些問題存在。首先，部分論者將內篇與外雜篇合併討論。雖然說《莊子》書中各篇之作者已難徵考，但是，《莊子》書中的內篇與外雜篇應該有別。漢代以後逐步將《莊子》區別爲「內」、「外」、「雜」三類，正反映出當時學術界之判定〔註1〕。所以，外雜篇雖是莊子學說的接續發展，可以呈顯出戰國中後期至西漢初年期間，道家思想的發展狀況，但其行文模式、義理論述必然與內篇有所區隔，否則，後人如何能分出內、外呢？因此，學術界多以「莊周」爲內篇之作者，以「莊子後學」爲外雜篇之作者，這仍可視爲一種大致可信的「方便說」〔註2〕。若吾人將內篇與外雜篇合併論述，很容易混漫了其中的分別，也看不出莊學的發展與變化。筆者認爲，內篇與外雜篇對孔子的論述確實有異，應該分別討論。內篇中的孔子形象較統一，歧異性較小；而外雜篇中的孔子，可就形象多變、紛雜不一。

　　第二，論者容易產生循環論證的問題。持「莊子貶孔」論者，焦點置於「莊子貶抑孔子」的文字，而將「孔子論道」的文字視作是莊子的譏諷；持「莊子尊孔」論者，則是將「孔子論道」的文字視作是莊子的推崇，無視於「莊子貶抑孔子」的文字，認爲那不過是揶揄之語罷了。最容易出現的情況，就是僅論述內七篇，至於外雜篇，只選取有利於自己論點的部分來討論。這些篇章同被列於外雜篇，必然有其意義，我們怎能取此而捨彼，遺漏某些部分呢？更不能以一己之意認定某篇不合於莊子原意，就應該除之而後快。

〔註1〕有些學者認爲：應將《莊子》書視爲一個整體，不應有內篇與外雜篇之別。如楊國榮認爲：將內篇與外、雜篇截然分別地劃歸莊子與後人，不免容易失之簡單和武斷。對《莊子》一書更合理的理解，是將其視爲一個整體。(見氏著《莊子的思想世界》，北京：北京大學出版社，2006年10月，頁13)、羅安憲認爲：《莊子》一書實有一貫之邏輯，無特別理由認爲《莊子》一書爲莊子及其後學之合集，亦無理由嚴明內、外、雜篇之分界。因爲這種分界並非原本如此，而是出於後人之手。(見氏著《虛靜與逍遙——道家心性論研究》，北京：人民出版社，2005年9月，頁9~10)對此，筆者以爲：內、外、雜篇之別，雖出於漢代以後，但與今日相較，漢代畢竟距先秦未遠，這種區別有其時代意義，並非出於杜撰或想像。再者，就「孔子形象」來看，內篇與外雜篇對孔子的詮釋的確有不同之處，分開討論更可窺見當時道家思想的發展歷程。

〔註2〕必須說明的是，此「後學」與現代「學派傳人」的意義有別，先秦所謂「學派」的發展主軸是扣緊當代現實的政治社會發展，而所謂「後學」也不是隘義的「弟子傳人」，而是思想隨著時代變遷後，在不同的時代所產生的新思想。參見劉榮賢《莊子外雜篇研究》(台北：聯經出版社，2004年4月)，頁14。

　　第三，多數論者只討論有關孔子的寓言故事，這種類似「劇場」的文字占最大宗〔註3〕，當然不容忽視，然而，「劇場」之外呢？筆者以爲，孔子對事件的評論，及他人對孔子的評價，不該成爲被忽略的對象〔註4〕。雖然，加入了這一部分，更加深了討論的難度，讓人感覺外雜篇的孔子形象雜亂無章、難以統一。但是，外雜篇的立場駁雜不一，不正代表莊子之後道家學者爭鳴不休的狀況嗎？道家後學秉持迥異的立場各自發聲，恐怕才是戰國以至秦漢，學術發展中最眞實的情境。

　　筆者進一步研究發現：除了《莊子》之外，研究者較少將心力挹注於其他道家書的孔子詮釋上，若有，大多也只是停留在表象的陳述，很少探討其背後的意義。舉例而言，《呂氏春秋》中約有四十餘則關於孔子的記載；《淮南子》中約有三十餘則；《列子》中有二十餘則。雖然大家都注意到孔子之言類在諸書中彼此互見的情形〔註5〕，然而，這些道家書中各有特色的「孔子」，卻鮮少得到研究者的青睞與關注，多數研究者僅以其爲「寓言」之說，一語帶過。這些道家書如何轉化、塑造孔子的形象？其對孔子的詮釋，透露出了什麼樣的訊息？這是筆者所亟欲探知的。

第二節　研究範圍

　　從孔子生前，儒門弟子就已有推崇、聖化孔子的言行，造聖工作自孔子一世弟子以來未曾間斷過。孟子更說「孔子，聖之時者也。孔子之謂集大成。集大成也者，金聲而玉振之也」（〈萬章下〉）、「自有生民以來，未有孔子也」

〔註3〕「劇場」一詞引用自劉芷瑋《型變與思辯——《莊子》中的儒者形象分析》（國立政治大學中國文學研究所碩士論文，徐聖心先生指導，2008 年 7 月），頁34、44。《莊子》中之寓言故事確實有類於「劇場」之處，兩者皆有人物、對話與衝突，然筆者所欲討論者，不限於寓言故事中的孔子形象。

〔註4〕陳少明言：「孔子的正面形象，是由其弟子及其擁護者逐步塑造起來的。不過，這種塑造也有兩種方式，一種是抽象的論定，如由君子、仁人、聖人再到素王之類的讚譽，另一種是通過故事的反覆講述而演化形成的人格形態。」不只儒家如此塑造孔子形象，道家亦如是。陳氏之論見氏著〈《論語》「外傳」〉，收入陳少明主編《思史之間——《論語》的觀念史釋讀》（上海：上海三聯書店，2009 年 8 月），頁9。

〔註5〕陳士珂云：「予觀周末漢初諸子，其稱述孔子之言類多彼此互見，損益成文，甚至有問答之詞主名各別，如南華重言之比，而溢美溢惡時時有之……」。見氏著《孔子家語疏證·序》（北京：中華書局，1985 年）。

（〈公孫丑上〉）〔註6〕。另一方面，弟子間的意見分化亦從孔子生前就可見其端，領導人物孔子過世後，儒家內部對教義的詮釋更顯分歧〔註7〕。戰國以降，儒家對孔子的思想逐步衍生出多種不同的詮釋，因爲學風的偏向，儒門分爲不同流派，從今日出土文獻即可看到面貌不同、取向各異的「孔子」。孔子既

〔註6〕《孟子・萬章下》曰：「孔子之謂集大成。集大成也者，金聲而玉振之也。金聲也者，始條理也；玉振之也者，終條理也。始條理者，智之事也；終條理者，聖之事也。」邢文指出：《孟子》用金聲、玉振之喻來說明孔子的集大成，是在援引〈五行〉的成說，證據就是《孟子》把「金聲」、「玉振」所喻說的「善」與「德」，坐實到具體的「智」、「聖」之上。見氏著〈《孟子・萬章》與楚簡《五行》〉，收入姜廣輝主編《中國哲學》第二十輯（瀋陽：遼寧教育出版社，1999年1月），頁240。對此，何炳棣認爲：由此可見「造聖」工作自孔子一世弟子以降未曾間斷過。何氏又言：就史實言，在官學業已開始流傳民間的春秋晚期，孔子生平對學術和教育確已發生相當深鉅的影響。但孔子的政治生涯是令他本人和弟子們失望的。弟子輩「聖化」孔子的運動，在孔子未卒之前業已開始，一個半多世紀以後，《孟子・萬章章句下》雖已把孔子說成「金聲而玉振」的「集大成」者，雖已把「造聖」的工作往「造神」的方向推動，戰國晚期的孔子仍大有異於漢末的「素王」。見氏著〈從《莊子・天下》篇首解析先秦思想中的基本關懷〉，《中央研究院歷史語言研究所集刊》第七十八本第一分（2007年3月），頁14。

又，上博簡〈君子爲禮〉記載：「子人、子羽問於子貢曰：『仲尼與吾子產孰賢□？』子貢曰：『夫子治十室之邑亦樂，治萬室之邦亦樂，則則☑【簡11】☑壴（矣）。』『與禹孰賢？』子貢曰：『禹治天下之川【簡15】□以爲己名。夫【簡13】子治詩書，【簡16】亦以己名，然）則賢於禹也。』『與舜【簡14】孰賢？』子貢曰：『舜君天下，☑【簡12】』」亦可佐證此說。徐少華指出：此是孔門弟子子羽和子貢討論孔子與子產、禹、舜四者孰賢的話語，其結論可能是孔子既賢於子產，亦賢於禹，而與舜等賢。其內容與儒家倫理沒有直接的關係，然直言孔子之賢並在子產、大禹之上而與虞舜相車，可見儒家後學對孔門先師的極力吹捧。這樣的思想理路，當與戰國中晚期各家流派針鋒相對，論辯言辭多顯極端的政治、學術背景密切相關。見氏著〈論《上博五・君子爲禮》的編聯與文本結構〉，收入丁四新《楚地簡帛思想研究（三）》（武漢：湖北教育出版社，2007年1月），頁78。

〔註7〕參見《論語・子張》中「子夏之門人問交於子張」章及子游批判子夏所教「抑末也，本之則無」章。又，史華慈（Benjamin I. Schwartz）指出：他們（孔子的門徒）中的大多數人都是因爲孔子投射出的通見而被吸引到孔子周圍的，並且毫無疑問，大多數人希望吸收這一通見。然而，每一位門徒又不可避免地從他自己的特殊視角去看（通見的）整體。這些視角通常採取了僵硬而誇張的形式，特別當他們最終在再傳門徒中又以極其複雜的方式與既得利益關聯起來之後更是如此。見氏著、程鋼譯《古代中國的思想世界》（南京：江蘇人民出版社，2004年1月），頁131。

可以大談刑德，也可以論說易理〔註8〕。《孔叢子·公儀》記載：「穆公謂子思曰：『子之書所記夫子之言，或者以謂子之辭也。』子思曰：『臣所記臣祖之言，或親聞之者，有聞之於人者，雖非其正辭，然猶不失其意焉。且君之所疑者何？〔註9〕』」這段文字頗堪玩味，子思相信自己所記夫子之言，不管是親聞者，抑或聞於人者，皆「不失其意」，然而，究竟是真的「不失其意」，還是踵事增華夫子之道，甚至是以己意為夫子之意，都不無可能。這正是《韓非子》所言，孔子死後，「儒分為八」、「取捨相反不同」〔註10〕的現象。儒家內部尚且如此，其他如道、墨、法等各家對孔子的詮釋，當然更呈顯出殊異多姿的走向。每一種孔子形象的載述背後，代表著相異的詮釋進路、當時的思考模式，以及對儒家聖人的不同觀察〔註11〕。「儒家系統的孔子詮釋」至今

〔註8〕　王化平認為：嚴格說來，包括《論語》在內，所有文獻反映的都是撰作者對「孔子」這個歷史形象的回憶和想像。「孔子」被不斷地詮釋、刷新，原本後起的，或不屬孔子的言論和思想被歸在孔子身上。很多孔子言論實際上是孔門後學的學術表達，並不是孔子的表述，依據這些文獻研究出來的孔子思想，既不能被證實，也難能被證偽，比如依據帛書《易傳》推論出來的孔子思想。參見氏著《簡帛文獻中的孔子言論研究》（四川大學歷史文化學院博士論文，彭裕商先生指導，2006年4月），頁154。

〔註9〕　見程榮纂輯《漢魏叢書》（長春：吉林大學出版社，1992年12月），頁337。

〔註10〕張寧指出：孔子生平情況的第一手原始資料過少，從而為歷史上諸多假孔子材料的造偽，提供了機緣。《論語》流傳過程中版本的變異，又使它的原始資料的忠實性和可靠性受到懷疑。另外，《論語》的文體為對話錄，這種語錄式的文字材料不僅過於疏略簡要，而且多半背景不詳，因此，要據其考察孔子的整體面貌仍然有較大困難。參見氏著〈試論孔子形象再造的先天性因素〉，《中州學刊》1995年第5期（1995年9月），頁108。

又，林存光指出：正因為孔子之「教」是對前「一個人」的具體訓導，所以其弟子只能是各有所聞、所記、所得，這種局限性無疑人為地增加了後人對其「教義」理解的歧義與難度。但讓人頗感詭異的是，這不僅沒有使人們在理解孔學時增強一種審慎的限制性意識，反而為人們為孔子營造無限放大而為「萬世取信」的「至聖」光環提供了方便：以為「孔子之道」不是「具體而微」，而是「大而能博」即博大精深的，而孔門弟子只能「有聖人之一體」或「得其性之所近」。不過，也正是他教學實踐的具體性，恰恰事實上為其後學的分化、深入及理論的新開展提供了各種可能性。參見氏著《歷史上的孔子形象》（濟南：齊魯書社，2004年3月），頁43。

〔註11〕林存光認為：一種「看」的方式，就是一種孔子觀，它是一組信念、一種規範的解說、一個新的觀察方式，與之相應的是各個不同的對儒家經典的閱讀與解釋的態度和方法以及踐行儒家信念的方式。參見氏著《歷史上的孔子形象》，頁6。林氏之說主要是針對歷代儒家的孔子詮釋而言，然亦可說明道家對孔子的詮釋情形。

仍然是顯學；然而，「道家系統的孔子詮釋」卻是尚未充分討論的議題。

由此論題所衍生的第一個問題是：要以何者爲原始孔子形象的根據，以此界定孔子形象的「道家化」？筆者以爲，《論語》雖非孔子自著，而是門人所輯之語錄，《論語》文字簡潔精練，只記錄孔子與時人、弟子當下的對話，卻未能詳細說明對話的前因與情境，這確實是語錄體的侷限，然而，相對於其他文本，《論語》仍是今日研究孔子思想最可靠的文本，孔子弟子畢竟仍是最貼近孔子思想的一群，是以《論語》中的孔子言行，應可視爲原始孔子思想與形象的展現。即便就詮釋學來說，孔子之「原意」不可得，吾人仍必須借助《論語》，作爲孔子原意之判準〔註12〕。

再者，關於儒道兩家的分判，近來部分學者致力於解構先秦漢初思想史中「家」的概念，他們認爲儒家、道家、法家等諸子百家的思想學派是漢代以後創造出來的觀念，然後再倒置到先秦思想史上。然而，此說恐有待斟酌。《韓非子‧顯學》曰：「世之顯學儒、墨也」，證明先秦至少已有儒、墨兩家存在。其次，在道家方面，先秦諸子思想的發展，在西漢已經進入分類整理的階段。漢儒把《莊子》書中這些文字編入《莊子》，和把《莊子》歸入道家，一定有其客觀全面性的理由〔註13〕。「漢代整理出諸子百家這個觀念」的事實，並不能否定

〔註12〕 林啓屏曾撰〈從古典到正典：中國古代儒學意識之形成〉一文，指出孔子思想有分期的可能，但他亦言：（思想之）「變化」也可能是相對於「核心觀念」的「周邊觀念」有改變，可是這些改變並沒有影響到學說思想的「核心觀念」，如此則思想家的思想「一貫性」便不會產生質變。所以，雖然強調孔子思想可以有分期的可能，可是也不礙於其思想仍保有「一貫性」。見氏著《從古典到正典：中國古代儒學意識之形成》（台北：國立臺灣大學出版中心，2007年7月），頁84。

〔註13〕 參見陳啓雲《中國古代思想文化的歷史論析》（北京：北京大學出版社，2001年2月），頁161。
又，來國龍指出：諸子百家的思想學派是漢代以後製造出來的觀念，這個說法能不能成立，其中一個關鍵在於我們如何界定戰國秦漢的學派。清末民初學者孫德謙指出，「稱之爲家者，乃其流也。是殆沿流而溯其源耳。」先秦固然沒有形成系統完整、固定不變的諸子的經典，也沒有像宋儒所重建的孔孟荀的直線發展序列，但是，如果從古書形成的角度來看，一部子書的形成，是一個歷史過程。余嘉錫已經提出「古書不皆手著」，周秦諸子「其書往往出於後人追敘，而自作之文，乃不能甚多。」也就是說，早期文本多數是後學編集而成，這些文本的意義也是逐漸綜合積累而來。《老子》、《莊子》都是經過作者（無論是誰）、傳抄者、編集者、讀者（所謂的「後學」）一代一代共同努力編集而成，這個作者─編者─讀者群是否可以稱爲一「家」？這在學界還有不同意見。羅浩就認爲，這些文本正可以是界定學派的一種形式。見

「先秦各家（包含儒與道）思路走向已迥然有別」的另一個事實。在內篇中，莊子已對「儒墨之是非」進行批判，進而走向反省、超越傳統周文、仁義禮教之途，可見莊子是自覺地選擇與儒墨不同的道路，外雜篇的作者群更是如此。當然，儒道兩家的衝突與交融是同時發生的。各家之間有衝突，亦有交融，無論是傳世文獻，抑或出土文獻，都呈現了這樣的特徵。

在出土文獻方面，無論郭店楚簡、上博楚簡、馬王堆帛書中都出現了大量的「子曰」（或「孔子曰」、「夫子曰」、「聞之曰」），對此，我們必須謹慎以待。這些「子曰」，不必然就是孔子之言，其中可能有真實的成分，也可能不乏編造和假托〔註14〕。我們要善用出土文獻的資源，但不能以其必然為真，即便用字遣詞亦然。今人所見之傳世古書多是西漢人對當時流傳的各版本編次、對校的成果，且古人重視文本校勘，因此今本與西漢的合校本相差不大，當出土簡帛和今本有不同之處時，簡帛文獻不見得一定正確無誤〔註15〕。出土文獻雖為思想史研究帶來新契機，然而古書流傳過程的複雜性，讓我們不得不謹慎處理相關問題〔註16〕。因此，簡帛文獻中的孔子言論、孔門對話，不一定就是真孔子之言〔註17〕，筆者以為比較可能是儒門後學假託孔子之言。

再者，《列子》的成書及真偽問題引發「應以『書』或『篇』為一獨立詮釋單位」的思考，鄭良樹從考察文獻真偽的角度出發，指出：「《列子》的寫作恐非出於一手。當我們在研究其成書時代時，就應以篇為單位，逐篇考慮了〔註18〕」，又言：「我們對先秦諸子的研究，特別是對真偽的研究，必須採

氏著〈論戰國秦漢寫本文化中文本的流動與固定〉，收入《中國簡帛學國際論壇 2006 論文集》（武漢：武漢大學簡帛研究中心，2006 年 11 月 8 日～10 日），頁 8～9。

〔註14〕 參見曹峰〈價值與局限：思想史視野下的出土文獻研究〉，收入劉笑敢主編《中國哲學與文化》（第六輯）（桂林：廣西師範大學出版社，2009 年 12 月），頁 97。

〔註15〕 參見單育辰《楚地戰國簡帛與傳世文獻對讀之研究》（吉林大學歷史學博士論文，吳振武先生指導，2010 年 6 月），頁 124。

〔註16〕 參見曹峰〈出土文獻可以改寫思想史嗎？〉（《學燈》第 6 期），孔子 2000 網站，http://www.confucius2000.com/admin/list.asp?id=3568，2008 年 3 月 31 日。

〔註17〕 同理，無論有多少新的文獻資料出土，皆難以判定何者為最初的「原典」或「原文」。以《老子》為例，即便有帛書《老子》及郭店《老子》的出土，《老子》的成書譜系仍無法有定論。新文獻的出土為《老子》成書問題，提供了更多的可能性。

〔註18〕 見氏著〈《列子》真偽考述評〉，《中國文哲研究通訊》第 10 卷第 4 期（2001 年 12 月），頁 235。

取一種新的角度──以篇爲單位，甚至以段爲單位，逐段逐篇考訂及觀察，而不是過去那種以書爲單位的方式了〔註19〕」。謝如柏從思想研究的角度出發，主張：「『篇』不能被視爲一個獨立的解釋範圍，或許，我們只能以『主題』或『語意脈絡』來當作基本的解釋單位〔註20〕」。二氏之說皆有可取之處。這並非是說「篇」這個單位毫無意義，前人將某些段落合爲一「篇」，並非沒有意義的拼湊，然而，先秦子書的成書情況較爲複雜，流傳過程中更可能遭遇偶然的變因，導致一「篇」之中，各段的義理可能有所不同，如《莊子·山木》中，有三則關於「孔子困厄」的寓言，三則寓言的孔子形象並不一致，若逕以「篇」爲研究單位，可能造成詮釋上的困難。此說提醒吾人：若某「篇」中的「孔子形象」有矛盾現象，研究者應不吝指出，不可捨此取彼，或強行「會通」之。在實際的研究中，有時打破「篇」的分際，更有助於吾人了解此書的整體思想走向。總之，我們雖打破了「篇」的分際，但仍然是在「書」的範圍裡。

　　筆者以「先秦至魏晉」爲斷代，討論這段期間內孔子形象道家化的現象，各家詮釋孔子的方法及背後蘊含的儒道關係。討論的典籍主要爲先秦之《莊子》；秦漢之《呂氏春秋》、《淮南子》；魏晉之《列子》，並以王弼《論語釋疑》與郭象《莊子注》爲中心，探討「道家化孔子寓言」與「經典注釋」之間的關聯。最後就《孔子家語》中孔子的道家色彩探究此一斷代所反映出的儒道會通思想。

一、先秦時期

　　道家書對孔子不同的詮釋，反映出自身思考模式、文化背景的不同〔註21〕。《莊子》書中，常以「孔子」作爲寓言故事的主角。「寓言」是借助外人之言以進行對話，藉此與非道家者溝通。藉由「寓言」模式，莊子才不致淪爲自我陳

〔註19〕見鄭良樹《諸子著作年代考》（北京：北京圖書館出版社，2001年9月），頁276。

〔註20〕見氏著《《列子》「命」概念及其相關問題研究》（永和：花木蘭文化出版社，2010年9月），頁35。

〔註21〕陳榮華言：文獻的意義要在文獻與詮釋者的互相貫通和溶合下，才能顯示出來，那麼，詮釋者本身的成見，早已參與在詮釋中。詮釋不是完全客觀的詮釋，而是詮釋者的詮釋。詮釋也不可能是普遍的詮釋，而是特殊的詮釋──它相應著某一特殊的問題。參見氏著《葛達瑪詮釋學與中國哲學的詮釋》（台北：明文書局，1998年3月），頁94～96。

述。對莊子而言，「孔子」是最重要的「他者」，莊子借孔子之口發言，事實上是與儒家對話，莊子之所以需要孔子，是要讓儒道兩種不同的生命取向進行對話，以尋求一種儒道之融通並在的可能性。

　　《莊子》何以「獨厚」孔子？儒、墨在戰國時代同爲顯學，《莊子》爲何不選擇墨子？老、莊在後世同被歸於道家，可見其思路或理境有相類之處，《莊子》爲何不選擇老子？這本身就是一個饒富興味的問題。透過這個看似簡單的問題，即可知孔子及儒學在當時的流傳與影響力，更可以看出孔子與道家關係的特殊性。從內篇中的孔子論述，可以看出莊子迥異於儒學的思路，探討莊子如何回應早期儒家的主張，甚而調整孔子的思路。而從外雜篇中的孔子論述，可以窺見當時儒道的衝突議題。像是莊子後學對「孔子」不能應時而變、不識人性本眞的批評，其實正是莊子後學對戰國以降孔門儒生的譏諷。只是「孔子」此時已成爲標靶型的人物，所有儒門問題全都歸諸其身，由他一人概括承受。透過這些不同思考向度的表述，吾人確實可見莊子後學對「孔子形象」詮釋的分歧性，與理論發展的相異性。在這些可見的文字對立中，儒道之間的衝突點亦已逐漸浮現檯面，此中也隱含著後世儒道會通的契機與空間。

二、秦漢時期

　　黃俊傑在〈孟子運用經典的脈絡及其解經方法〉一文中區分了「運用」（use）與「稱引」（mention）兩詞的不同涵義。他指出：「中國思想家使用經典時，也可以區分爲『運用』與『稱引』兩種情況。所謂『運用』是指使用經典以論證某一命題或指示某一事實或現象；所謂『稱引』則是以經典本身內容作爲研究的對象。從先秦諸子引用經典的情況看來，似乎以第一種情況較爲常見，尤其是孔、孟常引用經典以證立道德命題。他們的重點不在於經典本身，而在於以經典作爲權威而進行論述。在這種情況下，孔、孟其實是以經典作爲論述之工具而『運用』（use）經典。〔註22〕」不只孔、孟，《呂氏春秋》、《淮

〔註22〕語言學家常區分「運用」某種語言與「稱引」某種語言的不同。兩者的差別正是「對象語言」（object language）與「後設語言」（meta-language）的不同。前者如許多科學家或哲學家「運用」某種語言以說明一些非語言的現象或事實；後者則是指如語言學家這類學者使用某種語言（如中文或英文）以研究語言現象。在前者的場合中，被使用的語言是一種工具，並不是研究的對象；在後者場合中，語言就成爲研究的對象。黃氏之文收入李明輝主編《儒家經典詮釋方法》（臺北：喜馬拉雅研究發展基金會，2002年3月），頁166。

南子》引用先秦典籍的情況亦是如此，其引用經典多是爲了進行論述，以建立自己的理論。進一步思考，對於「人物」是否也可以如此運用呢？許多先秦兩漢典籍對於「孔子」的塑造不也是如此？「同詞殊異」的現象，似乎也可以用在「孔子」這個人物。正如余嘉錫所言：「諸子之書，百家之説，因文見意，隨物賦形。或引古以證其言，或設喻以宣其奧……夫引古不必皆虛，而設喻自難盡實，彼原假此爲波瀾，何須加之以考據」，此即「托之古人，以自尊其道也。〔註23〕」

　　時至秦漢，《呂氏春秋》及《淮南子》又如何詮釋孔子〔註24〕？二者是否有歧異？以上這些詮釋方式都是以「寓言」故事的方式來進行，把孔子當作「寓言」故事的主角。不同的故事內容，塑造了不同的孔子形象。若按司馬遷的說法，就道家立場來看，孔子似乎應是最該批判的對象。然而，只有《莊子》外雜篇的部分篇章批評孔子不知變通、固守拘泥，《呂覽》、《淮南子》中的孔子，是黃老道家的聖人。此時的孔子是兼採各家之長的政治家，且是政治事件的評論者、仲裁者，暢言君臣之道。孔子隨機應變、順勢而爲、洞燭機先，完全沒有《莊子》外雜篇所批評的不能應變、不識人性等問題。在孔子身上所呈現的儒、道融合，是以政治目的爲取向的結合，焦點集中於政治操作之術。由此可見，秦漢時的儒道融合，兩者之間的截長補短，正是以政治爲標的。

三、魏晉時期

　　先秦兩漢以來，儒道兩家的孔子詮釋（儒家無可疑異，必然以孔子爲最高之聖人〔註 25〕；道家方面，由《莊子》、《呂覽》，以至《淮南子》，孔子亦

〔註23〕余嘉錫《古書通例》（上海：上海古籍出版社，1985 年 7 月），頁 77～78。
〔註24〕《文子》中與孔子相關的記載只有三則，分別見於〈道原〉、〈微明〉、〈自然〉。
　　　　〈道原〉記載孔子向老子問道——「孔子問道，老子曰：『正汝形，一汝視，天和將至。攝汝知，正汝度，神將來舍。德將爲汝容，道將爲汝居。瞳兮若新生之犢，而無求其故。形若枯木，心若死灰。眞其實知，而不以曲故自持，恢恢無心可謀。明白四達，能無知乎？』」（參見王利器《文子疏義》，北京：中華書局，2000 年 9 月，頁 23。）此則寓言旨在展現老子之道論，「孔子」並非論述之重心。〈微明〉讚嘆孔子能見微知著，〈自然〉說孔子四處奔波的目的是爲萬民興利、爲百姓除害，這二則重見於《淮南子》，可併入《淮南子》之討論。
〔註25〕漢代自董仲舒推明孔氏、罷黜百家以來，孔子以「素王」身份爲漢立法，其昌明古今政治之得失、端正人道是非之聖人形象逐漸成形。而司馬遷則將孔

被塑造成會通儒道的聖人形象），影響到魏晉以「孔子」爲至聖的思想。《列子》中的孔子已經不再向老子問道，他不再只是道家的信徒而已，道行境界越來越高，可以獨當一面，甚而可以指出隱者未能達道。儒道之會通，也不再只是強調孔子「外王」的一面，「內聖」的境界內涵爲何，是魏晉時人討論的重心。《列子》書中的孔子形象還有哪些特色？其與《莊子》有何差異？再者，《列子》的成書與時代，一直是個難解的問題，從「孔子形象的詮釋」這個角度切入，是否可能爲學界爭論已久的《列子》成書問題帶來判定的線索？這些都是筆者所要討論的議題。

必須說明的是〔註26〕，《列子》確實不能免除是「先秦到魏晉」資料彙編的問題，筆者一開始亦有不知該將《列子》置於「先秦」或「魏晉」階段的疑慮。然而，在仔細考察其中的孔子形象後，發現這位孔子不但能矯正儒者與隱者之失，更能進而超越儒、道之偏執，上臻憂樂兩忘、有無俱遣的境界。爲何編者所選擇的孔子形象如此統一？爲何完全不見《莊子》中那種既有被批判的孔子，又有道家化孔子的混雜情況？「列子」是道家人物，《列子》應是道家書，爲何在一本道家書中，孔子的地位比道者還高？在此書中，孔子的超越境界與魏晉士風所追求者相類，「孔子」在此書中，是一個士人自我投射的理想型態，是魏晉對不譴是非、超越境界的追求。孔子的寓言故事發展至《列子》，是完全確立了「孔子」超越儒道的聖人地位。

再者，從司馬談〈論六家要旨〉、班固《漢書·藝文志·諸子略》的分類可知，漢代已有明確的學派意識，司馬遷亦已明白點出，漢初時儒道分立、互相詆訾的情形。反過來說，若今日所見《列子》諸篇爲先秦篇章，漢人看到這類記載「超越道者的孔子形象」的篇章，是否會有不知該將《列子》歸類爲道家書或儒家書，不知該將「列子」歸類爲道者或儒者的疑慮？這位暢

子塑造爲學術文化界的至尊。再者，創作緯書者則從各個方面來推演孔子的神話，感生、異相、受圖受命、爲漢制法諸說，不僅神化了孔子，且使孔子由聖而變爲神，讓孔子獨享「素王」的稱號。緯書的孔子詮釋將孔子推上了至聖的高峰。此後，漢代逐步走上了崇經祠孔的孔子崇拜之路。

〔註26〕筆者原本將《列子》與《孔子家語》同列於魏晉時代，感謝論文審查老師提醒筆者：《列子》、《孔子家語》是接近某種資料彙編的典籍（可能從先秦到魏晉的資料都有），其思想觀點該置放在哪個時代就構成問題，強調二書代表魏晉觀點其實有風險。因此，筆者在此特別說明將《列子》列爲魏晉時期的原因，《孔子家語》則不再置於魏晉時期，但仍可藉由《家語》觀察先秦到魏晉的儒道關係（詳見第九章）。

言「無樂無知，是眞樂眞知」，而能「廢心而用形」的孔子究竟該如何歸類？「孔子」是儒家之宗師，而他的功夫境界卻是如此「道家」？這本《列子》又該如何歸類？由此可知，今本《列子》即便含有先秦材料，但恐已非先秦原貌〔註27〕，其所反映的思想與魏晉士風最契合。

除了「寓言故事」之外，魏晉時代對孔子的詮釋，亦反映在魏晉名士的「經典注釋」中，因爲「經典」已經確立，何晏、王弼、郭象兼注儒家經典與道家書，已說明了此時之學風傾向。他們在注釋中，強化孔子應物無累、體無反情、中和備質等面向，深化了孔子的體道境界。王弼、郭象等人既注釋儒典，又注釋道家書，他們筆下的孔子，是跡冥圓融、無心順有的聖人〔註28〕。他們轉化

〔註27〕 裘錫圭指出：過去大多數學者把《列子》看作僞書，在70年代以來出土的簡帛古書中，也沒有發現過《列子》的踪迹。但是近年來卻頗有一些學者熱心爲之翻案。辨《列子》之僞的，不但有文獻學家，而且還有語言學家。後者根據《列子》語言的時代色彩，判斷其成書年代不能早於魏晉，舉證甚多。主張《列子》非僞書的學者，必須把語言學家所舉的那些證據駁倒，才有可能證明他們的見解是正確的。然而實際上並沒有人認眞這樣去做。我們至少可以說，《列子》的眞僞目前還難以斷定。可是就在這種情況下，已有一些學者把《列子》當作眞書，據以進行先秦思想史的研究了。……希望學術界對《列子》這部書斷續採取審慎的態度，不要把它當作先秦的書來用。見氏著〈中國古典學重建中應該注意的問題〉，收入《北京大學中國古文獻研究中心集刊（二）》（北京：燕山出版社，2001年4月），頁12～13。

〔註28〕 劉笑敢指出：中國哲學詮釋傳統的一個突出特點就是以經典注釋的方式建立哲學家自己的思想體系。從現代學術的角度來看，這種形式的哲學創造活動中必然包含著兩個方向的緊張和衝突。因爲注釋工作要求的是歷史的、文本的、客觀的定向，盡可能避免主觀的見解，而哲學創造活動是個人的、當下的、主體的、創造的定向。這二者是潛藏在詮釋者個人內心的兩種定向。根據素樸性的解讀原則，即盡可能扣緊經典原文和注釋原文的直接比較的方法，我們可以發現不同的詮釋作品的方向性，如王弼的《老子注》恰好可以代表以文本和歷史爲主的詮釋取向的外化，簡稱爲順向的詮釋；而郭象的《莊子注》恰好可以代表以個人和當下爲主的詮釋取向的外化，簡稱爲逆向的詮釋。參見氏著〈經典詮釋中的兩種內在定向及其外化——以王弼《老子注》與郭象《莊子注》爲例〉，《中國文哲研究集刊》第26期（2005年3月），頁287～319。若按劉氏的定義，則王弼《論語釋疑》似乎應該歸爲逆向的詮釋。劉氏又言：從學理的角度來講，我們實際上應該用「郭象注莊子」與「莊子注郭象」的說法來取代「我注六經」與「六經注我」的說法。更嚴格的說法則應該是「兩種定向」。……既然有兩種不同定向和目標，就應該有兩種不同標準去衡量和評價它們，二者應該並行不悖，不必對立。見氏著〈「六經注我」還是「我注六經」：再論中國哲學研究中的兩種定向〉，收入劉笑敢主編《中國哲學與文化》（第五輯）（桂林：廣西師範大學出版社，2009年6月），頁40～43。

孔子，使其由儒聖形象轉化成爲玄聖形象，這是魏晉時代對孔子的共識，也是現代研究者所認同熟知的。但是，卻少有研究者將「寓言故事」的詮釋方式與「注經」的詮釋方式合而論之，進而討論兩者之間的互相影響。閱讀者究竟應將「孔顏論心齋坐忘」、「孔子論人間世」等故事視作是眞實抑或虛構？應將「孔子」視爲莊子眞心讚美抑或存心諷刺之對象？這些，不完全決定於文本，亦決定於閱讀者的思維。簡言之，「寓言故事」的「寓意」爲何？部分的決定權在後代閱讀者身上。王、郭等人將《莊子》中孔子論心齋坐忘之類的文字視爲眞實，所以他們理所當然認爲孔子是身處廟堂、心在山林的玄聖。因此，站在詮釋者的立場來說，王、郭或許未必刻意標新立異，改變孔子形象；也未必存心塑造孔子爲「儒皮道骨」的人物，他們只是以《莊子》中此類記載爲眞實，認爲孔子的確是外儒內道的聖人。

　　多數魏晉學者筆下的孔子，代表的是魏晉時代跡冥圓融、內聖外王的理想人格〔註29〕。由郭象所言：「神人即聖人也。聖言其外，神言其內」，可以看出此時的儒道結合，是一種辯證思路下的統合。在玄學家的詮釋下，孔子的生命展現了融通儒道的嶄新面貌。保持身心的平衡是儒道共同追求的目標，若說「義」與「命」無所逃於天地之間，是凡人生命中既定的事實，那麼，如何在生活中，而不是孤立隔離的狀態下始終保持身心平衡的狀態，就是既困難卻又根本的問題〔註30〕，這也就是此一時期「聖人」內涵的論述重心。

　　最後，《呂氏春秋》、《淮南子》、《列子》中道家化孔子的篇章多重出於《孔子家語》的現象，讓筆者注意到《家語》中孔子形象的道家色彩。《家語》是

〔註29〕　與此相對的是，竹林時期阮籍、嵇康「非湯武而薄周孔」的傾向。在嵇康的〈答難養生論〉中，孔子「修身以明污，顯智以驚愚」、「神馳於利害之端，心驚於榮辱之途」，是追逐名聲利祿之徒。阮、嵇二人可說是遠承《莊子》外雜篇中批判孔子的一路詮釋。但整體而言，除了竹林時期之外，正始、元康、東晉時期仍以孔子爲最高之聖人。

〔註30〕　參見彭國翔〈儒家傳統的身心修煉及其治療意義──以古希臘羅馬哲學傳統爲參照〉，收入楊儒賓、祝平次主編《儒學的氣論與工夫論》（台北：國立臺灣大學出版中心，2005年9月），頁30。
　　　　　再者，此一時期的儒者形象也值得注意，《晉書·儒林傳》中的儒林人物雖傳讀儒家之書，但其生活樣貌卻是恬靜樂道、節儉清高的，不唯魏晉，漢末名士中，黃憲也是個得注意的文化現象。黃憲的成功在於他的人格融儒道於一體；既像莊子筆下無是無非、與世沉浮的至人，又像孔門的亞聖顏回。參見王曉毅《儒釋道與魏晉玄學形成》（北京：中華書局，2003年9月），頁28～30。

先秦到魏晉的資料彙編，材料可能從先秦到魏晉都有，其中孔子兼融道家色彩的論述，應是可以觀察此一斷代儒道關係的切入點。

　　孔子最初為儒家聖人，道家最後卻將其納為己用，儒道之間的微妙關係由此可見。「道家的孔子詮釋」這個問題背後所隱含的，除了對聖人及經典的不同詮釋方式外，還有儒道之間理論的分歧。真實的孔子不能再現，亦無人能知，後人僅能從典籍猜測臆想孔子的神韻風采。我們所能知道的是，道家所詮釋的「孔子」與儒家詮釋下的「孔子」的差異，此正顯示出儒道之間生命哲學、成德進路、聖人理論的不同。歧異只能彰顯儒道取向的不同，卻不能抹殺兩者互補、會通的可能性，這也正是歷來研究者不斷思索的問題。

第三節　研究方法與步驟

　　就古代學術文化而言，人物的言行、形象承載著思想的重量，思想的底蘊藉由人物形象而得以呈現。歷代孔子形象詮釋的背後，蘊含的思想問題是什麼？其中的哲學脈絡如何發展？正是本文所欲深究者。

　　本文的撰作目的主要是針對以道家為主的經典文獻中有關孔子論述的詮釋。高達美（Hans-Georg Gadamer，又譯迦達默爾）指出：理解就是一種詮釋，我們對於傳統歷史文化的理解，總已經處於某種視域（Horizon）之中。每一個詮釋者都逃不過所謂的前有、前見、前把握（Vorhabe, Vorsicht, Vorgriff），前見由歷史傳統而來，並無一個純然外在、客觀的哲學史對象。詮釋文獻時，詮釋者必須使自己的固有視域和所要詮釋文獻的視域互相交溶。而我們的詮釋，其實是處身過去與現在、傳統與當代之間的互動過程，形成一個互為效果的歷史〔註31〕。在詮釋的過程中，詮釋者必須根據事物本身的意義，不斷反省自己的前見，修正它以至完全與事物本身一致，才能保證詮釋的正確性。所以，詮釋是由前見到事物，再根據事物回去檢討或修正前見，在來回往返中不斷進行，務求前見與事物一致，形成「詮釋學循環」（hermeneutischer Zirkel）。然而，高達美所提出的哲學詮釋學並不是方法論，他指出：詮釋學的任務根本不是要發展一種理解的程序，而是要澄清理解得以發生的條件。但

〔註31〕　克羅齊（Benedetto Croce）指出「一切歷史都是當代史」，許多歷史觀點的提出，常常是因於當代的視野與背景所造成，而人們卻以為這便是客觀的歷史真相。克羅齊的觀點，也說明了學者在詮釋過去的史事時，無法跳脫當代背景所產生的「前見」。

這些條件完全不具有這樣一種「程序」的或方法論的性質，以致作爲解釋者
的我們可以對它們隨意地加以應用〔註32〕。正如項退結所言：「詮釋學不過是
詮釋文獻過程的一種學術性理論，就如同理則學是推理的系統性理論一般。
推理欠準確時，我們可藉理則學指出犯了那一條理則學規則。但準確推理能
力卻未必與熟習理則學規則成正比。同樣地詮釋學對文獻準確詮釋的幫助非
常有限〔註33〕。」筆者以爲：高達美所提出的詮釋學理論，至少幫助所有人
（包含研究者）「後設」地了解自己詮釋前人作品的過程與可能的侷限。作品
的意義有賴於讀者的詮釋，而每一種詮釋都只說明了作品的一個面向，未能
窮盡所有的面向，因此作品可以不斷地被詮釋下去。筆者的詮釋只是提出一
種不同的詮解方式，這種方式，不必然與其他詮解互斥。總之，一家之「言」
未能盡其「意」的立場，似乎也有助於提升學術的開放與包容。當然，這種
包容並不是無限制的，並非允許詮釋者恣意妄言，雖然作者的原意不可得，
然而只要詮釋者的態度是開放的，願意傾聽文本的見解，前判斷終將會受到
繼起判斷的修正，因此，在一定範圍內，仍可以比較出何者爲較好的、較周
延的解釋〔註34〕。

〔註32〕 參見洪漢鼎《詮釋學——它的歷史和當代發展》（北京：人民出版社，2001
年9月），頁227。陳榮華解釋：高達美承繼海德格的路線，認爲詮釋學不是
研究「理解應該如何？」而是「理解是如何的？」前者提出規則或方法，指
導理解應該如何進行，這是規範性的、指導性的；後者說明在理解人文學作
品時，意識發生了什麼事情？有什麼現象出現？它在方法論尚未出現或人在
規範、指導他的理解前，早已出現在理解中了。見氏著《高達美詮釋學：《眞
理與方法》導讀》（台北：三民書局，2011年9月），頁5。
〔註33〕 參見氏著《中國哲學之路》（台北：東大圖書，1991年4月），頁85～86。
〔註34〕 以〈齊物論〉爲例，陳少明指出：不是作者原意不存在，也不是它不重要，
而是無法驗證究竟哪一種解釋才是原意。如果不把經典的解讀當成猜謎，而
是一個釋義的過程，那麼，釋義的周延程度，便是文本不同理解能力的體現。
即是說，在一定的範圍內，雖然不能肯定何者是正確的解釋，但可以比較出
更好的解釋。見氏著〈齊物論〉注疏傳統中的解釋學問題），收入劉小楓、陳
少明主編《經典與解釋的張力》，頁214～215。
又，張鼎國指出：高達美提出「不同地理解」，不該被認爲是自行放任。因爲
始終還有不可取代的文本自身在講話，同時也還有不斷繼起的詮釋者的發言
權，不能被否定或遭壓制。詮釋理解之際，每一個人都不可避免會夾帶進種
種前判斷，但是前判斷終將受到繼起的判斷之修正或排除。……哲學詮釋學
或許無法在方法論上提供眞理的判準（Wahrheitskriterium/criteria of truth），卻
自認是在更高的思考層次上促成一種實踐導向（Lenken/guiding, steering）的思
考效果。見氏著《詮釋與實踐》（台北：政大出版社，2011年12月），頁135。

　　筆者以爲，傅偉勳所提「創造的詮釋學」及王師開府所提的哲學研究法，對於實際的研究工作，可能更具實用性〔註 35〕。首先，傅偉勳的「創造的詮釋學」分爲五個辯證的層次：（1）「實謂」——原思想家（或原典）實際上說了什麼？（2）「意謂」——原思想家想要表達什麼？（3）「蘊謂」——原思想家可能要說什麼？（4）「當謂」——原思想家（本來）應當說出什麼？（5）「必謂」（或「創謂」）——原思想家現在必須說出什麼？第一層次基本上關涉到原典校勘、版本考證與比較等等基本課題，只有此層次算是具有所謂「客觀性」。在第二層次，通過語意澄清、脈絡分析、前後文表面矛盾的邏輯解消、原思想家時代背景的考察等等工夫，儘量「客觀忠實地」詮釋原典或原思想家的意思。第三層次則關涉種種思想史的理路線索、原思想家與後代繼承者之間的前後思維聯貫性的多面探討、歷史上已經存在的種種原典詮釋等等，通過此類研究方式，了解原典或原思想家學說（已成一種伽達瑪所云「歷史傳統」）的種種可能的思想蘊涵，如此超克「意謂」層次上可能產生的詮釋片面性或詮釋者個人的主觀臆斷。在第四層次，詮釋學者設法在原思想家教義的表面結構底下掘發深層結構，據此批判地考察在「蘊謂」層次所找到的種種可能義蘊，從中發現最有詮釋理據或強度的深層義蘊或根本義理出來，這就需要他自己的詮釋學洞見。到了第五層次，創造的詮釋學家不但爲了講活原思想家的教義，還要批判地超克原思想家的教義局限性或內在難題，解決後者所留下而未能完成的思想課題〔註 36〕。對於傅氏之說，筆者以爲：眞正在對文獻進行詮釋活動時，「意謂」、「蘊謂」、「當謂」其實不太容易一步步分開解析。不過，這五個層次可以當作一種文獻詮釋後的檢驗標準，重新檢驗

〔註35〕 誠如劉笑敢所言：「方法論詮釋學仍有其地位和價值。」方法論詮釋學指點了研究者詮釋文本時可依循的程序步驟及可發揮的向度。劉氏之說見氏著〈「六經注我」還是「我注六經」：再論中國哲學研究中的兩種定向〉，收入劉笑敢主編《中國哲學與文化》（第五輯），頁 58。
　　又，劉氏認爲：「視域融合」之說一方面強調融合而淡化或掩蓋了經典詮釋中的兩種不同取向之間潛在的衝突，忽略了詮釋者的不同取向，另一方面，從最終結果來說，也忽視了融合之結果的定位問題（較側重對經典本身義含和歷史義含的揭示，還是側重對當下需要和未來關切的思考）。參見氏著《老子古今：五種對勘與析評引論》（北京：中國社會科學出版社，2006 年 5 月），頁 72。
〔註36〕 參見傅偉勳〈創造的詮釋學及其應用——中國哲學方法論建構試論之一〉，收入氏著《從創造的詮釋學到大乘佛學》（台北：東大圖書，1999 年 5 月），頁 10～11。

自己的詮釋是否偏離了文獻本身〔註37〕。

　　再者，王師開府於〈思想研究法綜論－以中國哲學爲例〉中，綜合學者的意見，將哲學研究的方法分爲發生研究法、解析研究法、系統研究法、比較研究法以及實踐研究法五種〔註38〕，本論文研究所採取之方法爲其中之發生研究法、解析研究法、系統研究法、比較研究法，以下分論之：

　　就發生研究法來說，勞思光於《新編中國哲學史》中提及：「所謂發生研究法，即著眼於一個哲學的思想如何一點點發展變化，而依觀念的發生程序作一種敘述〔註39〕。」王師開府則認爲：發生研究法不只是一種史實的敘述而已，也不僅限於研究一位哲學家，發生研究法可以研究一個哲學學派，甚至某種哲學概念或思想，本身就是屬於思想史或哲學史的研究，其研究的重點在於哲學概念或思想的發展歷程。本論文以先秦至魏晉道家的孔子詮釋爲研究對象，自當將焦點置於孔子形象詮釋的發生及歷來的發展過程，而孔子詮釋所反映出的相關儒道問題，也在討論之列。

　　就解析研究法來說，勞思光指出：解析研究法是要分析哲學家所用的詞語及論證的確切意義，所根據的是客觀的分析〔註40〕。王師開府則以爲：「解析研究法」乃指分析法在哲學上之應用，其透過個別哲學概念、命題及論證的考察，對哲學思想的局部成分，獲得精確而固定性的理解，以作爲理解更大範圍思想的穩固基礎。他並特別強調：對概念、命題作哲學解析時，不能祇用訓詁的方法，作字義的解釋或文法的分析，而必須歸納哲學文獻中使用哲學概念的各種情形，以哲學性思考來進行分析，才能對概念、命題作出較準確的詮釋。由王師之論可知，對某一概念、命題作解析時，必須歸納文獻中所使用的各種情況，以哲學角度來進行研究。針對本論文所要處理剖析的「孔子形象」，以《莊》、《列》等書中寓言爲例，一則則的寓言故事，要如何

〔註37〕劉笑敢亦言：我們不必拘泥於這五個層次，五個層次或許可以簡化合併，或許可以作更細緻的分層，但大體說來，這種層次的分疏有利於我們了解經典詮釋活動中從歷史的文本的定向向當下的以及未來的定向的轉化與銜接的過程和機制。見氏著《老子古今：五種對勘與析評引論》（北京：中國社會科學出版社，2006 年 5 月），頁 89。

〔註38〕參見師著〈思想研究法綜論──以中國哲學爲例〉，《國文學報》第二十七期（1998 年 6 月），頁 168～182。

〔註39〕參見勞思光《新編中國哲學史》（台北：三民書局，1997 年 10 月），頁 10～11。

〔註40〕參見勞思光《新編中國哲學史》，頁 10～11。

以哲學解析角度而非文學欣賞角度來研究？事件的背景、對話的場景、出場的人物，甚至人物的動作等細節，都是吾人必須注意的地方〔註41〕。當然，最要分析思考的，是還是對話的內容。許多儒道的重要概念、命題就明示或暗藏在人物的話語中，這些都是筆者要討論的對象。

就系統研究法來說，王師開府指出：「系統研究法」是指綜合法在哲學研究上的應用，將個別的哲學概念、命題、理論匯聚起來，找出它們之間的各種關係，以建立整體的哲學思想系統。再者，系統研究法和解析研究法，在方法上是相反而相成，相得而益彰。解析的研究做得愈精確，則由此建立的系統愈周延；反過來，系統的研究做得嚴謹，在系統中的各部分意義的解析也愈準確。這裡面有所謂「詮釋的循環」功能。解析研究法重在「分析」，而系統研究法重在「整合」，是以本論文在對各別的孔子形象進行分析詮解之外，同時亦應著重彼此之間的相互關連，也就是要注意各家之間的「承」、「轉」關係，哪一部分是前有所承？哪一部分又是後代轉出？都要仔細對校，以求建立一完整的思想體系。

就比較研究法來說，王師開府指出：比較研究法是把不同的哲學思想拿來作比較研究，以突顯不同哲學的特殊性、價值和地位。發生法、解析法、系統法，大體可視爲一個系統內的研究法，而比較研究法則可在兩個以上的系統作比較，不過在比較中仍可用其他方法以爲協助。本論文除了比較各個斷代中孔子詮釋的內容有何異同之外，還必須對不同的詮釋方法進行比較研究，而儒道二家哲學思路的歧異也在討論範圍。

藉由以上之說明，吾人可知：就學術目的而言，哲學文獻之研究方法大致可歸納爲發生研究法、解析研究法、系統研究法、比較研究法四種。雖然實際運用時，此四類彼此之間其實互有關涉，難以完全割離。但是這四種研究法所欲達成之目的，確實可以讓研究者在研究過程中，隨時自我檢驗、自我鞭策。

〔註41〕 舉例而言，《莊子‧山木》中有這樣一則記載：「孔子窮於陳、蔡之間，七日不火食。左據槁木，右擊槁枝，而歌焱氏之風，有其具而無其數，有其聲而無宮角。木聲與人聲，犁然有當於人之心。顏回端拱還目而窺之。仲尼恐其廣己而造大也，愛己而造哀也……」(《莊子集釋》，頁690～694)在這則故事中，場景的安排其實也是饒富興味的。此處「槁木」、「槁枝」正是「吾喪我」——剔除我相、去除我見、忘卻物我對立的象徵。而「有其具而無其數，有其聲而無宮角」亦是沒有分別相之意。由此更可確定，此段文字乃是立基於道家之立場。

　　總之，詮釋之目的就是要揭示黃俊傑所提出「詮釋者的三個層次的意旨」，這三個層次是：一、言內之意：涉及的基本上是語法學的問題，解明這個面向的涵義的工具是訓詁學。二、言外之意：涉及的基本上是語意學的問題，解明這個面向的涵義的工具較多，而以詮釋為主。三、言後之果：涉及的是語用學的問題，解明這個面向的工具是以思想史為主。分析理解這三個層次，才能解決「語言性」的斷裂問題〔註42〕。雖然黃氏所言乃是為了「探討歷來《孟子》的解讀者如何詮釋《孟子》」，不過其論述也概括了現代研究者進行詮釋工作所必須「解密」的層面。這三個面向正是我們進行哲學研究時，必須全盤顧及的。

　　最後，本論文是以「人物形象」作為研究對象，是以吳冠宏所提出經由聖賢典型的釋例展現，在方法進路上的四點意義，亦有值得參考之處〔註43〕。這四點是：

　　一、表層與深層：人物形象的討論不再拘限於小說史傳的範疇，得以進入思想層次的領域，並在思想內涵的灌注下，使人物形象由「表層樣態」的面向轉進至「深層義蘊」的層次。

　　二、抽象與具體：學界對儒道思想的研究向來著重於抽象觀念的分析，吳氏《聖賢典型的儒道義蘊試詮——以舜、甯武子、顏淵與黃憲為釋例》一書卻以具體情境及人物形象為進路，故時或失之於主觀感性的表述，但儒道思想及其關涉的課題，透過具體人物與典型生命得以一一朗現，依此進路未嘗不可一改觀念論證的冷澀，而具體呈現實踐的力道與人豐富的存在。

　　三、部分與整體：了解思想著作中的單篇，仍須由其整體統觀之，避免執泥於部分現象而忽略其整體一貫的內涵。如吳氏討論顏淵時，強調其形象的塑成與孔子贊語及莊子重言的關涉，故須從兩家思想之整體旨趣來掌握。

　　四、核心與邊緣：吳氏認為他所討論的雖然是非主流的論述，但非主流的論述卻可能是翻轉舊說的門路。可以為儒道思想及其關係的討論，走出一條以聖賢典型為進路的模式。

　　由上文可知，本文所論之「孔子『形象』」一詞非指由感官所得的直觀性

〔註42〕參見氏著《中國孟學詮釋史論》（北京：社會科學文獻出版社，2004年9月），頁6～8。

〔註43〕參見氏著《聖賢典型的儒道義蘊試詮——以舜、甯武子、顏淵與黃憲為釋例》（台北：里仁書局，2000年11月），頁237～240。

印象，亦有別於文學研究中，強調風格特色、人格特質之類的人物形象探討，而是側重於各典籍所賦予孔子的「思想內涵」，亦即吳氏所言「深層義蘊的層次」，旨在揭示各典籍中與孔子有關的文字所具有的形象意義。孔子形象的傳達可能隱藏在故事裡，含藏在孔子與他人的對話中，亦可能隱含在他人對孔子的論述中。這樣的孔子形象，即是各典籍對「孔子」所作的各別「詮釋」。筆者欲透過孔子形象窺見作者所要表達的理想人物生命典型，無論是《莊子》中「由凡轉聖」的孔子、《淮南子》中儒道兼綜的孔子，還是《列子》中體道應物的孔子。《莊子》中的孔子形象一直是「顯學」，《列子》中的孔子也有部分學者提及，《呂氏春秋》及《淮南子》中的孔子形象則乏人問津。無論主流或非主流、核心或邊緣，似乎都有再討論的必要。主流的論述可能也有其視野的侷限，誠如哲學詮釋學所說，文本的面向是多元的，詮釋亦是不盡的。孔子形象依各家塑造而不同，本文側重討論道家對孔子形象的改造，而道家對儒聖孔子的改造，必然牽涉到儒道之關係，由部分可窺見整體，由具體可切入抽象，由孔子之形象風貌可深入儒道之義理異同。而這些討論都必須建立在一個基礎上——對孔子相關文字的討論能由表象轉至哲學義蘊的層次，筆者期許自己能夠做到這一點。

就具體的研究步驟來說，本論文研究的第一步是先依時間斷代，分別討論戰國、秦漢、魏晉時期的道家孔子詮釋。爲避免行文之蔓雜，儘量採取「主題」討論方式進行。以《莊子》外雜篇爲例，將分爲「孔老會面〔註44〕」、「孔子遇隱者」、「孔子困厄〔註45〕」、「孔子論技以進道」……等議題來進行，逐

〔註44〕池田知久認爲：《莊子‧外雜篇》中孔老會見的故事，是道家系統的思想家們爲了表現自己的思想而任意杜撰的虛構。參見氏著、黃華珍譯《《莊子》——「道」的思想及其演變》（台北：華泰文化，2001 年 12 月），頁 8。對此，白奚指出：記載孔子向老子問禮的不僅有《史記》，諸子書中更多，道家的《莊子》、儒家的《禮記》、《孔子家語》、《韓詩外傳》以及《呂氏春秋》等都有記載。記載此事的典籍如此之多，表明這一傳說在戰國乃至秦漢十分流行。而且記載此事的更多的是儒家的典籍，這些儒家作品均成書於漢代儒學獨尊的學術氛圍下，儒道的對立已甚爲明顯。這表明：「孔子曾問禮於老子」這件事不僅爲道家所樂道，而且也被儒家學派視爲史實而世代相傳，以致儒家即便在獲得獨尊的地位後對此仍無法否認。參見氏著〈孔老相會及其歷史意義〉，收入氏著《先秦哲學沉思錄》（北京：中國社會科學出版社，2007 年 12 月），頁 89。

〔註45〕以「孔子厄於陳蔡」爲例，陳少明指出：從戰國的《莊子》到被認爲是三國時期僞託的《孔子家語》，這個故事至少傳有九個不同的版本。實際上，故事

步討論道家孔子詮釋背後的意義、道家後學的思想觀念，以及儒道分歧與會
通等問題。《莊子》、《呂覽》、《淮南子》及《列子》都是以創作故事、改編事
件的方式來塑造孔子形象，王弼、郭象、張湛等人則是以注經的方式來重新
詮釋孔子的內涵。兩種詮釋方式都是時代學風下的產物，其中的分水嶺是漢
代對圖書的整理，對經典的確立。值得注意的是，第一種詮釋方式雖然立基
於作者之「創作」，但可能並非完全前無所本，隨意漫談〔註46〕，在流傳過程
中，已建立了一定的影響力，否則也不會有多則記錄重見於《孔子家語》、《說
苑》、《韓詩外傳》等儒家典籍的情況。第二種詮釋方式雖然必須依附於傳統
經典，然而魏晉時人納己意入文本，寄己意入經典，已是創造性之詮釋，於
是，注經的工作，其實也是一種思想上的創作。總之，自漢代以後，「孔子」
不只是傳統文化下的聖賢典型，更是歷代士人透過不同時空背景所塑造出來
之理想人格，可以說是士人自我生命所投射的理想形態。雖然表達的形式不
同，但「孔子」所代表的文化理想意涵歷久彌新。

　　當然，筆者知道思想的發展承續關係相當複雜，這項工作並非易事。正
如劉笑敢所指：「思想前後之發展有順承者，有逆反者；有由淺入深者，亦有
前深而後淺者；有徘徊於邊緣者，亦有異峰突起者，無法歸結為單一發展的
線索〔註47〕。」筆者的嘗試，也只是說明了思想發展的一種可能性，提供一
個新的思考方向。筆者願以此謹慎嚴肅的態度，扣問探求歷來的經典文獻。

　　不是發生在「厄於陳蔡」之間，而是創作於「厄於陳蔡」之後。不同時代不
　　同家派的學者，均踴躍參與這個故事系列的創作。孔子故事的創作或傳播，
　　側面顯示了中國文化中聖賢人格的塑造過程。參見氏著〈「孔子厄於陳蔡」之
　　後〉，孔子 2000 網站，http://www.confucius2000.com/admin/list.asp?id=1678，
　　2004 年 9 月 1 日。
〔註46〕誠如余嘉錫所言：「夫以莊周寓言，尚難盡棄，況諸子所記，多出古書，雖有
　　托詞，不盡偽作。」見氏著《古書通例》，頁 90。
〔註47〕見氏著〈出土簡帛對文獻考據方法的啟示（之一）：反思三種考據方法的推
　　論〉，收入劉笑敢主編《中國哲學與文化》（第六輯），頁 30。

第二章　《莊子》內篇的孔子詮釋

　　在《莊子》內篇中，以「孔子」為主角的寓言頗多，這些與孔子相關的論述，多集中於〈人間世〉、〈德充符〉及〈大宗師〉等篇章。內篇中的孔子時而受譏諷，時而論大道，看來形象並不一致。因此，莊子對孔子的態度究竟如何，一直是論者熱衷討論的問題。

　　筆者以為，內篇中的孔子形象，是莊子最具原創性的孔子詮釋，也是後世道家詮釋孔子的源頭。它不但影響後代深鉅，更是後世爭辯莊子究竟是「詆訿孔子之徒」還是「陽擠而陰助之」的原因。是以筆者試圖回歸原典，逐步探求莊子如何塑造孔子形象，詮釋孔子境界。

　　針對這個問題，筆者先不將內篇中的孔子劃分為二，來作討論。因為，「道家代言人的孔子」與「被譏刺的儒家孔子」這樣的分法雖然方便，就表面文字而言，內篇確實也呈現了兩種不同的孔子風格〔註1〕，但是直接訴諸「非此

〔註1〕論者多將莊書中的孔子一分為二，茲舉數例：陳品川將《莊子》書中的孔子分為「具有道家思想的儒者形象」與「道家的反面形象」。見氏著〈《莊子》中的孔子形象〉，《汕頭大學學報》（人文科學版）1994年第3期，頁15～21。
曹小晶將內七篇中的孔子形象分為「原本的孔子」與「莊化的孔子」。見氏著〈從《莊子‧內七篇》中兩個不同的孔子形象談莊子之思想〉，《西安石油學院學報》（社會科學版）第10卷第1期（2001年2月），頁77。
高慶榮、黃發平將《莊子》內篇的孔子形象分為「被譏笑的孔子」和「被『莊化』了的孔子」。見氏著〈《莊子》中不同的孔子形象分析〉，《通化師範大學學報》第25卷第1期（2004年1月），頁43。
王博認為內篇中的孔子形象，大體可以分做兩類，一類是被嘲諷或者教誨的對象，一類是莊子的代言人。見氏著《莊子哲學》（北京：北京大學出版社，2004年3月），頁4。

即彼」的二分法判斷，卻也有將「孔子」斷裂爲二的危險，更可能因此忽略了思想的轉折之處。如果我們承認「內篇的思想理路一致，應是出自莊子之手」這樣的前提，或許以「論題」作爲分類的方式，更能了解莊子塑造孔子形象所蘊含的深意。

第一節　論處世之道的孔子

在內篇中，以孔子爲主角的寓言首先現身於〈人間世〉。孔子寓言不出現於〈逍遙遊〉、〈齊物論〉，而出現於「人間世」，想來也是饒富興味的。這並非是說孔子不能逍遙，無法齊物，而是說孔子就和多數的凡人一樣，身處人間世，而必須面對人間事。

一、安之若命、乘物游心

人間事複雜難解，凡人卻無可逃避，莊子常借用孔子之口說明人事之複雜、處世之困難，在〈人間世〉中，就記載著「葉公子高將使於齊」與「顏回見仲尼」兩則事例。先舉前者爲例：

> 葉公子高將使於齊，問於仲尼曰：「王使諸梁也甚重，齊之待使者，蓋將甚敬而不急。匹夫猶未可動，而況諸侯乎！吾甚慄之。子常語諸梁也曰：『凡事若小若大，寡不道以懽成。事若不成，則必有人道之患；事若成，則必有陰陽之患。若成若不成而後無患者，唯有德者能之。』吾食也執粗而不臧，爨無欲清之人。今吾朝受命而夕飲冰，我其內熱與！吾未至乎事之情，而既有陰陽之患矣；事若不成，必有人道之患。是兩也，爲人臣者不足以任之，子其有以語我來！」
>
> 仲尼曰：「天下有大戒二：其一，命也；其一，義也。子之愛親，命也，不可解於心；臣之事君，義也，無適而非君也，無所逃於天地之間。是之謂大戒。是以夫事其親者，不擇地而安之，孝之至也；夫事其君者，不擇事而安之，忠之盛也；自事其心者，哀樂不易施乎前，知其不可奈何而安之若命，德之至也。爲人臣子者，固有所不得已。行事之情而忘其身，何暇至於悅生而惡死！夫子其行可矣！
>
> 丘請復以所聞：凡交近則必相靡以信，遠則必忠之以言，言必或傳之。夫傳兩喜兩怒之言，天下之難者也。夫兩喜必多溢美之言，兩

怒必多溢惡之言。凡溢之類妄，妄則其信之也莫，莫則傳言者殃。
故《法言》曰：『傳其常情，無傳其溢言，則幾乎全。』且以巧鬥力
者，始乎陽，常卒乎陰，（大）〔泰〕至則多奇巧；以禮飲酒者，始
乎治，常卒乎亂，（大）〔泰〕至則多奇樂。凡事亦然。始乎諒，常
卒乎鄙；其作始也簡，其將畢也必巨。

（夫）言者，風波也；行者，實喪也。〔夫〕風波易以動，實喪易以
危。故忿設無由，巧言偏辭。獸死不擇音，氣息茀然，於是並生心
厲。剋核大至，則必有不肖之心應之，而不知其然也。苟爲不知其
然也，孰知其所終！故《法言》曰：『無遷令，無勸成，過度益也。』
遷令勸成殆事，美成在久，惡成不及改，可不慎與！且夫乘物以游
心，託不得已以養中，至矣。何作爲報也！莫若爲致命。此其難者。」

（《莊子集釋》，頁 152～160）

葉公子高出使齊國前的恐懼很能夠說明人處於紛亂塵世的無奈。事若不成，
將有人道之患；事若成，則有陰陽之患，無論如何，似乎都避免不了禍患降
臨。這樣的困境並非自己招致，只能說是時命使然，但人們卻必須時常面對
它所帶來的災禍。「若成若不成而後無患者，唯有德者能之」，葉公子高向孔
子請教如何才能免除其患，可見在他心中，孔子正是善處於世的「有德者」，
而這也正是孔子在此寓言中的角色定位。

　　孔子的人生取向畢竟與「避世之士」不同〔註2〕，他認爲「子之愛親」、「臣
之事君」皆是人無可逃避的責任。親子之情是與生而來的本性，既不可解也
無需解；君臣之義是社會行之有年的秩序，既不可逃也無需逃。對於父母、
君主，要使其「不擇地而安」、「不擇事而安」；而對於自己，則要內修以上臻
「安之若命」之境。因爲唯有「安之」，才不會受到哀樂之情的干擾糾纏，而
能夠「安時而處順」，到達〈德充符〉所言：「有人之形，無人之情。有人之
形，故群於人；無人之情，故是非不得於身」的境界。當災禍無可避免來臨
之時，負面情緒不免隨之而生，如何能「安之」？由是以知，「安之若命」的
背後其實是蘊含著極高的修養境界。或許我們還可以再往上推論，能有這樣
的修養境界者，恐怕曾在生命中遭遇不少橫逆，在一次次的反觀自省、去累
化執之後，才能「安之」。

――――――――――

〔註2〕這則寓言中對孔子的描述，符合《論語·微子》中孔子「吾非斯人之徒與而
　　　誰與」的形象。

對此，為人臣者只能去除私意造作，順應自然情勢而行事，哪有時間去悅生惡死、自尋煩惱呢？而且當人臣致力於求生避禍之時，「悅生而惡死」的念頭，反而會讓他因為過度執著而無法判斷當下的情勢，更遑論順勢而為、因勢利導，災禍反而因此臨頭。接著，孔子開始傳授其處世的實戰技巧。「交近則必相靡以信，遠則必忠之以言」、「夫傳兩喜兩怒之言，天下之難者也」、「始乎諒，常卒乎鄙；其作始也簡；其將畢也必巨」、「無遷令，無勸成，過度益也」，字字句句都是入世已久的孔子的肺腑之言。這些看來瑣碎的老生常談，正是明哲保身的指導原則。這位發言者之所以能歸納出諸多處世之理，正反顯出他深諳人世間事務運作的複雜多變、難以預料。

在這段文字中，莊子借孔子之口說出：「天下有大戒二：其一，命也；其一，義也。子之愛親，命也，不可解於心；臣之事君，義也，無適而非君也，無所逃於天地之間。是之謂大戒。」正說明了莊子也認同親子之情是「不可解於心」的天性表現；而君臣之義是「無所逃於天地」的社會倫理。親子之情與君臣之義構成了人倫規範，而此規範架構了人間秩序，社會因此而井然有序，然而，個體也因此隱沒於群體之中〔註3〕。人作為一個存在於世的個體，幾乎不可能置身於人際關係網絡之外，所以也幾乎無法避免這種兩難的困境。

莊子借孔子之口說出，這些人世的牽絆、責任，是無所逃避，也不必逃避的。這呈顯出莊子與避世之士有所差異，莊子並非一般「與鳥獸同群」的隱士。莊子借孔子之口所傳達的處世技巧，也說明了莊子確實是經過世事歷鍊的入世之人。然而，「無所逃」一語卻也明確表達了莊子曾有想「逃」之心。就孔子而言，「郁郁乎文哉」的人倫秩序、克己復禮的生命追求，是仁心的實現；然而，對莊子來說，這卻也可能是人與自然的破裂之始。

但是，就多數人而言，人不可能免除生而為人的責任，人非入世不可，那麼要如何才能到達逍遙之境？如何才能在群體之中保有個體的自由？莊子認為，了解人情世故、理解人性之常，才有可能順勢而為，但這只是外在的

〔註3〕賴錫三認為：人做為一實存具體者，有其一個必然的存在結構，《莊子》即稱此必然的存在結構為「無所逃於天地之間」，海德格爾則稱為「在世存有」。而人徹徹底底地、從頭至尾就不曾和這個存在的「視域」分開過，亦即它們是「共在」的。……這裏，《莊子》特別點出親子、君臣，來豁顯「人我」這個無所逃的親臨網絡，若加以創造性地詮釋，此「親子、君臣」關係實乃緊緊地糾結在家庭、社會、政治、歷史的結構脈絡中和價值體系中。換言之，這個所謂自然「天地」，早已人際倫理化成社會「天地」。參見氏著《莊子靈光的當代詮釋》（新竹：清華大學出版社，2008 年 12 月），頁 88～89。

處世原則而已，要在變動不居的人間世悠遊自得，不能只是死記生存法則，而是要靈活運用、見機行事，而這必須依賴心靈的虛靜中和。因此，在「乘物」、「託不得已」之外，還要能保持心境之虛靜，不能失卻心靈的主體性，如此一來，才能不避人世而沒有人事之累，此即文中所言的「游心」、「養中」，這就牽涉到修養工夫的問題。

二、德蕩乎名、先存諸己

再看〈人間世〉中「顏回見仲尼」的記載：

> 顏回見仲尼，請行。曰：「奚之？」曰：「將之衛。」曰：「奚爲焉？」曰：「回聞衛君，其年壯，其行獨；輕用其國，而不見其過；輕用民死，死者以國量乎澤若蕉，民其無如矣。回嘗聞之夫子曰：『治國去之，亂國就之，醫門多疾。』願以所聞思其則，庶幾其國有瘳乎！」仲尼曰：「譆，若殆往而刑耳！夫道不欲雜，雜則多，多則擾，擾則憂，憂而不救。古之至人，先存諸己而後存諸人。所存於己者未定，何暇至於暴人之所行！且若亦知夫德之所蕩而知之所爲出乎哉？德蕩乎名，知出乎爭。名也者，相（札）〔軋〕也；知也者，爭之器也。二者凶器，非所以盡行也。且德厚信矼，未達人氣，名聞不爭，未達人心。而強以仁義繩墨之言術暴人之前者，是以人惡有其美也，命之曰菑人。菑人者，人必反菑之。若殆爲人菑夫！且苟爲人悅賢而惡不肖，惡用而求有以異？若唯無詔，王公必將乘人而鬥其捷。而目將熒之，而色將平之，口將營之，容將形之，心且成之。是以火救火，以水救水，名之曰益多。順始無窮，若殆以不信厚言，必死於暴人之前矣！且昔者桀殺關龍逢，紂殺王子比干，是皆修其身以下傴拊人之民，以下拂其上者也，故其君因其修以擠之。是好名者也。昔者堯攻叢枝、胥敖，禹攻有扈，國爲虛厲，身爲刑戮，其用兵不止，其求實無已，是皆求名實者也，而獨不聞之乎？名實者，聖人之所不能勝也，而況若乎！雖然，若必有以也，嘗以語我來！」顏回曰：「端而虛，勉而一，則可乎？」曰：「惡！惡可！夫以陽爲充孔揚，采色不定，常人之所不違，因案人之所感，以求容與其心。名之曰日漸之德不成，而況大德乎！將執而不化，外合而內不訾，其庸詎可乎！」（《莊子集釋》，頁131～141）

故事起源於顏回希望到衛國去，遂向孔子辭行。顏回一開始秉持著儒家一貫的信念，認為唯有感化衛君才能救濟衛國百姓。孔子則警告顏回，不可過於輕忽自身的危險性，否則將招來殺身之禍。「古之至人，先存諸己而後存諸人」，如果連自己的生命都無法保全，又如何能談救人呢？他認為顏回自己的修養境界還未成熟，就急著「救世濟民」，這種不顧己身、一意孤行的行為，只是為了求取美名。「德蕩乎名，知出乎爭。名也者，相（札）〔軋〕也；知也者，爭之器也。」人們為了爭名、爭勝，是以「崇德」、「尚智」，德蕩於外，因而導致互相傾軋、禍亂不斷。顏回只看到衛君的罪惡，卻未能意識到自己「強以仁義繩墨之言術暴人之前」，其實也是一種想要凸顯自我、貪圖美名的罪惡。談仁道義，把自己當成善的一方，事實上，也就是把對方視為惡的一方，認為對方需要「痛改前非」，在這樣的主觀心態下，對方能平和地接受你的「感化」嗎？更要警覺的是，對方與你並非平輩，而是操控你生殺大權的一國之君，你如何能夠不忘初衷、全身而退？

看看「若唯無詔，王公必將乘人而鬥其捷。而目將熒之，而色將平之，口將營之，容將形之，心且成之。」這一段描述，何其生動！多少原本奮不顧身的士人，在實際面對君王時，正是如此畏縮地敗陣下來。這更說明了莊子非常了解士人在政治中的困境。在亂世之中，一個人即便「德厚信矼」、「名聞不爭」，也未必能夠被人所信服，更何況「菑人」者？

在莊子看來，儒家這種「以天下為己任」的熱忱，其實正是「置己身於不顧」的悲哀。況且，這種熱情，背後是否完全沒有「私心」存在？儒者口中所標舉之「仁義」，是否真為普世恆存之價值？儒者眼中的是非，又是否真為不可改動之判斷？這些都令人存疑。顏回提出「端而虛，勉而一」的辦法，想以端莊謙虛、勤勉專一的態度感化衛君，也遭到孔子的駁斥。孔子認為，顏回的作法仍是根源於成心結構，由成心而發，彼我相對，自是而非彼，謙虛勤勉出於畏懼、僅為表象，非由真心而出，當然不足以化人。唯有真切地反省生存的困境，及引發困境的成心結構，才有扭轉成心、超越困局的可能。顏回既不能克服自己求名的欲望，也不能感化衛君，最後的結果不是表面妥協、不敢訾議；就是因為多言勸誡而被衛君所殺。

聽聞孔子勸告之後，顏回仍然不死心，他提出了更具體的作法：

> 然則我內直而外曲，成而上比。內直者，與天為徒。與天為徒者，
> 知天子之與己皆天之所子，而獨以己言蘄乎而人善之，蘄乎而人不

善之邪？若然者，人謂之童子，是之謂與天爲徒。外曲者，與人之
爲徒也。擎跽曲拳，人臣之禮也，人皆爲之，吾敢不爲邪！爲人之
所爲者，人亦無疵焉，是之謂與人爲徒。成而上比者，與古爲徒。
其言雖教，讁之實也。古之有也，非吾有也。若然者，雖直而不病，
是之謂與古爲徒。若是則可乎？」仲尼曰：「惡！惡可！大多政，法
而不諜。雖固亦無罪。雖然，止是耳矣，夫胡可以及化！猶師心者
也。（《莊子集釋》，頁 143～145。）

顏回認爲自己如果能作到內心正直不阿，外表曲從和順，言談句句稱引古人，
就不會招來非議災禍。只要內心正直，「與天爲徒」，他人將會以己爲赤子；
外表順從，「與人爲徒」，就不會招致別人的批評；談話不求創新，處處引用
古人，「與古爲徒」，就不會禍從口出〔註4〕。儒墨感化人君之道，不外一面徵
引古聖先王之說，一面言行和順、事君盡禮〔註5〕。而「與天爲徒」、「學爲童
子」看似道家忘人己之義，卻仍是在揣度他人心思下，對於自己展演的想像，
也就是希望別人視己爲童子，所以才有「與天爲徒」的表現；同樣的，希望
別人視己爲和順，所以才有「與人爲徒」的行爲。孔子認爲這樣的作法仍是
師心自用，成心未能轉化，二元對偶之認知尚未消除，全是顏回個人主觀意
志的展現，頂多只能達到「無罪」，即勉強免於刑罰的程度，根本談不上感化
他人。但無論如何，「無罪」也是一種在困境中求生存的方式，至少可以明哲
保身，讓生命不致受到損害。這也是莊子借顏回之口表達出的亂世求生之道。

　　根據《史記》的記載，莊子曾爲蒙漆園吏，這樣的經歷想必讓莊子對於
政治生態有了進一步的了解〔註6〕。莊子在此並不著眼於帝王之治道，而是努

〔註4〕林明照指出：顏回的屈從與配合，蘊含著一種對於觀看的自我想像性。他一
　　　方面設想他人觀看的期待性，另方面又在這想像的期待性中，依據社會規制
　　　下的角色典範與規定，對於自身進行自我想像及型塑。除了「與人爲徒」的
　　　配合演出，顏回在「與天爲徒」、「與古爲徒」的因應中，同樣都是在他人觀
　　　看要求的想像前提下，對於自身展演（presentation of self）的想像——天眞的
　　　童子與動輒據引古人之語的正直之士。然而對莊子而言，這種想像性同樣是
　　　建立在特定的視角上，乃「師心者也」。參見氏著〈觀看、反思與專凝——《莊
　　　子》哲學中的觀視性〉，《漢學研究》第 30 卷第 3 期（2012 年 9 月），頁 14～
　　　15。
〔註5〕參見唐君毅《中國哲學原論　原道篇（一）》（台北：臺灣學生書局，1986 年
　　　10 月），頁 369。
〔註6〕王博指出：〈人間世〉的敍述結構，是一個從顏回開始，經過葉公子高、顏闔
　　　等，到楚狂接輿結束的結構；這是一個從想積極地進入這個世界開始，到發

力爲凡人找出解脫之路；他認爲：既知不可能完成復歸小國寡民的理想，人們就必須思考，如何在現實社會中找到生存之法？如何在君臣關係中找到平衡之道？在〈人間世〉中，莊子屢屢藉著孔子之口說明處世的艱難。在莊子心中，孔子入世最深，因爲入世最深，所以最能了解君臣關係的緊張對立，最能了解要上臻乘物游心之境困難重重。所以藉孔子、顏回來說明「人間世」，是再恰當不過了。

最後顏回無言以對，只能向老師求救。於是，這對師徒的討論就進入到修養工夫的範疇。

第二節　論修養工夫的孔顏

如何能安處於人間世？爲了讓自身「不擇地而安」、「不擇事而安」，莊子提出了其對治方法。

一、虛而待物、心齋聽氣

莊子讓孔子與顏回接續著尚未完成的話題，其言曰：

顏回曰：「吾無以進矣，敢問其方。」仲尼曰：「齋，吾將語若！有〔心〕而爲之，其易邪？易之者，皞天不宜。」顏回曰：「回之家貧，唯不飲酒不茹葷者數月矣。如此，則可以爲齋乎？」曰：「是祭祀之齋，非心齋也。」回曰：「敢問心齋。」仲尼曰：「若一志，無聽之以耳而聽之以心，無聽之以心而聽之以氣！聽止於耳，心止於符。氣也者，虛而待物者也。唯道集虛。虛者，心齋也。」顏回曰：「回之未始得使，實有回也；得使之也，未始有回也；可謂虛乎？」夫子曰：「盡矣。吾語若！若能入遊其樊而無感其名，入則鳴，不入則止。無門無毒，一宅而寓於不得已，則幾矣。絕迹易，無行地難。爲人使易以僞，爲天使難以僞。聞以有翼飛者矣，未聞以無翼飛者也；聞以有知知者矣，未聞以無知知者也。瞻彼闋者，虛室生白，吉祥止止。夫且不止，是之謂坐馳。夫徇耳目內通而外於心知，鬼神將來舍，而況人乎！是萬物之化也，禹舜之所紐也，伏戲几蘧之

現世界的艱難和無奈，然後以和這個世界保持距離來結束的結構；這也是一個從積極地求見用於世到追求無用的結構，這是一個體現莊子生活和心理軌迹的結構。參見氏著《莊子哲學》，頁 43。

所行終，而況散焉者乎！」（《莊子集釋》，頁 146～150）
孔子向顏回提出應世之道即是「齋」，顏回卻誤以為此「齋」是「祭祀之齋」。
在此，莊子有意指出，那種不飲酒、不茹葷的齋戒只是外在形式上的工夫，
這樣的齋戒淨化人心的效果有限，當然也不可能讓吾人在處世上得到幫助。
真正的齋戒，應是「心齋」。

　　接著，孔子向顏回揭示「心齋」之理。「若一志，無聽之以耳而聽之以心；
無聽之以心而聽之以氣」是要人們排除紛亂的意念，拋棄心智感官的作用，
不以目視、不以耳聽，亦不以心思考。不受到耳目心思的干擾，也就是後文
所說的「徇耳目內通而外於心知」，一層層回溯，復歸於無。經過心齋的凝斂
修養工夫，讓形體與心靈同歸於虛靜空明之大道〔註7〕，如此才能去除成心分
別、矯揉造作，「虛而待物」，取消主客之相對，以虛靈澄澈之身心去順應外
境。

　　莊子相信，耳目感官所能感知領受的，只是事物的外在表徵，耳只能聽
聲，目只能辨色，而心智也只能認知外物之形貌、特徵、規律等等，這些都
是將外在之物對象化，物我二分，彼此對立，未能深入事物之實相，反造成
生命之破裂與困境。心知亦然，「止於符」之「心」即是有待於外的分別心。
道家認為，萬物之底蘊皆是一氣之流行，氣是構成萬物之原質，是以當人拋
卻形體、感官、思慮，回歸大道時，此時的身心也全是通天地之神氣，自然
能覺察感知萬物的變化〔註8〕。此處顏回所說「回之未始得使，實有回也；得
使之也，未始有回也」特別點出了「心齋」功夫必須忘卻對自我的執著，進
入無我之虛的狀態。此時之虛，並非表象的「端而虛」，而是轉化成心為道心，
在與人相交接時，不帶成見，將他人所言之義全部攝入於我之虛，達至無人

〔註7〕 楊國榮認為：由「聽之以耳」「聽之以心」，進而「聽之以氣」，意味著從對象
　　　　性的關切及意向性的活動，返歸虛而無物的精神形態。「虛」在此既被理解為
　　　　道的體現（所謂「唯道集虛」），也被視為進一步把握道的前提。參見氏著《莊
　　　　子的思想世界》（北京：北京大學出版社，2006 年 10 月），頁 116。
〔註8〕 賴錫三指出：何謂「聽之以氣」？從文獻中，大約可從「未始有回（我）」、「虛」、
　　　　「無知知」、「虛室生白」等暗示來理解。這些都直接或間接地和「神」密切
　　　　相關，因為無我即神人，無知知即神知、虛靈即神妙、虛室生白即神之光明。
　　　　「聽之以氣」的工夫相應列子「氣合於神」的工夫。……我們能聽之以神氣
　　　　時（「神全」），此時的身體也早就被神氣所滲透轉化（「形全」），它早已不是
　　　　原先那個分殊性、對象化的身心了，而是一種「虛而無礙、應而不藏」的境
　　　　界化身心了。參見氏著《莊子靈光的當代詮釋》，頁 152～153。

無己、忘人忘己之境〔註9〕。放下了自我的執著，無執無我，當然也就放下了對於名聲、智慧、利益的追求。

　　孔子接著指出明哲保身之道，就是不要被名聲所誘惑，言行都要順外勢而為，「入則鳴，不入則止」，一切緣於不得已，也就是要放下成心，切勿師心自用。然而，「寓於不得已」的外在表現，其實還是必須依托於「虛室生白，吉祥止止」的虛靜之心，也就是說，「徇耳目內通而外於心知」的心齋工夫，才是安身立命之道。若吾人將焦點放在如何求生、保身，反而會因此戰戰兢兢，進退失據。

二、離形去知、同於大通

　　除了「心齋」之外，在〈大宗師〉中，孔子與顏回同樣討論到了修養之工夫，此即「坐忘」：

> 顏回曰：「回益矣。」仲尼曰：「何謂也？」曰：「回忘禮樂矣。」曰：「可矣，猶未也。」他日，復見，曰：「回益矣。」曰：「何謂也？」曰：「回忘仁義矣。」曰：「可矣，猶未也。」他日，復見，曰：「回益矣。」曰：「何謂也？」曰：「回坐忘矣。」仲尼蹴然曰：「何謂坐忘？」顏回曰：「墮肢體，黜聰明，離形去知，同於大通，此謂坐忘。」仲尼曰：「同則無好也，化則無常也。而果其賢乎！丘也請從而後也。」
> （《莊子集釋》，頁 282～285）

在這段文字中，顏回由「忘禮樂」進而「忘仁義」，最後「坐忘」，一步步提升，最後甚至讓孔子也甘拜下風，莊子在此似是有意顛覆師生關係，推翻時人對師生上下的執著。就儒家本義來說，儒者所重之「禮樂」並非只是外在的制度規矩，禮樂必須以「仁義」為其內在精神，仁心的發用充實了禮樂，讓禮樂不再只是外在的行禮如儀。然而，對莊子而言，不僅「禮樂」是外在的儀式，就連「仁義」，也可能在儒家的倡導標舉下，淪為外在的準則，喪失了根本的價值。當禮樂仁義成為儒家所建立的社會倫常規範，人性之本真反而可能因此而失落。

　　因此，莊子讓顏回層層忘遣，先是「忘」最外在的禮樂，再「忘」外在的仁義，此「忘」表示一種不關心而順應之的狀態〔註10〕，以此超越禮樂之

〔註9〕參見唐君毅《中國哲學原論　原道篇（一）》，頁370。
〔註10〕陳德和指出：不論是無或者是忘，對道家而言都是一種針對俗情的破解與自

形制規矩，再超越仁義之德目教條，逐步剝除生命的繁飾與虛矯，同時也不再執著於儒家的倫理規範，以回歸生命最純粹的本質。當生命回歸本質之際，亦能順應禮樂而行，不顯奇詭之象。於是，緊接著的工夫是「坐忘」——「墮肢體，黜聰明，離形去知」，此正是道家「同於大通」的修養工夫。「肢體」即是「形」，也就是人的形體存在；「聰明」即是「知」，也就是人的感官認知與理性思考。為何要「墮肢體」、「黜聰明」？此「墮」與「黜」並非是存在層次上的毀棄，而是無執無繫之意，亦即超越由形體、心知而來的成心執著，因為對道家而言，形體與感知固然是吾人存在的根據，卻也同時區隔了吾人與天地自然；限制了吾人回歸大道的可能性。是以，莊子要我們超越肢體形骸的存在，排除視聽心志的作用，不執著於形體心智，才能不被形體心智所侷限，以此逐步歸返於無，與自然大道融合為一。而「坐忘」意義下的「忘仁義」與「忘禮樂」，亦不必解為「反仁義」與「反禮樂」，而是在虛靜靈明的身心中，隨順本性展現出最自然真實的仁義禮樂〔註11〕。

　　莊子在這段文字中，同時將孔子與顏回道家化，使其成為修道之人。「忘禮樂」、「忘仁義」與「坐忘」之說，表面上看來雖是出自顏淵之口，但從孔子所言「可矣，猶未也」之語，可以知道此處的孔子也是熟知道家修養工夫的歷程。值得注意的是，莊子的「心齋」、「坐忘」之論，都由孔子、顏淵這對師徒口中說出，更凸顯出孔子在《莊子》書中的特殊地位。孔子的救世之志眾所皆知，這似乎與莊子「孰弊弊焉以天下為事」（〈逍遙遊〉）的理念不符；可是莊子在此不但沒有醜化孔子，反而讓孔子領悟「心齋」、「坐忘」之理，讓孔子依道家的方式悠遊於人間世。此時的孔子走出了《論語》，也走出了懷才不遇的悲傷，他不必再有「匏瓜徒懸」的喟嘆，而可以安閒自在地面對人間事。

我的超越所顯的實踐工夫。見氏著《道家思想的哲學詮釋》（台北：里仁書局，2005 年 1 月），頁 143。

又，林明照指出：莊子言「忘」，並非純是「忘記」之義；「忘」在莊子首先指向一種「無關心性」或「未覺察性」；其次，通常是連繫到「關係性」來說。莊子言「忘」乃具有無關心性的關係互動，指對某事採取一種無關心或未著意之狀態，進而形成一種順應的關係。「忘」的無關心性所呈現的順應性，亦可結合「忘」與「適」的關係言之。而〈大宗師〉所謂的「忘仁義」、「忘禮樂」，因此亦可朝相適、順應於禮樂而行。參見氏著〈莊子的道論與反身性〉，《哲學與文化》第卅七卷第十期，2010 年 10 月，頁 28。

〔註11〕參見林明照《先秦道家的禮樂觀》（台北：五南圖書，2007 年 9 月），頁 134。

三、楚狂的批判——臨人以德的孔子

然而，孔子真的安處於「人間世」了嗎？再看看這段同樣在〈人間世〉的文字：

> 孔子適楚，楚狂接輿遊其門曰：「鳳兮鳳兮，何如德之衰也！來世不可待，往世不可追也。天下有道，聖人成焉；天下無道，聖人生焉。方今之時，僅免刑焉。福輕乎羽，莫之知載；禍重乎地，莫之知避。已乎已乎！臨人以德！殆乎殆乎，畫地而趨！迷陽迷陽，無傷吾行！吾行郤曲，無傷吾足！」（《莊子集釋》，頁 183）

《論語·微子》也有相關的記載，其曰：「楚狂接輿歌而過孔子曰：『鳳兮！鳳兮！何德之衰？往者不可諫，來者猶可追。已而，已而！今之從政者殆而！』孔子下，欲與之言。趨而辟之，不得與之言。」可見此事的真實性頗大。如果孔子真能心齋坐忘，上臻道境，莊子又何必在〈人間世〉的最後記錄此事？莊子或許真有以「鳳凰」比「孔子」之意〔註12〕，然而，無可否認，莊子對孔子也有著「禍重乎地，莫之知避」與「臨人以德」〔註13〕的責難。莊子在此只是平實地重錄此事，沒有加以評論，徒留後人思索歎惋。沒錯，莊子自己也正思索歎惋，所以他沒有任何評論。在這段文字中，楚狂接輿的理念是：天下無道，聖人只能求保全性命，免於刑罰。他反對孔子「臨人以德」，這樣的道德太張揚顯目，道德何必凌駕他人之上？真正的道德是與人同在、與物同流。莊子記錄此事，而不多加以批判，代表莊子基本上同意楚狂的看法。與楚狂不同的是，莊子對待孔子的態度〔註14〕。根據《論語》的記載，孔子

〔註12〕 楊儒賓認爲：古書中，以鳳凰比孔子之隱喻也不時可見。鳳凰是生命之鳥，是能量之鳥，是東夷民族的神聖圖騰，結果此鳥竟道成肉身於歷史人物的孔子身上。孔子生前，應當已有他是東方聖鳥的體現此一傳聞，所以連南方的智慧狂人都會歌咏此事，而莊子也接受這樣的傳說。見氏著〈儒門內的莊子〉，收入劉笑敢主編《中國哲學與文化》（第四輯）（桂林：廣西師範大學出版社，2008 年 12 月），頁 129。

〔註13〕 徐聖心將「臨人以德」解爲「如何能以你內在充實完美的德性與世人相交接呢？」並認爲「莊子之心情惜孔子者多，譏刺之意殆無」。然而，〈徐無鬼〉篇曰：「以賢臨人，未有得人者也；以賢下人，未有不得人者也。」將「以賢臨人」與「以賢下人」對比而論，以「以賢臨人」爲負面義，可見「臨人以德」亦應爲負面義，此處之「臨」不應解作「交接」，而應解作「給」、「加」之意。徐氏之論見氏著《莊子「三言」的創用及其後設意義》（台北：花木蘭出版社，2009 年 9 月），頁 62。

〔註14〕 莊師耀郎指出：此段文字不可一概地視爲重言寓言，滑稽之言而無所指，隨

欲與楚狂對話，楚狂「趨而辟之」，根本不願與孔子對談。至於莊子呢？孔子已逝多年，莊子只能用自己的方式，與孔子對話。

於是，同樣在〈人間世〉中，先是記載了孔子教導顏回不可「以人惡有其美也」，後又記載了楚狂接輿譏諷孔子不應該「臨人以德」。因此，表面上看來，「道家化的孔子」與「被譏刺的儒家孔子」這兩種孔子形象同時存在，而兩者其實皆可歸結於莊子之用心。

第三節　論聖人境界的孔子

一般人認爲體殘形缺者無用，莊子卻以無用爲大用，在〈人間世〉中，莊子就以支離疏爲例，說「上徵武士，則支離攘臂而遊於其間；上有大役，則支離以有常疾不受功；上與病者粟，則受三鐘與十束薪」，是以能夠「養其身，終其天年」，身體上的缺陷，反而讓他保全了自己的生命。

在〈德充符〉中，莊子描繪了兀者王駘、申徒嘉、叔山無趾、哀駘它等多位殘疾惡貌者的形象。他們雖有身體上的殘缺，在德行上卻能達到充實飽滿的境界，有趣的是，其中有多位與孔子有所關聯。

一、企慕聖人、論述聖境

在〈德充符〉中，孔子首先向常季論述了兀者王駘的聖人境界：

> 魯有兀者王駘，從之遊者與仲尼相若。常季問於仲尼曰：「王駘，兀者也，從之游者與夫子中分魯。立不教，坐不議，虛而往，實而歸。固有不言之教，無形而心成者邪？是何人也？」仲尼曰：「夫子，聖人也，丘也直後而未往耳。丘將以爲師，而況不若丘者乎！奚假魯國！丘將引天下而與從之。」常季曰：「彼兀者也，而王先生，其與庸亦遠矣。若然者，其用心也獨若之何？」仲尼曰：「死生亦大矣，而不得與之變；雖天地覆墜，亦將不與之遺。審乎無假而不與物遷，命物之化而守其宗也。」常季曰：「何謂也？」仲尼曰：「自其異者

說隨掃而不必信；更不可視爲只是學派相對是非之攻伐。若如此，豈非落入〈齊物論〉所斥的「儒墨之是非」的格局。道家欲以更超越之視野，認爲人類之創造，不必限於仁義是非一塗，即使實現仁義是非之德，亦不必拘守一種固定之形式，如此則更能平視不同之文化、不同之學說，而不必以一己之是爲是。見師著〈論牟宗三先生對道家的定位〉，《中國學術年刊》第廿七期（2005 年 9 月），頁 75。

視之，肝膽楚越也；自其同者視之，萬物皆一也。夫若然者，且不知耳目之所宜，而遊心乎德之和；物視其所一而不見其所喪，視喪其足猶遺土也。」常季曰：「彼為己以其知，得其心以其心。得其常心。物何為最之哉？」仲尼曰：「人莫鑑於流水而鑑於止水，唯止能止眾止。受命於地，唯松柏獨也在冬夏青青；受命於天，唯堯舜獨也正，幸能正生，以正眾生。夫保始之徵，不懼之實。勇士一人，雄入於九軍。將求名而能自要者，而猶若是，而況官天地，府萬物，直寓六骸，象耳目，一知之所知，而心未嘗死者乎！彼且擇日而登假，人則從是也。彼且何肯以物為事乎！」(《莊子集釋》，頁187～193)

兀者王駘「立不教，坐不議」，卻能使人「虛而往，實而歸」。此種「不言之教」，不訴諸先王，不講解經典，與孔門之教截然不同。根據《論語》的記錄，孔子不輕易以聖許人〔註15〕，而在這段記載中，孔子卻是直接尊稱王駘為「聖人」，還說要「引天下而與從之」，可見孔子對他十分推崇尊重。在此，莊子不但要化解世人對「形」的執著，突顯「德」的重要；同時也要化解世人對「言」的執著，突顯那「不可言」的聖人境界。

在此，孔子充分表現出「雖不能至，而心嚮往之」的心情，他詳細論述了道家聖人的境界——「審乎無假而不與物遷，命物之化而守其宗也」。聖人不假於外、心無所待，不隨外物變遷而濫情；能順任外境而持守生命之本根。即使面對生死變化、天地崩裂之事，也不會隨之喜怒無常、哀樂失調。他了解萬物齊一之理，因此能「不知耳目之所宜，而遊心乎德之和」，對於自己曾受刖刑而成為兀者，也能平平看待，不會因此傷感失落。其中關鍵在於，王駘抱持著「常心」，「常心」乃由「師心」、「成心」轉化而來，常心虛靜明察，如同止水般，能照鑑萬物，萬物在常心朗現之下，已無主客對立相、分殊對待相、性質差異相，如如自存〔註16〕，故自然不必情隨物遷、喜怒由外。「唯止能止眾止」，是以聖人能為萬物之首，引領眾生。

孔子自認未能達到聖人之境，所以打算追隨兀者王駘，有趣的是，孔子未達聖人，卻能詳細說明聖人「況官天地、府萬物、直寓六骸、象耳目、一

〔註15〕《論語・述而》：「聖人，吾不得而見之矣；得見君子者，斯可矣。」
〔註16〕參見周雅清《莊子哲學詮釋的轉折——從先秦到隋唐階段》(國立臺灣師範大學國文系博士論文，莊耀郎先生指導，2011年6月)，頁101。

知之所知，而心未嘗死」的境界；反觀王駘自身，卻是「坐不教，立不議」，這似乎是反映了《老子・五十六章》所言「知者不言，言者不知」之論。聖人不立言教，反而是由企慕者——「孔子」來論述其境界〔註17〕。聖人境界確實妙不可言，然而，道不能只停留在渾化冥契的境界，其開展必得透過語言，聖人得之而不能言，介於凡聖之間的孔子因而居於關鍵地位〔註18〕，孔子透過語言表達，彰顯了聖人之道。但孔子畢竟還是居於「凡聖之間」，未上臻聖人之境。因此，莊子更要讓「因罪受刑的兀者」與「受人敬重的孔子」雙方的地位翻轉，讓孔子居於兀者之下，突顯「得道」之可貴。

　　在〈德充符〉中，孔子也與魯哀公討論了哀駘它的境界：

　　　魯哀公問於仲尼曰：「衛有惡人焉，曰哀駘它。丈夫與之處者，思而不能去也。婦人見之，請於父母曰：『與為人妻寧為夫子妾』者，十數而未止也。未嘗有聞其唱者也，常和人而已矣。無君人之位以濟乎人之死，無聚祿以望人之腹。又以惡駭天下，和而不唱，知不出乎四域，且而雌雄合乎前。是必有異乎人者也。寡人召而觀之，果以惡駭天下。與寡人處，不至以月數，而寡人有意乎其為人也；不至乎期年，而寡人信之。國無宰，寡人傳國焉。悶然而後應，氾（而）若辭。寡人醜乎，卒授之國。無幾何也，去寡人而行，寡人恤焉若有亡也，若無與樂是國也。是何人者也？」仲尼曰：「丘也嘗使於楚矣，適見㹠子食於其死母者，少焉眴若皆棄之而走。不見己焉爾，不得類焉爾。所愛其母者，非愛其形也，愛使其形者也。戰而死者，其人之葬也不以翣資；刖者之屨，無為愛之：皆無其本矣。為天子之諸御，不爪翦，不穿耳；取妻者止於外，不得復使。形全猶足以為爾，而況全德之人乎！今哀駘它未言而信，無功而親，使人授己

〔註17〕魏晉時代普遍認為孔子為聖人，從不談萬物之根源，反而是老子無法在生命中體現「無」，才會說「無」談「道」。《莊子》此處的立場，正與魏晉道家相反。由先秦到魏晉，道家心目中的孔子地位為何有此轉折？是個值得注意的問題。

〔註18〕張恪華指出：黃帝、孔子帶有溝通天人之際的宇宙軸意象，作為「卮言」的「弔詭」人物，他們既問且答、既被褒，又被貶，帶有溝通天、人的「圓」、「中」意象。當黃帝、孔子為答者時，可澄清世間的迷惑，當黃帝、孔子為問者時，能上接渾沌的創造根源。孔子、黃帝承擔了《莊子》「理想人物問答體」溝通天人之際的任務。見氏著《莊子的理想人物問答體》（國立清華大學中國文學研究所碩士論文，楊儒賓先生指導，2011年6月），頁174～178。

國，唯恐其不受也，是必才全而德不形者也。」

哀公曰：「何謂才全？」仲尼曰：「死生存亡，窮達貧富，賢與不肖
毀譽，飢渴寒暑，是事之變，命之行也；日夜相代乎前，而知不能
規乎其始者也。故不足以滑和，不可入於靈府。使之和豫，通而不
失於兌；使日夜無郤而與物為春，是接而生時於心者也。是之謂才
全。」「何謂德不形？」曰：「平者，水停之盛也。其可以為法也，
內保之而外不蕩也。德者，成和之脩也。德不形者，物不能離也。」
哀公異日以告閔子曰：「始也吾以南面而君天下，執民之紀而憂其
死，吾自以為至通矣。今吾聞至人之言，恐吾無其實，輕用吾身而
亡其國。吾與孔丘非君臣也，德友而已矣！」（《莊子集釋》，頁 206
～216。）

在此段記載中，魯哀公以哀駘它之事請教孔子。哀駘它沒有君人之位，沒有
過人財祿，只是被動地應和他人，從未主動倡導論述；甚至所知不出四域，
但他卻能令天下人心悅誠服，這樣的奇人究竟有何過人之處？

這位莊子塑造下的孔子，知道「使其形者」比外在的「形」更加重要，
因此，「全德」當然較「全形」更具優先性。而哀駘它正是「未言而信，無功
而親」的「全德之人」，他真正體現了「才全而德不形」的境界。所謂的「才
全」即是不受死生、窮達、貧富、毀譽等外物變化的干擾，了解此等事皆是
無可完全掌握之「命之行」，故心靈能保持和平通暢，而能隨同萬物，遊於春
和之中。而「德不形」則是讓內心永遠保持止水般平靜，不為外物所動，而
能保持和順之德。德不形於外，不彰顯自己有德，萬物自然隨之同在。

在此，莊子塑造下的孔子敬佩道家的全德之人──哀駘它，哀駘它「和
而不唱，知不出四域」，表面上看來無才無知，其實是全德全知。值得注意的
是，哀駘它這位道家聖人的修養已達至境，他卻未曾對自己的修養工夫或境
界多作描述，「才全而德不形」的論述是出於孔子之口。道家聖人無言無為，
孔子則是有言有為之人。孔子雖企慕道家之聖人，然而他自身還未能達到這
樣的境界。孔子在面對形殘德全之聖人時，所扮演的是企慕者、追隨者的角
色。相對於道家聖人的「無言」來說，他仍是「有言」；相對於道家聖人的「無
知」來說，他仍是「有知」。然而，若少了孔子的論述，世人就無從得知聖人
的境界，此時的孔子確實是凡聖之間溝通的橋樑，也代表了孔子的生命境界
有往上調整提昇的可能。

二、不解道境、天刑安解

　　然而，莊子筆下的孔子並非全是如此。孔子也有執迷不悟、不解道境的時候，〈德充符〉中「魯有兀者叔山無趾」的一段記述就是明證：

> 魯有兀者叔山無趾，踵見仲尼。仲尼曰：「子不謹，前既犯患若是矣。雖今來，何及矣！」無趾曰：「吾唯不知務而輕用吾身，吾是以亡足。今吾來也，猶有尊足者存，吾是以務全之也。夫天無不覆，地無不載，吾以夫子爲天地，安知夫子之猶若是也！」孔子曰：「丘則陋矣。夫子胡不入乎，請講以所聞！」無趾出。孔子曰：「弟子勉之！夫無趾，兀者也，猶務學以復補前行之惡，而況全德之人乎！」
>
> 無趾語老聃曰：「孔丘之於至人，其未邪？彼何賓賓以學子爲？彼且蘄以諔詭幻怪之名聞，不知至人之以是爲己桎梏邪？」老聃曰：「胡不直使彼以死生爲一條，以可不可爲一貫者，解其桎梏，其可乎？」
>
> 無趾曰：「天刑之，安可解！」（《莊子集釋》，頁202～205）

叔山無趾向孔子求教，孔子原本對這位曾受刖刑的兀者嗤之以鼻。無趾「今吾來也，猶有尊足者存，吾是以務全之也」的一番談話，讓孔子大爲改觀，馬上待之以禮。無趾認爲，「全德」的重要性遠駕於「全形」，孔子卻不能體認這一點，由此可見，孔子未能達到至人的境界。之後，孔子即便自言其「陋」，自慚形穢，無趾仍不願與其多談。

　　在無趾看來，孔子表現出謙遜好學的樣子，是企圖標舉道德，與眾不同，讓名聲傳聞於天下，孔子未能了解名聲其實是人的枷鎖桎梏。老聃聽聞之後，想以齊一生死、齊同是非之理來解救孔子，無趾則以爲孔子所受的乃是「天刑」，無可解除。

　　就原文來看，孔子承受的刑罰，指的是「諔詭幻怪之名聞」，此刑罰隨著孔子提倡禮樂、標舉道德的言行，自然而然產生。相對於無趾，老聃的態度就顯得溫和許多，他試圖爲孔子「解其桎梏」，無趾卻認爲即便教之以道家之理，孔子也不可能逃脫「天刑」，故事就終止於無趾「天刑之，安可解」的歎惋之語。

　　這一段對話當然出於莊子的創作，那麼，我們是否能從其中看出莊子的態度究竟爲何？筆者以爲，老聃與無趾的對話，或許正是莊子心中的兩種聲音。面對倡導仁義、奔走天下的孔子，莊子也想用「以死生爲一條，以可不可爲一貫」的理念來提點孔子，旋即又推翻了這樣的想法，而言「天刑之，

安可解」。老聃試圖「解其桎梏」的立場，正代表了莊子意圖調整孔子的態度，然而，這種調整，不必然出於要孔子「改言道家之理」、「爲道家立說」的私心，而是一種批判意識下的儒道對話。老聃與無趾的態度看似矛盾，其實並不衝突。因爲莊子了解，即便自己想以道家之理「解救」孔子，孔子也未必願意接受其「解救」。原因正在於，此「刑」乃是受之於「天」，是天生自然的氣性使然，孔子的性格，恐怕就是無法漠視天下無道，就是會「知其不可而爲之」。

在莊子看來，孔子確實是陷入名聲的困境，無法解脫。就莊子而言，儒者救世之宏願，可能是自以爲正義的假象；而仁義禮樂的標榜，不僅未能眞正濟世救民，更會使自己陷入名聲的困累。子貢對孔子的推崇——「固天縱之將聖，又多能也」，在道家看來，其實正是「天刑」，正是生命的負累、自然的破裂。在此，莊子是自覺地走向了與孔子不同的生命道路〔註 19〕。儒道的生命取向不同，由此可見一斑。

哲人已逝，孔子已遠，就實際面看，孔子不可能成爲道家之徒；那何妨創造一個接受老聃提點的孔子？這位道家化的孔子願追隨王駘，能理解哀駘它，他是十足的道家之人。於是，孔子形象的表面分歧，在〈德充符〉一篇中也可見其端倪，而這兩種分歧的孔子形象，正可歸結於莊子之用心。

第四節　論禮制的孔子

誠如前文所論，儒家以禮樂爲仁心之實踐，並以此確立人間秩序；而道家則認爲禮樂出自教化的需要，可能造成生命情態的破裂。兩者的歧異，正在於兩家對於何謂「禮意」有不同的詮釋。

一、肯定畸人、自比戮民

〈大宗師〉記載：

〔註19〕周雅清指出：莊子以反省負面生命（成心執著）爲其義理進路，以消除負累的工夫（心齋、坐忘）爲其修養實踐，以無所罣礙的逍遙境界爲其宗致。無論在進路上，或在宗、教上，均難以與儒學相提并論。再者，莊子對於儒家人物及其主張，應是抱持著批判、反省的態度，所以才會明言：「儒墨之是非」、「黥汝以仁義，而劓汝以是非」，並認定孔子爲「天之戮民」，是悖離自然而遭致損傷之人。見氏著《莊子哲學詮釋的轉折——從先秦到隋唐階段》，頁38～39。

子桑戶、孟子反、子琴張三人相與友，曰：「孰能相與於無相與，相
爲於無相爲？孰能登天遊霧，撓挑無極；相忘以生，無所終窮？」
三人相視而笑，莫逆於心，遂相與爲友。莫然有閒而子桑戶死，未
葬。孔子聞之，使子貢往侍事焉。或編曲，或鼓琴，相和而歌曰：「嗟
來桑戶乎！嗟來桑戶乎！而已反其眞，而我猶爲人猗！」子貢趨而
進曰：「敢問臨尸而歌，禮乎？」二人相視而笑曰：「是惡知禮意！」
子貢反，以告孔子曰：「彼何人者邪？修行無有，而外其形骸，臨尸
而歌，顏色不變，無以命之。彼何人者邪？」孔子曰：「彼，遊方之
外者也；而丘，遊方之內者也。外內不相及，而丘使女往弔之，丘
則陋矣。彼方且與造物者爲人，而遊乎天地之一氣。彼以生爲附贅
縣疣，以死爲決疢潰癰，夫若然者，又惡知死生先後之所在！假於
異物，託於同體；忘其肝膽，遺其耳目；反覆終始，不知端倪；芒
然彷徨乎塵垢之外，逍遙乎無爲之業。彼又惡能憒憒然爲世俗之禮，
以觀眾人之耳目哉！」子貢曰：「然則夫子何方之依？」孔子曰：「丘，
天之戮民也。雖然，吾與汝共之。」子貢曰：「敢問其方。」孔子曰：
「魚相造乎水，人相造乎道。相造乎水者，穿池而養給；相造乎道
者，無事而生定。故曰，魚相忘乎江湖，人相忘乎道術。」子貢曰：
「敢問畸人。」曰：「畸人者，畸於人而侔於天。故曰，天之小人，
人之君子；人之君子，天之小人也。」（《莊子集釋》，頁264～273）

在這則寓言中，孔子聽到子桑戶死亡的消息，派遣子貢前往。爲何在此則寓
言中遭受批評的是「子貢」，也是有趣的問題。子貢能言善道，屬言語科，卻
有好評論批判他人的毛病，在《論語》中，孔子對其評價是：「女器也」（〈公
冶長〉），並時時提醒他必須「先行其言而後從之」（〈爲政〉）。對照「子貢曰：
『我不欲人之加諸我也，吾亦欲無加諸人。』子曰：『賜也，非爾所及也。』」
（〈公冶長〉）的記載，可知子貢恐怕是位「言」過其「實」的人物。這樣的
人物當然無法理解「修行無有，而外其形骸，臨尸而歌，顏色不變」的修道
者，而要疑惑「無以命之」。這就如同他在聽聞孔子「予欲無言」之後，而有
「子如不言，則小子何述焉？」（〈陽貨〉）的反應一樣，看來《莊子》中「子
貢」強烈依賴語言來認知世界、以名號來執取事物的形象與《論語》中一致。

　　文中的孔子在子貢的轉述下，馬上意識到了自己與道者的不同，他說：
「彼，遊方之外者也；而丘，遊方之內者也。」方外之人與方內之人取向各

異，方外之人忘懷形軀之限制，拋卻生死之執著，是以能逍遙於塵世之外，自得於無爲大道。至於方內之人呢？孔子給自己下了一個註解——「丘，天之戮民也」。文中的孔子理解自己確實是拘於禮制桎梏，然而，這樣重視人倫、秩序的才性氣質也是上天賦予的，就如同上文所說的「天刑」一般。既然此「戮」是出自於「天」，那麼當然也是不可解除的。

「天之小人，人之君子；人之君子，天之小人也」的論述明顯表達了文中孔子的道家立場。方內之人執守禮度，不能真正了解禮之內涵，卻以「君子」自居；而方外之人看似不明人世禮制，其實才是真能齊一天道、混同萬物之人。

就原文看來，「方外之人」與「方內之人」確實有著優劣高低的分判。有趣的是，這些批判不出於他人的譏諷，而是出於孔子之口。孔子說自己「丘則陋矣」，說自己是「遊方之內者」、「天之戮民」，似乎是已經意識到自己的侷限。孔子承認自己受限於禮制法度，是上天安排承受禮儀桎梏之人，他也肯定了「畸人」的價值，認爲他們是「畸於人而侔於天」。

莊子爲何要如此安排？莊子之所以區別「方內」與「方外」，正代表其選擇走向與儒者有別的超越之途。寓言中孔子的檢討，正說明了儒者的不足；然而孔子的覺醒，是否代表了儒者有調整提昇的可能性？至少，這兩種截然不同的人生觀，在彼此相互理解下，可以和平共存。在莊子的調整之下，孔子意識到了儒家的限制、禮樂的桎梏，而「方內」、「方外」，也應是價值觀的選擇（這選擇當然牽涉到天賦之氣性），而非儒道對立的辱罵。

二、隨俗而應、齊平生死

〈大宗師〉中還有一則孔顏討論孟孫才母喪的文字，文曰：

> 顏回問仲尼曰：「孟孫才，其母死，哭泣無涕，中心不戚，居喪不哀。無是三者，以善處喪蓋魯國。固有無其實而得其名者乎？回壹怪之。」仲尼曰：「夫孟孫氏盡之矣，進於知矣，唯簡之而不得，夫已有所簡矣。孟孫氏不知所以生，不知所以死；不知就先，不知就後；若化爲物，以待其所不知之化已乎！且方將化，惡知不化哉？方將不化，惡知已化哉？吾特與汝，其夢未始覺者邪！且彼有駭形而無損心，有旦宅而無情死。孟孫氏特覺，人哭亦哭，是自其所以乃。且也相與吾之耳矣，庸詎知吾所謂吾之乎？且汝夢爲鳥而厲乎天，夢爲魚

而沒於淵。不識今之言者，其覺者乎，其夢者乎？造適不及笑，獻
笑不及排，安排而去化，乃入於寥天一。」（《莊子集釋》，頁 274～
275）

這則寓言與上則同樣提及對喪事的處理，由此可以反顯出儒家對喪禮的重視
〔註 20〕。顏回認為孟孫才在喪母之後，哭泣無涕淚，心中不悲戚，為何能得
到善處喪事之名，如此豈非「名」不符「實」？文中的孔子解釋，孟孫才領
悟死生物化之理，不知樂生，亦不知惡死，因而能夠順應生命的轉變，靜待
外界不可預測的千變萬化。然而，孟孫才雖有這樣的自覺，卻在面臨母喪之
時，人哭亦哭，隨俗而哭。也就是說，孟孫才已到達至高境界，卻不自恃其
高，特立獨行。他能夠理解一般人因母喪而哭的心理，也能夠理解別人預期
他將因母喪而悲傷哭泣的心理。是以孟孫才之哭，正是為應和世俗需要、符
合禮制要求而哭，孟孫才內心並不會執著於生死之事，當然也不會因母喪而
過份悲傷。

　　就莊子立意來說，孟孫才正代表了道者的理念與態度，代表了道家企圖
破除世人對生命的執著、對禮制的執著。道者雖然不會因生死而過份喜悲，
然而他們不顯奇詭，仍是隨俗而為，是以孟孫才仍有「哭泣」、「居喪」的行
為，這似乎也代表莊子對世俗禮制有某種程度的妥協。也就是說莊子所要破
除的是人心的執著，而不是要搗毀禮法。

　　此外，文中的孔子，雖然自言「吾特與汝，其夢未始覺者邪！」，謙稱自
己仍尚未覺醒，然而他的一番道家言論，卻說明了他至少是處於「將醒」之
際。孔子看到了世人執著生死的無知，也察覺了儒家喪禮的侷限，他不再處
於夢境之中，而是將醒之人。

　　在莊子的安排下，孔子推崇孟孫才，這是認同道家「齊生死」的理路；
孟孫才隨俗而哭，是尊重儒家喪禮的制度。由此看來，莊子似乎是想找到儒
道的並存之道。

〔註 20〕從上博簡〈民之父母〉中，也可以印證此點。陳師麗桂指出：在所有禮之中，
　　　　儒家特重「慎終追遠」的喪禮，上博簡〈民之父母〉中所謂「哀」，從下文「三
　　　　亡」（亡聲之樂、亡體之禮、亡服之喪）之論述看來，明是定著在喪禮之上，
　　　　指喪禮而說的。為政者在推動禮樂政教中，「喪」是一個需要特別關注的重點。
　　　　見師著〈由表述形式與義理結構論〈民之父母〉與〈孔子閒居〉及〈論禮〉
　　　　之優劣〉，收入朱淵清、廖名春主編《上博館藏戰國楚竹書研究續編》（上海：
　　　　上海書店出版社，2004 年 7 月），頁 243。

第五節　由莊子對孔子的詮釋探析莊孔關係

　　寓言中的孔子形象引人注目，然而，論者在討論《莊子》中的孔子形象時，卻很容易忽略寓言以外的部分。筆者以為，若想要對孔子形象作全面性的探討，就不能略過這些文字。

一、「莊孔關係」的檢討

　　在〈齊物論〉中，有一段瞿鵲子與長梧子討論孔子的文字，其言曰：

> 瞿鵲子問乎長梧子曰：「吾聞諸夫子，聖人不從事於務，不就利，不違害，不喜求，不緣道，無謂有謂，有謂無謂，而遊乎塵埃之外。夫子以為孟浪之言，而我以為妙道之行也。吾子以為奚若？」長梧子曰：「是〔皇〕〔黃〕帝之所聽熒也，而丘也何足以知之！」（《莊子集釋》，頁97～99）

在此，孔子口中的「聖人」正是道家不事俗務、順任自然的世外之人，孔子的生命情調與其背道而馳，故以其言為孟浪之言。長梧子認為孔子的境界根本不足以理解道家聖人。由此可見，《莊子》內篇對孔子形象的描述複雜而多變。在〈德充符〉、〈大宗師〉中，孔子多處論述道家聖人的境界，而在此處，長梧子卻認為孔子道行不高，不足以認知道家聖人。

　　統合內篇的描述來看，孔子的形象參差並見，莊子不能完全認同孔子救世的理想與作法，而對孔子頗有微辭；然而，莊子心齋坐忘的工夫論、才全而德不形的聖人論，卻都是借由孔子之口說出。莊子為何不假託他人，而非假託孔顏不可呢？世人何其多，何以要獨厚孔子？孔子之弟子又何其多，何以獨厚顏回？這就必須就「莊孔關係」作一討論。

　　重新檢視「莊孔關係」的兩種說法，似乎都有再討論的必要。首先，就「莊子貶孔」論來說，司馬遷從未以內篇之篇章來說明「莊子詆訿孔子」；那麼，吾人恐怕也不能一口斷定，莊子本人就是「詆訾孔子之徒，以明老子之術」者。況且，若吾人將《莊子》書中所載孔子之故事，視為單純的「寓言」，認為只是莊子藉古人以託己志，「孔子」——在此不過是個借以發言的傀儡〔註21〕，甚至是莊子借以譏諷的對象，似乎也太過簡化此一問題〔註22〕。

〔註21〕陳品川認為：孔子在《莊子》書中，首先是作為一種論證的「工具」出現的。見氏著〈《莊子》中的孔子形象〉，頁19。
〔註22〕徐聖心指出：莊子書中的歷史人物，尤其孔子的多重面貌，可視為「複數真

再者，就「莊子尊孔」論來說，若吾人將道家化之孔子，視作是莊子對孔子的認識、莊子對孔子的推崇，進而衍生出「莊子應屬儒家之徒」的推論，甚而有了「莊子乃顏氏之儒〔註23〕」的說法，這恐怕也有待斟酌〔註24〕。因為推崇孔子的信徒，恐怕不會以「孔丘」來稱呼孔子，且莊孔二人的生命情調也確實不類，莊子是自覺地走向與儒者不同的逍遙之路。此一爭論雙方皆言之鑿鑿、千古不絕，然而，莊子畢竟無法再現，莊孔關係亦無法得到定論，吾人依舊只能以現有之文獻試圖推測此一問題的解答。

二、莊子的創造性詮釋——道家化的孔子

根據現有文獻紀載，莊子未嘗親見孔子，是以莊子對孔子的認識，應是來自當代傳世文獻之記載、口耳之相傳。孔子是「義以為質，禮以行之，孫以出之，信以成之」（《論語・衛靈公》）的君子，是「知其不可而為之」、企圖救蒼生於水火的聖人。相對於此，莊子的生命抉擇當然與孔子大異其趣，然而，以莊子逍遙自在之生命情調，也未必如後代儒道相爭般，對孔子抱持敵對態度，就如同莊子對於「周文傳統」、「仁義禮樂」的態度，是反省而超越，而非一味反對。是以吾人在內篇中，確實不見任何明確醜化、詆毀孔子的文字。筆者以為：此兩種表面上對立的文字表述，應可從〈德充符〉中，無趾對孔子的評論：「天刑之，安可解！」與〈大宗師〉中，孔子自稱是「遊方之內者」、「丘，天之戮民也」等話語得到解答，莊子對孔子的態度，也可以在此看出一些端倪。

在莊子看來，孔子是「遊方之內者」，他那積極入世的精神正是受「天刑」

相」。亦即，我們尋常所認知重言人物的「不變實體」，反而是虛構的：莊子虛構的破碎拼貼，反而鄰於真實，是以囊括古今的歷史觀點看歷史人物，亦即：整全的。……莊子為何要提出「複數真相」呢？唯由此，孔子或歷史人物才可以不再是偶像或絕對權威。見氏著《莊子「三言」的創用及其後設意義》，頁 66。

〔註23〕關於此論題的正反意見，請參見吳冠宏《《論》《莊》顏子形象的塑成與定位——從商榷「莊子之學傳顏氏之儒」論起》。收入氏著《聖賢典型的儒道義蘊試詮——以舜、甯武子、顏淵與黃憲為釋例》（台北：里仁出版社，2000 年 11 月），頁 165～201。

〔註24〕在《韓非子》中，孔子時而被批評，時而化身為法家的代表，代法家來立言。韓非應是自覺性地創造出這類寓言故事，讓孔子化身為法家代言人，這種作法就和《莊子》同出一轍。可見以「孔子」為寓言主角的作法，在當時受到普遍的應用。我們不能據此斷定韓非必然推崇孔子，韓非應是儒家之徒。

為「天之戮民」的表現，有趣的是，「遊方之內者」、「天之戮民」等語，不出於他人批評之口，反出自孔子之自述。由此可知，莊子詮釋調整下的孔子似乎已經意識到自己立場的侷限。孔子犧牲一己之無累自適，以求換得天下之安定，在眾人看來，這是一種「以天下為己任」的偉大胸懷；在莊子看來，卻也是一種「置己身於不顧」的悲哀。「貴己」、「重生」一向是先秦道家的基本教義，《孟子・盡心上》曰：「楊子取為我，拔一毛而利天下，不為也。」《淮南子・氾論》曰：「全生保真，不以物累形，楊子之所立也。」楊朱所貴者不僅是人身之「形」，亦包含人情之「真」，為了保全生命之本真情狀，以物累形、逐物失真都不可取。《老子・十二章》言：「五色」、「五音」、「五味」、「馳騁畋獵」、「難得之貨」令人目眩神迷、心神動盪，解決之道在於「為腹不為目」，亦即〈第三章〉所言「不貴難得之貨」、「不見可欲」。也就是只滿足基本的生命需求，切勿追逐可欲之物，追求耳目感官的刺激。楊朱與老子皆強調自然生命的價值，為保持最純粹自然的生命樣態，反對因外物名貨而喪失生命之本真〔註25〕。而莊子更強調精神心靈的自在自適，因此在他看來，孔子那種義無反顧的氣質、「知其不可而為之」的抱負根本就是天之刑戮，雖偉大，亦可悲。

這似乎可以反顯出，莊子對孔子的立場雖不能認同，然應是抱持著一種同情與歎惋〔註26〕。在楚狂接輿對孔子的嘲笑中，在無趾等人對孔子的不解中，莊子似乎是想要超越這二種截然對立的人生觀。因此，莊子創造出了「理想中的孔子」，也就是「道家化的孔子」，這位「孔子」雖身遊乎「方之內」，卻崇敬「方之外」者，他努力以心齋自修，期待在紛然殽亂的人間，能身入於世、心出於世。

〔註25〕見陳師麗桂〈道家養生觀在漢代的演變與轉化——以《淮南子》、《老子指歸》、《老子河上公章句》、《老子想爾注》為核心〉，《國文學報》第三十九期（2006年6月），頁37。

〔註26〕王邦雄認為：莊子藉由叔山無趾踵見仲尼的寓言中，批判了孔子救人救世的心懷，也給出了同情的了解，代表儒道間的和解，云：「天刑之，安可解？」在解不開的背後，涵藏不必解又何需解的尊重包容。參見氏著《21世紀的儒道：儒、道兩家思想的現代出路》（新店：立緒文化，1999年6月），頁224～225。

又，王博以為：孔子是「知其不可而為之」，莊子是「知其不可而不為」。這裡固然有「為之」和「不為」的區別，但在「知其不可」上找到共同點。「知其不可」突顯出思想（理想）和現實的距離，這種距離是每一個真正的思想者都能感覺到的。正是在這個地方，思想者之間的互相「同情」出現了。參見氏著《莊子哲學》，頁3。

　　為什麼內篇中關於孔子的論述可以反推莊子對孔子有同情、遺憾之意，而非全然是譏刺？因為莊子從來未曾逃拒人世之關係網絡，〈天下〉篇稱其為：「獨與天地精神往來而不敖倪於萬物，不譴是非，以與世俗處。」可見他在「與天地精神往來」的同時，亦能「與世俗處」。再觀其藉孔子之口所言：「天下有大戒二：其一，命也；其一，義也。子之愛親，命也，不可解於心；臣之事君，義也，無適而非君也：無所逃於天地之間，是之謂大戒。」即可知，莊子並非一避世之士，他強調世間不必離、也不可能離，對人而言，永恆與變動、無限與有限是相即不離的一體兩面。既然「義」、「命」無所逃，逍遙之理想境界是否只能落空？吾人是否必須仿效避世之士，才能逍遙？若非要身「出世」才能逍遙，那豈不是落入「有待」？莊子是要藉「孔子」為例，說明了人人都不能逃避人世，而唯有不離世間而逍遙者，才是真逍遙，由此可知，「孔子」在莊子哲學中所扮演的角色，確實十分微妙，他既可說明世事之複雜難解，又可證明心靈在此中有超越的可能。

　　從另一個角度來看，莊子之所以「選擇」孔顏作為調整的對象，一方面是因為儒家入世最深，另一方面，也是因為《論語》中的孔顏，在莊子看來，最有提昇上遂的可能性〔註27〕。

　　先就孔子來說，且看孔子所言：「飯疏食飲水，曲肱而枕之，樂亦在其中矣」（〈述而〉）及「子之燕居，申申如也，夭夭如也」（〈述而〉），似乎有類於道家隨遇而安、悠閒自在的氣象，孔子「天下有道則現，無道則隱」（〈泰伯〉）、「道不行，乘桴浮於海」（〈公冶長〉）的言論也與道家不謀而合。

　　至於顏回，他是孔子最得意之門生，與孔子的關係也最為密切，心齋坐忘之論在孔顏對話中出現，而不在孔子與其他弟子的對話中出現，顯得較合情合理；再者，莊子對於顏回應該也抱持著欣賞之情〔註28〕。顏回「無伐善，

〔註27〕崔大華指出：《莊子》寓言中出現的人物，特別是那些真實的歷史人物，其性格和言行，並不是隨意杜撰，而是有所根據的，參見氏著《莊學研究》（北京：人民出版社，1992 年 7 月），頁 39。
　　　　又，陳瑩認為：《莊子》中講孔子與顏回論道，《墨子》中孔子心術不正，《韓非子》中的孔子主張嚴刑峻法，可能也不是完全隨意的主觀化，後世文獻中有關孔子的記載，似都可以在《論語》找到源頭。見氏著《先秦到西漢典籍中的孔子形象》（北京大學中國語言文學系碩士論文，傅剛先生指導，2011 年 5 月），頁 10。
〔註28〕姚彥淇認為：顏回是莊子眼中傳達「內聖外王」理念最恰當的「喻體人物」，而莊子對「內聖外王」的思考也極可能是隨著莊子及其後徒對顏回言行的不

無施勞」（〈公冶長〉）的謙卑低調，「用之則行，舍之則藏」（〈述而〉）的守分自持令人敬重，除此之外，他那種「一簞食，一瓢飲，在陋巷，人不堪其憂，回也不改其樂」（〈雍也〉）的安貧樂道精神，也頗符合道家隱士者流的形象；而孔子稱讚他「吾與回言終日，不違，如愚。退而省其私，亦足以發。回也不愚」（〈為政〉）之語，更呈顯出顏回大智若愚的性格，這樣的性格也與道家相應。凡此種種，前人論述多矣。

但孔子、顏回畢竟不是道家的信徒，莊子對孔顏，也不可能只有欣賞之情，孔子栖栖惶惶以救世，顏回「克己復禮」以從師，這些恐怕就不是莊子所能認同的。依莊子之思路，儒家的作法不但不能完成淑世的理想，反而可能為自己帶來災禍。因此，莊子就將孔子與顏回這對師徒一起調整，讓他們在對話中意識到自己的侷限，進而超越侷限。孔顏所遭遇的限制，其實正是儒家之徒的普遍限制，如果孔顏能超越限制，是否代表儒者皆有超越上遂的可能？

在《莊子》內篇中，莊子透過了孔子形象，溝通了凡與聖、方內與方外的隔閡。從「寓言」的角度分析，「寓言」是借助外人之言以進行對話，藉此與世俗者、非道家者溝通。藉由「寓言」模式，莊子才不致淪為自我陳述，他必須承認外人的存在，必須讓對話的對象保持「他者」的身份，彼此的對話才有可能。對莊子而言，「孔子」是最重要的「他者」，莊子借孔子之口發言，事實上是與儒家對話，莊子之所以需要孔子，是要讓儒道兩種不同的生命取向進行溝通，以尋求一種儒道之融通並在、文化之接續發展的可能性。從「重言」的角度來論，按林希逸《口義》「重言者，借古人之名以自重，如黃帝、神農、孔子是也」之說，有關孔子的這類文字亦是「重言」。「重言」的託付，主要在人文世界，亦即歷史傳統。〈天下〉篇「以重言為真」一語說明了莊子的立場。重言，近於孔子所說「信而好古」的「古」。亦如莊子所說的「古」之真人，或「古之道術有在乎是者」的「古」，皆以「古」為「真」。重言，既承載著歷史文化中可繼可述的部分，亦隱含著可移可議的部分〔註29〕。正因有著「可移可議」的空間，所以莊子接著孔子繼續說，對孔子有了新的調整與詮釋。

莊子對孔子的調整塑形，可以看作是一種創造性的詮釋，在莊子的重新

斷詮釋逐步發展而成的，從更廣的角度來說也是莊學對於孔／孟「內聖外王」觀念的重新反省。參見氏著《《莊子》中的「孔」／「顏」論述研究》（國立清華大學中國文學系碩士論文，楊儒賓先生指導，2003 年 6 月），頁 103。

〔註29〕 徐聖心《莊子「三言」的創用及其後設意義》，頁 34、119～124。

詮釋中，「孔子」了解到仁義禮樂的侷限，他可以「遊方之內」而尊崇「遊方之外」者；他可以身受「天刑」，而推崇不知生死的孟孫才。孔子處世圓融的關鍵，乃因其致力於心齋坐忘之功夫、超越物限之逍遙〔註30〕。借用後世之語，內篇中莊子筆下的孔子，本就是一位「會通儒道」的人物〔註31〕。若從積極的角度言之，莊子對儒家的興趣與理解高於其他各家，莊子或是要建構一個超越儒道的論述，批判地、超越地保存儒道共同的核心價值，此可說是孔子的「道家化」，亦可說是儒家理論的再進化。

因此，莊子後學中，有人據內篇之一端大肆批評孔子，也有人據內篇之另一端納孔子入道家，這兩種立場，其實都可以在內篇中找到根源。同樣的，後世之學者若將內篇文字當作「重言」看，會得到「莊子尊孔」、「莊子之學出於顏氏之儒」的結論〔註32〕；將內篇文字當作諷刺寓言看，會得到「莊子貶孔」、「莊子詆訾孔子」的結論，人人各取所需，或言「莊子貶孔」；或主「莊子尊孔」，其實都可以在文獻中尋得支持。且莊子對孔子的調整，也早已隱含了後世儒道會通的契機。

〔註30〕王叔岷指出：孔子與顏回談「心齋」，儒家經典所不載。莊子之意，蓋（一）使孔子不爲儒家思想所限（二）將孔子莊子化，借重孔子，來談自己之修養功夫。筆者以爲：莊子對孔子的改造，確實是兼有「使孔子不爲儒家思想所限」與「借重孔子談自己之修養功夫」兩種功效，然「借重孔子以立言」並非要矮化孔子，以其爲發言之傀儡。王氏之説見氏著《先秦道法思想講稿》（北京：中華書局，2007 年 7 月），頁 81。

〔註31〕謝大寧認爲：我們必須承認郭象是眞懂莊子的，有些人對魏晉玄學所遭逢之歷史課題，乃爲謀孔老匯通之說，今姑不論孔老匯通之概念，是否適宜作爲歷史詮釋之概念；即令眞有匯通之事，則恐怕也不始於郭象，不始於魏晉，亦不始於天下篇，而根本就始於莊子本人。見氏著〈莊子對孔子的評價〉，《中國學術年刊》第十二期（1991 年 4 月），頁 56。

〔註32〕事實上，寓言與重言的判定本來就是見人見智，寓言與重言也不一定是互斥的兩個集合。楊儒賓認爲：寓言與重言占據《莊子》一書絕大的比重，這兩種語言當然時常重疊，寓中有重，重中有寓，有時不易清楚劃分。但和卮言相對照之下，這兩種語言又有共同的特徵，此即它們都是語言技巧之事。《莊子》一書確實都是卮言，寓言、重言只是卮言的兩種變形表現而已。見氏著〈莊子的「卮言」論——有沒有「道的語言」〉，收入劉笑敢主編《中國哲學與文化》（第二輯）（桂林：廣西師範大學出版社，2007 年 11 月），頁 28～29。又，王葆玹指出：寓言包括重言，重言則從屬於寓言。寓言影響力的大小，往往取決於寓言所假托人物的聲譽的高低，這表明重言是寓言的最具影響力的一部分，最易博得俗人的信從。見氏著《黃老與老莊》（北京：中國人民大學出版社，2012 年 3 月），頁 210。

第六節　結　語

　　《莊子》內篇中的孔子形象，是後世道家詮釋孔子的源頭〔註33〕，也是後世爭辯莊孔關係的原因。透過處世之道、修養工夫、聖人境界及禮制諸論題的探討，吾人可以了解：在《莊子》內篇中，有聽之以氣、虛而待物的孔子，也有臨人以德、受楚狂批判的孔子；有企慕道家聖人、論述聖境的孔子，也有不解道境、天刑安解的孔子。這兩種看似對立的形象，其實都可以歸結於莊子調整孔子的用心。莊子在儒家的孔子之外，創造了「道家化的孔子」，這位「孔子」已意識到自己的侷限，處於聖凡之間，他努力以心齋自修，期待能身入於世、心出於世。這位「孔子」在《莊子》中的角色十分微妙，他既可說明世事之複雜，又可證明心靈在紛亂的人世中有超越的可能，更重要的是，他大大影響了後世的孔子詮釋。莊子後學中，或據內篇之一端批評孔子，或據內篇之另一端納孔子入道家，其實兩者都可以在內篇中找到根源。

〔註33〕　甚至連孔門弟子的形象，也在此得到生動的刻劃、深刻的再塑，最明顯的例
　　　　　子，即是顏淵。後世對顏淵的描繪，受《莊子》內篇影響頗深。

第三章 《莊子》外雜篇的孔子詮釋（一）——〈駢拇〉至〈讓王〉的孔子形象

　　相較於《莊子》內篇而言，外雜篇非出於一人一時之手。外雜篇的作者無法確知，他們是一群道家思想的追隨者，在「道家」這個名號還沒有正式確立之前，對天道自然、貴己重生等思想展現了興趣，論者多以「道家後學」稱之〔註1〕。

　　外雜篇的寫作年代從戰國中晚期延續到西漢初年，所謂的道家後學，思路立場其實也各不相同〔註2〕，可想而知，其對孔子的態度必然更為分歧。就像「儒分為八，墨離為三，取舍相反不同」（《韓非子·顯學》）一樣，戰國時期儒、墨之中有路線之別，道家之中也各自有不同主張，所以現代學者才能

〔註1〕 葛兆光指出：儒者與墨者在戰國初期都已經是「顯學」，故而初具思想流派的雛形，那麼道者在當時卻未必有一個傳承脈絡明確的流派，甚至思想也不那麼一致與清晰。……道者幾乎無法確定其起源及傳續的痕迹，只能說當時有一批知識人有一種大體一致的思考路數和思考興趣，這大體一致的思路和興趣就成為一種思潮。見氏著《中國思想史》（第一卷）（上海：復旦大學出版社，2001年12月），頁111。

〔註2〕 劉榮賢指出：先秦所謂「學派」的發展主軸是扣緊當代現實的政治社會發展，而不是某一特定的思想體系。所謂「後學」也不是「弟子傳人」的意義，只是思想隨著時代變遷後，在不同的時代所產生的新思想而已。這些篇章的作者可能早已溢出今人所謂「莊子後學弟子」的範圍。當然由莊子及其弟子所形成的學術集團，在莊子死後或許仍是這一群道家學者中重要的一部分。至少外雜篇可以代表道家思想在老莊思想產生之後以至於漢初為止的這個學術階段的「後續」發展的意義。見氏著《莊子外雜篇研究》（台北：聯經出版社，2004年4月），頁14～18。

將外雜篇分為不同的派別〔註3〕。由外雜篇看來，戰國時期道家對於孔子的態度確實差異極大。

以往論者考察《莊子》中的孔子形象，大多內篇、外雜篇不分，且多只注意「寓言」的部分，直接將莊書中的孔子分為三類來論述，此三類即：一者，被攻擊的儒家代表；二者，被改造的對象（道家的崇拜者）；三者，道家（或莊子）的代言人〔註4〕。有學者更由此往下推論，這三類「孔子形象」，存在著遞進關係，也就是先有「對儒家孔子的嘲弄」，再有「對好學者孔子的教導改造」，最後才有「作為道家宣傳者的孔子」〔註5〕。

這樣的三分法固然有其優勢，討論起來綱舉目張、眉目清楚，也能大致呈顯外雜篇中孔子形象。然而，筆者發現，外雜篇的情況十分複雜，若遵循這樣的分類模式，只討論「寓言」中的孔子，將會遺漏某些段落。這些段落長期被論者所忽視，造成研究結論大同小異。因此，為了完整討論外雜篇中

〔註3〕 最為著名的當然就是劉笑敢將外雜篇分為「述莊派」、「黃老派」、「無君派」三個派別。參見氏著《莊子哲學及其演變》（北京：中國社會科學出版社，1993年3月），頁98。

〔註4〕 茲舉數例：張宏生將孔子分為：一、儒家的代表，二、道家的崇拜者，三、道家的代言人三類。見氏著〈四種先秦子書中的孔子形象〉，《孔子研究》1988年第1期，頁35。

莊萬壽認為：《莊子》書中的孔子大致以三種形象出現：一、被批判與嘲笑的對象；二、自我作賤，欲拜人為師；三、被塑造為宣揚道家思想人物的主角。參見氏著〈莊子書中的孔子〉，《國文學報》第19期（1990年6月），頁65～79。

崔大華將內七篇的孔子分為：「莊子人生哲學的宣揚者（誨人）」、「莊子或道家思想的崇拜者（自貶）」及「世俗儒者（被輕蔑）」三種不同的面目。見氏著《莊學研究》（北京：人民出版社，1992年7月），頁71～73。

霍松林、霍建波將莊書中的孔子分為：一者，作為儒家思想代表而屢遭批判的孔子；二者，謙虛好學的孔子；三者，作為道家人物的孔子。見氏著〈論《孟子》、《莊子》中的孔子形象〉，《蘭州大學學報》（社會科學版）第32卷第4期（2004年7月），頁12～14。

尚建飛將莊書中的孔子分為：一、未聞道的孔子，二、進行視域轉換的孔子，三、得道的孔子。參見氏著〈寓言化的孔子形象與莊子哲學主題〉，《西北大學學報》（哲學社會科學版）第37卷第3期（2007年5月），頁64～67。

陳瑩將《莊子》中的孔子分為三者，一為「莊子學說的代言人」，二為「被改造的對象」，三為「被攻擊的代表」。參見氏著《先秦到西漢典籍中的孔子形象》（北京大學中國語言文學系碩士論文，傅剛先生指導，2011年5月），頁18。

〔註5〕 參見張宏生〈四種先秦子書中的孔子形象〉，《孔子研究》1988年第1期，頁35。

的孔子，也爲了避免行文之蔓雜，筆者將外雜篇中有關孔子的部分以「主題」的方式進行討論，儘可能討論所有關於「孔子」的文字。

此外，筆者在疏理外雜篇中有關「孔子」的文字時，發現〈盜跖〉、〈漁父〉與〈列禦寇〉三篇所呈現的孔子形象性質殊異，與其他篇章有所不同。外雜篇中其他有關孔子的文字皆是以「段落」爲單位，文字較簡短。再者，即便是在同一篇章中，孔子的形象也不見得完全一致。如〈山木〉篇中，同樣記錄「孔子困厄」一事，孔子的形象風貌就有所差異。

相對來說，〈漁父〉通篇記述孔子與漁父的儒道對談，其「孔子求道－漁父開示—孔子轉化」的寓言模式其實上有所承，然此寓言篇幅長，起承轉合軸線明顯，寫成年代必然較晚。〈盜跖〉中「孔子往見盜跖」故事，亦可說是上承「儒道相爭」的思路，就這一路「儒道相爭」的寓言文字來看，它的篇幅最長、論證較詳，創作年代應該較晚。其次，其後的「滿苟得與子張之辯」也是批判儒家、責難孔子的寓言，編者之所以將「滿苟得與子張之辯」與「孔子往見盜跖」故事合爲一篇，兩則故事又都言辭激烈、正面交鋒，這正表達出編者明確意識到道家後學有「詆訿孔子」的一個面向，這必然也是年代較晚的作品，可能編成於秦代至漢初。因此，筆者以爲，就《莊子》外雜篇中的孔子寓言來說，〈盜跖〉與〈漁父〉可說是前有所承，最後集其大成的作品。

至於〈列禦寇〉中的孔子則是《莊子》全書中的特例，〈列禦寇〉中的孔子形象十分特別，與外雜篇中其他篇章的孔子不同，反而接近《呂氏春秋》、《淮南子》中的孔子，創作時代亦應晚於他篇。

〈盜跖〉、〈漁父〉與〈列禦寇〉三篇中的孔子性質殊異，因此，筆者將此三篇列在其它篇章之後討論，以求彰顯《莊子》中孔子形象的轉變。

第一節　分歧的孔子詮釋

在進行討論之前，我們姑且從〈寓言〉篇的一則文字看起，這則文字透顯出道家後學對孔子的詮釋有著明顯的分歧。

一、莊、惠論孔子

《莊子・寓言》篇記載：

> 莊子謂惠子曰：「孔子行年六十而六十化，始時所是，卒而非之，未知今之所謂是之非五十九非也。」惠子曰：「孔子勤志服知也。」莊

子曰：「孔子謝之矣，而其未之嘗言。孔子云：『夫受才乎大本，復
靈以生。』鳴而當律，言而當法，利義陳乎前，而好惡是非直服人
之口而已矣。使人乃以心服，而不敢蘁立，定天下之定。已乎已乎！
吾且不得及彼乎！」（《莊子集釋》，頁952～953）

莊子認為：孔子一生中，對人世事物的認知不斷變化提高，有些事或許一開
始認為它是對的，後來又認為它不對。惠子則認為：孔子一生只注意立志力
行，致力於博學多能。莊子聽出惠子所言「孔子勤志服知也」隱然有批評之
意，於是又提出反駁，他說：孔子已改變了勤志服知的態度（成玄英《疏》：
「謝，代。」），只是未嘗多言。孔子認為自然大道授予人們才質性靈，人們
應當恢復天賦之性靈。若是將利義的標準擺在人們面前，然後去界定是非好
壞，這樣的作法只能使人口服，不能使人心服。如果有人能使人衷心服從，
而不違逆大道人情，這才足以讓天下安定〔註6〕。對於末句「已乎已乎！吾且
不得及彼乎！」，學者有不同的詮釋。論者或以為此句是孔子感嘆自己趕不上
得道之大人〔註7〕；或以為此句是莊子感嘆自己趕不上孔子〔註8〕。然而，無
論採取哪一種解釋，都可以看出，文中的莊子對孔子的態度，是非常尊重推
崇的。反之，惠子對孔子的評論，卻認為孔子不過是「勤志服知」罷了，隱
含有為其惋惜、不能認同之意。

〔註6〕論者對於「孔子云」這一段話的內容長短意見不一，有人認為「鳴而當律」
以後為莊子所言，有人認為「已乎！已乎！」之後為莊子所言，有人認為全
段皆為孔子所言。這正是因為此段是莊子代孔子立言，此處的孔子是莊子調
整改造後的孔子，是以此段文字究竟該屬「莊子」，還是「道家化的孔子」，
其實沒有分別的必要。然而，嚴格來說，這段記錄並非出自莊子之手，而是
出自莊子後學之手，因此，我們只能保留地說：莊子後學之中，有一部分人
認為莊子是尊重推崇孔子的，而這位孔子必然是道家化的孔子。
對此，林崗之說值得參考，其認為：「受才乎大本」以下這一段話，是莊子想
當然替孔子做的「自我鑒定」。他似乎覺得自己與孔子是異代同心，心靈相通，
故借孔子之口，而述孔子的學問人生。……莊子在這裡想像他所佩服的孔子
是一個怎樣的人物，他把他的心情、想法甚至語言都投射到孔子身上去了。
這個孔子不可能是自述的孔子，而是莊子心目中的孔子。莊子塑造了一個「他
者化」的孔子並對此心悅誠服。見氏著〈論莊子晚年悔意〉，《中山大學學報》
2007年（第47卷）第1期，頁35。
〔註7〕見歐陽景賢、歐陽超《莊子釋譯》（台北：里仁書局，1992年9月），頁1156
～1157。
〔註8〕見陳鼓應《莊子今註今譯》（北京：中華書局，1983年4月），頁733～734。
此論是採成玄英之釋，成《疏》：「已，止也。彼，孔子也。重勸惠子，止而
勿言，吾徒庸淺，不能逮及。此是莊子歎美宣尼之言。」

　　雖然，在後世的學派分類中，惠施隸屬名家，但眾所周知，惠子與莊子的關係密切，《莊子》內篇中多處記載莊惠之辯，〈徐無鬼〉亦載莊子在惠子死後，感嘆「自夫子之死也，吾無以爲質矣，吾無與言之矣」，表示兩人的確關係匪淺。惠施的思想雖有重物而輕人、「逐萬物而不反」的傾向，然而，其所重視的議題多與道者相重。惠子與莊子，或論物之「有用」、「無用」；或談人之「有情」、「無情」；或論魚之「樂」、「不樂」，都是在討論道家有興趣的議論。在《莊子》中，惠施之所以「皆爲莊周所屈而不復言」，莊惠辯論每每皆是惠施屈居下風，應該是出自作者（莊子及其後學）的有意安排。然而，兩人思想互相啟發、交融，乃至互相影響是必然之事〔註9〕。因此，筆者認爲，惠子對孔子的批評，應該可以視作是一部分的道家後學對孔子的態度。由此可知，有部分的道家後學認爲孔子僅是「勤志服知」，並不完全認同孔子的言行抱負。

二、道家後學的孔子詮釋

　　值得注意的是，「文中的莊子」對孔子的態度，是否能夠完全代表「莊子本人」對孔子的態度呢？是否可以得出「莊子對 60 歲以前的孔子主要是持否定的態度，而對 60 歲以後的老年孔子則給予更多的同情和理解〔註10〕」或是「莊子認爲：歷史上的孔子在其晚年實現了視域轉換，並與道爲一〔註11〕」的推論呢？關於這一點，實在不宜妄加推斷。原因有二：首先，這段文字的作者並非莊子本人。外雜篇中，關於莊子言行的紀錄，不一定全是事實。例如〈田子方〉中「莊子見魯哀公。哀公曰：『魯多儒士，少爲先生方者。』莊子曰：『魯少儒。』」這段文字，就必然是出自莊子後學之手〔註12〕，更別說

〔註9〕　王叔岷認爲：惠施常與莊周辯難，皆爲莊周所屈而不復言，則惠施默默中自不能不受莊周之影響。見氏著《莊子校詮》（台北：中央研究院歷史語言研究所，1988 年 3 月），頁 1459。

〔註10〕　見徐克謙《莊子哲學新探》（北京：中華書局，2005 年 8 月），頁 18。此外，徐氏認爲：據《史記・孔子世家》，60 歲前後的孔子有幾件值得注意的事情：一是厭倦了長期在外奔走的生活；二是被困於陳蔡之間絕糧數日；三是在楚地遇到了楚狂接輿等隱者。「窮於陳蔡之間，七日不火食」也許是孔子思想發生變化的一個轉折點。見氏著《莊子哲學新探》，頁 18～19。

〔註11〕　見尚建飛〈寓言化的孔子形象與莊子哲學主題〉，《西北大學學報》（哲學社會科學版）第 37 卷第 3 期，頁 66。

〔註12〕　成玄英《疏》：「莊子是六國時人，與魏惠王、齊威王同時，去魯哀公一百二十年，如此言見魯哀公者，蓋寓言耳。」

是〈說劍〉中有關莊子論天子之劍的記載。但我們至少可以肯定：外雜篇中的這些文字，是出自道家後學的傳述。這段文字至少代表了有一部分的道家後學認為，「莊子是尊重推崇孔子」的。而在此同時，另一派批判孔子、儒家的聲浪也持續發展下去。再者，如果莊子對孔子的態度全是崇尚褒揚，如何能解釋內篇中莊子對孔子的同情、歎惋之語？後世之莊子後學，又如何可能開出批判孔子、儒家之論？批判孔子豈非違背莊子之說？因此，我們只能確認有部分的道家後學認為「莊子尊孔」。

由此可知，在莊子後學中，有一派人對孔子抱持友善的態度。這一派人應該是受到內篇中「道家化孔子」論述的影響。他們認為早期的孔子或許只知勤志服知，然而孔子到了晚年，已經對自己的侷限有所領悟，了解人應該追求自然性靈，以回復大道。孔子隨著年齡的增長，逐漸剝除年輕時那種固執己見、嚴立標準的作法及「以天下為己任」的負累，所以才能不失卻自我。然而，也有一部分道者，仍然認為孔子僅重視表象的立志求知，因而永遠無法理解大道。

誠如前文所言，莊子後學之所以對孔子有這兩種完全不同的詮釋，是因為在內篇中，莊子既有批判孔子的文字，又有提升孔子、使其上遂的文字。莊子後學中，有人據內篇之一端大肆批評孔子，也有人據內篇之另一端納孔子入道家，這兩種立場，其實都可以在內篇中找到根源。

第二節　孔老會面中的孔子

在內篇中，孔子與老子並沒有直接見面、對話，兩人唯一的關連，是在〈德充符〉中，老子透過無趾的闡述，表示希望能讓孔子「以死生為一條，以可不可為一貫」，以「解其桎梏」。由此可知，在內篇中，老子應是同情嘆惋孔子之受桎梏，希望能解除其束縛。孔老是否真有會面之事，早已無從考察，然而，此事除了出現在《莊子》外雜篇外，也曾出現在《禮記·曾子問》、《史記·老莊申韓列傳》、《史記·孔子世家》和《孔子家語·觀周》等篇章。可見當時之儒者、道者多藉「孔老會面」此一主題抒發己見。

外雜篇中，道家後學創造出許多孔老會面與對話的場景。孔老討論的焦點，集中在「大道」與「人性」的問題。有時是孔子呈現出求道若渴的低姿態；有時是老子教訓孔子之執迷不悟。安排孔子向老子問道，當然蘊含著儒

家有其不足，應向道者學習這樣的意味，儒、道自然高下立判。然而，老子願意「改造」孔子，正代表其認爲孔子仍有提昇超越的可能。

　　值得注意的是，〈天運〉篇中，老子教導孔子之言，所反映的並非原始道家思想，而是黃老道家思想。這也說明了，無論原始道家，抑或黃老道家，皆以「孔老會面」一事寄託己意。

一、問大道之孔子

　　外雜篇中，時常出現孔子向老子問道的場景，如〈知北遊〉曰：

> 孔子問於老聃曰：「今日晏閒，敢問至道。」老聃曰：「汝齊戒，疏瀹而心，澡雪而精神，掊擊而知！夫道，窅然難言哉！將爲汝言其崖略。夫昭昭生於冥冥，有倫生於無形，精神生於道，形本生於精，而萬物以形相生，故九竅者胎生，八竅者卵生。其來無跡，其往無崖，無門無房，四達之皇皇也。邀於此者，四肢強，思慮恂達，耳目聰明，其用心不勞，其應物無方。天不得不高，地不得不廣，日月不得不行，萬物不得不昌，此其道與！且夫博之不必知，辯之不必慧，聖人以斷之矣。若夫益之而不加益，損之而不加損者，聖人之所保也。淵淵乎其若海，（巍巍）〔魏魏〕乎其終則復始也，運量萬物而不匱。則君子之道，彼其外與！萬物皆往資焉而不匱，此其道與！

> 中國有人焉，非陰非陽，處於天地之間，直且爲人，將反於宗。自本觀之，生者，喑醷物也。雖有壽夭，相去幾何？須臾之說也，奚足以爲堯桀之是非！果蓏有理，人倫雖難，所以相齒。聖人遭之而不違，過之而不守。調而應之，德也；偶而應之，道也；帝之所興，王之所起也。人生天地之間，若白駒之過郤，忽然而已。注然勃然，莫不出焉；油然漻然，莫不入焉。已化而生，又化而死，生物哀之，人類悲之。解其天弢，墮其天袟，紛乎宛乎，魂魄將往，乃身從之。乃大歸乎！不形之形，形之不形，是人之所同知也，非將至之所務也，此眾人之所同論也。彼至則不論，論則不至。明見無值，辯不若默。道不可聞，聞不若塞。此之謂大得。」（《莊子集釋》，頁 741～747）

寓言中老子指出：疏通心靈、超越智慧，才能悟道，是以此「齋戒」即「心

齋」也。道「窅然難言」，但語言仍具引導、啟發作用，故勉強為孔子說個概略。他先從「昭昭生於冥冥，有倫生於無形」說起，說到天地、日月、萬物皆因道而各得其正，得道者更能「用心不勞，其應物無方」。人於天地之間，也是依循道化而生而死，人們以為有壽夭之別，其實只是一瞬之間，何必執著？「不形之形，形之不形」從無形到有形，又由有形回歸無形，這是所有人共同的迴環往復之途。唯有得道之聖人與眾人不同，他不求博學多知、能言善辯，與道合一，卻從不論述大道。

有趣的是，前文中老子大談道之境界，說道「其來無跡，其往無崖，無門無房，四達之皇皇」、「天不得不高，地不得不廣，日月不得不行，萬物不得不昌，此其道與」，後文卻又說「至則不論，論則不至。明見無值，辯不若默。道不可聞，聞不若塞」，先是詳細敘述道之情狀與功用，後又認為大道不可聽聞，亦不可論述。點出了「道」不得不落於言詮，卻又無法完全藉「言」而傳的微妙關係。

在道家後學這些嚮往老莊道術者的眼中，老子是「澹然獨與神明居」的得道者。後學者對於「道」境的描述，由簡略走向詳細，由無言走向有言，以譬況之言鋪陳隱喻「道」之無所不在、充塞天地，多少是受到戰國時期論辯之風的影響。外雜篇的作者正是托言於老子，以論述「道」境，那麼，道家後學又多設計了一個「孔子問於老子」的情節，意義為何？這代表道家後學仍秉持「道可道，非常道」理念，老子本不欲多言大道，是因為孔子謙虛求教，所以才勉強言之〔註13〕。這不但證明了只有道家老子能體證大道，而且孔子也有求道之心，孔子的生命仍有向上提昇、超脫世俗的機會。

再看〈天地〉篇曰：

〔註13〕賴錫三指出：儘管《老子》時時強調道的不知、無言之絕對冥契離言的性格，但《老子》並未停留在絕對冥契狀態的不可說之中，它並不全然否定語言，仍然主張可以「強字曰道」、「強為之名」。此「強」非「心使氣曰強」，《老子》深知名言的本質和限制，不可能將語言唯實化而擴張其宰控性；這裏的「強」，帶有重新與語言建立自由關係的奮鬥，如使用各種「活的語言」來「隱喻」道之創造。換言之，《老子》的「道（體）」之一字，與其說是定於一義、有精確指涉意義的「概念」，不如強調它的多義豐盈之「隱喻」性；也就是說，當《老子》將不可言說者勉強「字之曰道」後，它更需要一番「強為之容」，而「容」的語言工夫，便富含多義性的隱喻妙用在其中。見氏著〈從《老子》的道體隱喻到《莊子》的體道敘事——由本雅明的說書人詮釋莊周的寓言哲學〉，《清華學報》新四十卷第一期（2010 年 3 月），頁 68～69。

> 夫子問於老聃曰：「有人治道若相放，可不可，然不然。辯者有言曰：
> 『離堅白，若縣寓。』若是則可謂聖人乎？」老聃曰：「是胥易技係
> 勞形怵心者也。執狸之狗成思，猿狙之便自山林來。丘，予告若，
> 而所不能聞與而所不能言。凡有首有趾無心無耳者眾，有形者與無
> 形無狀而皆存者盡無。其動，止也；其死，生也；其廢，起也。此
> 又非其所以也。有治在人，忘乎物，忘乎天，其名曰忘己。忘己之
> 人，是之謂入於天。」（《莊子集釋》，頁 427～428）

孔子以公孫龍「離堅白」之說，向老子請教聖人之道。老子認為，辯者只是
被技藝才能所束縛，導致形體勞累、心神不寧的人罷了，他們的聰敏與才能，
反將招致災禍。多數人是有形體而無知無聞，難得的是與大道俱存、物我相
融之人。他所言：丘所「不能聞」與「不能言」皆指向體道境界。由道觀之，
動即止，死亦生，廢亦起，刊落相對、超越對立，即知兩者並非悖反，成心
亦因而消融。唯有忘物、忘天以忘己，才能與天合德，此即「入於天」。

　　就表面的文字來看，老子似乎是針對名家而發，但老子說話的對象卻是
孔子，這其實是一箭雙雕，批判名家、反省言辯的同時，也在批判儒家對才
能智慧的重視無益於大道。一句「丘，予告若，而不能聞與而所不能言」直
接批評孔子尚未通達大道，不能了解至理。有趣的是，道家後學為何不安排
老子直接與名家學者對話呢？恐怕正是因為道家後學認為，相較於名家來
說，孔子較可能由迷轉悟，領悟道家之理。

　　果然，孔子在〈天運〉篇中，終於悟道了，〈天運〉篇曰：

> 孔子謂老聃曰：「丘治《詩》、《書》、《禮》、《樂》、《易》、《春秋》六
> 經，自以為久矣，孰知其故矣；以奸者七十二君，論先王之道而明
> 周召之跡，一君無所鉤用。甚矣夫！人之難說也，道之難明邪？」
> 老子曰：「幸矣子之不遇治世之君也！夫六經，先王之陳迹也，豈其
> 所以迹哉！今子之所言，猶迹也。夫迹，履之所出，而迹豈履哉！
> 夫白鶂之相視，眸子不運而風化；蟲，雄鳴於上風，雌應於下風而
> 風化；類自為雌雄，故風化。性不可易，命不可變，時不可止，道
> 不可壅。苟得於道，無自而不可；失焉者，無自而可。」
> 孔子不出三月，復見曰：「丘得之矣。烏鵲孺，魚傅沫，細要者化，
> 有弟而兄啼。久矣夫丘不與化為人！不與化為人，安能化人。」老
> 子曰：「可，丘得之矣！」（《莊子集釋》，頁 531～534）

在本文中，孔子依舊是以求教者的身分，向老子請教。孔子自言，其以研讀六經的方式，向君王要求爵位，結果七十二君中，無一人願意用他。這其實是在諷刺當時的儒家後學以為精熟六經，就可以以古治今，儒者以此來干祿求譽，更讓道家後學不齒。老子認為，無論先王六經抑或孔子之言皆陳迹也，無法順應時局的變化〔註 14〕。性、命、時、道潛藏於生命流行之中，似存若亡，無迹可尋，是以「難明」。「道」一旦進入說解，即陷入分別義，一旦先存探求之心，反而將因執著於「迹」而惘然無所得。吾人無法透過語言詮解「迹」，以得「所以迹」，「迹」只是作為一種引導，引導讀者在聖人言說的情境中「風化」、感應，進而體察聖人的用意〔註 15〕。唯隨任自然之化，才能自安；唯有自安，才能安人。孔子在老子的提點下，三月後悟道，了解行為處事都必須隨順自然變化，才能安時處順。老子最後「可，丘得之矣！」的認同，確認孔子成為得道之人。在這則文字中，孔子本是求道者，在聽聞老子的一番話後，徹底悔悟，進而轉化為悟道者〔註 16〕。

在〈田子方〉中，孔子也呈現了同樣的變化，其言曰：

> 孔子見老聃，老聃新沐，方將被髮而乾，慹然似非人。孔子便而待之，少焉見，曰：「丘也眩與，其信然與？向者先生形體掘若槁木，似遺物離人而立於獨也。」老聃曰：「吾游心於物之初。」孔子曰：「何謂邪？」曰：「心困焉而不能知，口辟焉而不能言，嘗為汝議乎其將。至陰肅肅，至陽赫赫。肅肅出乎天，赫赫發乎地；兩者交通

〔註 14〕 〈天道〉篇曰：「桓公讀書於堂上，輪扁斲輪於堂下，釋椎鑿而上，問桓公曰：『敢問公之所讀者何言邪？』公曰：『聖人之言也。』曰：『聖人在乎？』公曰：『已死矣。』曰：『然則君之所讀者，古人之糟魄已夫！』」亦是此意。

〔註 15〕 參見蔡振豐《王弼的言意理論與玄學方法》（永和：花木蘭文化出版社，2010年 3 月），頁 71。又，蔡氏指出：依此用心，可以理解何以《莊子》的敘述語言常常出現「喻」與「寓」等不確定的語言模式，其目的無非是想使讀者放棄意義的追索，而投身進入存在情境的風化、感、應之中。

〔註 16〕 賴錫三指出：《莊子》明確而自覺地將「道體」落實為「體道」的「經驗」，因此，每有說道便幾乎都要建立在真人的身心情境上說之，此即為何我們會一再看到《莊子》對道體的表述，幾乎都被轉化成「主人公」式的寓言公案，其中不再是客觀而抽象的道體表述，而是具體活現的說道者和求道者之情境對話和身心氣象；換言之，道體不再被客觀抽象地說，而是落實為經驗之體道：從求道到體道間的不斷轉化之身心故事。見氏著〈從《老子》的道體隱喻到《莊子》的體道敘事——由本雅明的說書人詮釋莊周的寓言哲學〉，《清華學報》新四十卷第一期，頁 93。

成和而物生焉，或爲之紀而莫見其形。消息滿虛，一晦一明，日改月化，日有所爲，而莫見其功。生有所乎萌，死有所乎歸，始終相反乎無端而莫知乎其所窮。非是也，且孰爲之宗！」孔子曰：「請問遊是。」老聃曰：「夫得是，至美至樂也。得至美而遊乎至樂，謂之至人。」孔子曰：「願聞其方。」曰：「草食之獸不疾易藪，水生之蟲不疾易水，行小變而不失其大常也，喜怒哀樂不入於胸次。夫天下也者，萬物之所一也。得其所一而同焉，則四支百體將爲塵垢，而死生終始將爲晝夜而莫之能滑，而況得喪禍福之所介乎！棄隸者若棄泥塗，知身貴於隸也，貴在於我而不失於變。且萬化而未始有極也，夫孰足以患心！已爲道者解乎此。」孔子曰：「夫子德配天地，而猶假至言以修心。古之君子，孰能脫焉？」老聃曰：「不然。夫水之於汋也，無爲而才自然矣。至人之於德也，不修而物不能離焉，若天之自高，地之自厚，日月之自明，夫何脩焉！」孔子出，以告顏回曰：「丘之於道也，其猶醯雞與！微夫子之發吾覆也，吾不知天地之大全也。」（《莊子集釋》，頁 711～717）

在這則文字中，孔子驚嘆於老子「遺物離人而立於獨」的境界。老子形似槁木，實是「游心於物之初」。寂靜無言中，蘊藏著萬物生機，動與靜並非二端，靜中涵藏著動，雖是沉默，卻是充滿創造力的沉默〔註17〕。這樣的境界難以智慧認知、以言語說明，但是，老子還是嘗試爲孔子說明概況：陰陽發乎天地，二氣互相交融，萬物便因此而產生。日月運行，萬物生滅，循環往復，而不知其宗。人若能遊於此至樂之境，即是「至人」。生死乃旦夕之事，何況禍福？外境變化無常，何足以患心？眞正可貴的是自身之主體。孔子聽聞後大嘆「夫子德配天地，而猶假至言以修心」，佩服老子以至言修養心性。老子則澄清說，至人不修而自明，不必如「克己復禮」工夫般刻意去修持，「心」無需「修」，無心反能處順。當吾人執意求索語言文字的意義、模仿先聖之修養工夫，執定於某一標準，其實也就失落了主體性與「至言」所能展現的各種可能。在此，老子不但爲孔子解說了道境，也破解了孔子對「修養工夫」的執著。孔子在見老子之後，馬上將自己受教於老子之事告訴顏回。孔子感

〔註17〕參見楊儒賓〈莊子的「卮言」論——有沒有「道的語言」〉，收入劉笑敢主編《中國哲學與文化》（第二輯）（桂林：廣西師範大學出版社，2007 年 11 月），頁 35。

嘆自己以往不知「道」，幸而老子開示，才讓自己得以窺見天地之大全。

顯而易見，莊子後學的思路是：孔子向老子求道，成爲悟道者之後，又傳授顏回。在《莊子》內篇中，吾人只見老子有心拯救孔子，而尚未付諸行動；只見孔顏皆爲道家之人，論心齋坐忘之功夫。在外雜篇中，莊子後學則將不同的寓言連貫起來，其新增的關鍵就在於「孔子向老子求道」。因爲孔子求教於老子，是以孔子能悟道，並以此影響顏回。由是以知，在道家後學認爲，在這些非道者之中，孔子最有轉化提昇的可能性。

在上述「孔老會面」的寓言中，〈天運〉篇中的老子思想與他篇殊異，其文曰：

> 孔子行年五十有一而不聞道，乃南之沛見老聃。老聃曰：「子來乎？吾聞子，北方之賢者也，子亦得道乎？」孔子曰：「未得也。」老子曰：「子惡乎求之哉？」曰：「吾求之於度數，五年而未得也。」老子曰：「子又惡乎求之哉？」曰：「吾求之於陰陽，十有二年而未得。」老子曰：「然。使道而可獻，則人莫不獻之於其君；使道而可進，則人莫不進之於其親；使道而可以告人，則人莫不告其兄弟；使道而可以與人，則人莫不與其子孫。然而不可者，無佗也，中無主而不止，外無正而不行。由中出者，不受於外，聖人不出；由外入者，無主於中，聖人不隱。名，公器也，不可多取。仁義，先王之蘧廬也，止可以一宿而不可久處，覯而多責。古之至人，假道於仁，託宿於義，以遊逍遙之墟，食於苟簡之田，立於不貸之圃。逍遙，無爲也；苟簡，易養也；不貸，無出也。古者謂是采眞之遊。以富爲是者，不能讓祿；以顯爲是者，不能讓名；親權者，不能與人柄，操之則慄，舍之則悲，而一無所鑒，以闚其所不休者，是天之戮民也。怨、恩、取、與、諫、教、生、殺八者，正之器也，唯循大變無所湮者爲能用之。故曰：正者，正也。其心以爲不然者，天門弗開矣。」（《莊子集釋》，頁 516～521）

文中說孔子「五十有一而不聞道」，這是諷刺《論語》中孔子自謂「五十而知天命」的說法。孔子所謂的「知天命」，在道家看來，仍然是不識天地、未達大道。文中又稱孔子爲「北方之賢者」，與老子這位「南方之賢者」分庭抗禮，顯現出南北道術之不同，當然也蘊含著「南方之賢者」高於「北方之賢者」的意味。孔子自言其求道的過程，是藉著探求「陰陽度數」去求取大道，結

果一無所得。事實上，孔子本身並不熱衷於陰陽度數的研究，此處老子所批評的，顯然是戰國時期部分傾向研究陰陽五行的儒生。

　　道家後學雖然將茅頭指向「孔子」，但這位「孔子」並不只是單純地代表儒家。在道家後學的觀念中，就強調才能技藝這點來看，名家、儒家無別〔註18〕；就標舉「愛」這點來看，墨家、儒家無別（道家未能區別「仁愛」與「兼愛」的不同）；就熱衷陰陽度數來看，陰陽家與部分儒生也無別。由此看來，「孔子」已經成為一箭靶型的人物。「孔子」不僅代表後世的儒家後學，甚至連其他各家相關的學說，也可以含納在內。

　　文中說「名，公器也，不可多取。仁義，先王之蓬廬也，止可以一宿而不可久處。」名聲不可多取，仁義不可久處；這當然是道家的基本立場，然而文中也提及：古代聖人借路於仁，寄宿於義，以遊於逍遙無為之境。逍遙之境是終極理想，但此處似乎沒有強烈反對仁義，而可以「假道於仁，託宿於義」。通往逍遙之路，不必然要排斥仁義，逍遙大道可以含括仁義〔註19〕。也就是說，在道家自然無為的保證下，仁義不再是被倡導標舉的德目，而可以是人性最真誠的表現，如此即可以人性的本真，來含攝儒家的仁義。這正是黃老道家以「道」收攝儒家「仁義」的思考模式〔註20〕。

〔註18〕「儒」本是學習「六藝」、掌握宗教技能的術士，故其初義，只是一種行業，是以道者會譏諷儒者多藝多能卻不明大道。然就儒家來說，孔子已提升了「儒」之內在價值，故言「志於道，據於德」，是以有「君子儒」與「小人儒」之別，簡而言之，「儒家」求其「道」；而「儒」但求其「藝」。參見林惟仁《求道者——以孔子弟子為研究的起點》（國立政治大學中文系碩士論文，林啓屏先生指導，2005 年 7 月），頁 43。

〔註19〕劉笑敢言：〈天運〉篇說：「吾奏之以人，徵之以天，行之以禮義，建之以太清。」又說：「古之至人，假道于仁，托宿于義，以游逍遙之虛。」這都是亦道亦儒、儒道相契的語言。見氏著《莊子哲學及其演變》（北京：中國社會科學出版社，1988 年 2 月），頁 303。

〔註20〕杜保瑞指出：《外篇》中對待「仁義」的主要態度亦如《內篇》，多半是採取批判的立場的，只有一種型態的文字是給予融合的，那就是以「無為」為本體，以「仁義」為德目的義理結合模式。如此一來，則仁義雖非最高價值，卻也已在價值系統中取得地位，從而建立由無為至仁義賞罰的治國價值架構，此亦即黃老道法家的思路，亦為老子型態的道家通過儒家與法家結合的義理新型態。見氏著《莊子外篇》中的儒道義理辨正），《儒道學術國際研討會—先秦　論文集》（台北：國立臺灣師範大學國文系，2002 年 11 月），頁117～123。
又，劉笑敢言：（道家）人文自然的原則以社會人群的和諧為理想，當道德原則有利於實現社會之自然和諧的時候，它與道家的立場是一致的。參見氏著

在〈大宗師〉中，孔子自謂「丘，天之戮民也」，此處則對「天之戮民」作出了新的詮釋，以「親權者」——熱衷權勢之人為「天之戮民」，可見〈大宗師〉與〈天運〉之「天之戮民」名同而實異，〈大宗師〉中孔子所言之「天之戮民」是指自己是囿限於禮教的方內之人；而〈天運〉的「天之戮民」是指熱衷權柄之人，道家後學可說是轉化了內篇「天之戮民」的意涵。親權者對於權勢名聲患得患失，得之而心生恐懼，失之而悲悽懊惱，無論得失與否，心靈都無法自在平靜。值得注意的是，後文又言，心存權勢者無法導正人民，唯有「循大變無所湮」的聖人才能使用恩、怨、取、與、諫、教、生、殺等八項正人的工具。也就是說，循順自然大道的道家聖人才能「正人」，為了「正人」，不但可以取與、勸諫、教導，甚至可以操控生殺大權。這段帶有法家色彩的文字，正表現出黃老道家求治求用的心態〔註21〕。

文中說逍遙大道可以借路於仁，寄宿於義，又說遵循自然變化的道家聖人能使用八項正人之器，在在都顯現出黃老道家「採儒墨之善，撮名法之要」的義理傾向，而此作法是為了達到「指約而易操，事少而功多」的目的，與前面各段文字有所不同。可見道家後學的立場各自分歧，唯一相同的是，他們都以「孔老會面」作為論述己見、闡揚學說的場景。

二、論仁義之孔子

孔孟重仁義，今本《老子‧第十九章》則曰：「絕仁棄義，民復孝慈」，在《莊子》外雜篇中，就有多處老子質疑孔子「仁義」之說的文字，如〈天道〉篇：

> 孔子西藏書於周室。子路謀曰：「由聞周之徵藏史有老聃者，免而歸居，夫子欲藏書，則試往因焉。」孔子曰：「善。」往見老聃，而老聃不許，於是繙十二經以說。老聃中其說，曰：「大謾，願聞其要。」孔子曰：「要在仁義。」老聃曰：「請問，仁義，人之性邪？」孔子曰：「然。君子不仁則不成，不義而不生。仁義，真人之性也，又將奚為

《老子古今：五種對勘與析評引論》（北京：中國社會科學出版社，2006年5月），頁87。

〔註21〕陳師麗桂言：「黃老」思想是以《老子》的雌柔、反智哲學為基礎，兼採陰陽、儒、墨、名、法各家，主虛靜、講無為，並將之轉化為尚因循、重時變，又用刑名以防姦欺的君術。見《戰國時期的黃老思想》（台北：聯經出版社，1991年4月），頁2。

矣？」老聃曰：「請問，何謂仁義？」孔子曰：「中心物愷，兼愛無私，此仁義之情也。」老聃曰：「意，幾乎後言！夫兼愛，不亦迂夫！無私焉，乃私也。夫子若欲使天下無失其牧乎？則天地固有常矣，日月固有明矣，星辰固有列矣，禽獸固有群矣，樹木固有立矣。夫子亦放德而行，遁道而趨，已至矣；又何偈偈乎揭仁義，若擊鼓而求亡子焉？意，夫子亂人之性也！」（《莊子集釋》，頁477～479）

孔子認為：儒家經典的要旨，一言以蔽之，即是「仁義」，老子立刻發出「請問仁義，人之性邪？」的質疑。這段文字呈顯出兩個問題。一者，儒家的經典詮釋、經典教育支離破碎，雜而不要，悖離大道。二者，儒家將「仁義」視為人之本性，道家也認為有再商榷的必要。

孔子其實尚未明確地提出「仁義，真人之性也」的說法，這樣的主張應是戰國時期儒家學者的普遍認知。孔子與老子大談「人性」問題，代表了戰國時期儒道兩家對此問題的關注。文中的儒家認為「仁義」乃是人之本性，「中心物愷，兼愛無私」——內心和樂平易，兼愛眾人，了無私心，此即仁義。然而，儒家之「仁義」並非墨家之「兼愛無私」，可見莊子後學對儒家「仁義」並沒有相應的理解。外雜篇中，道家後學常將儒家與墨家並列〔註22〕，此處又將儒家的「仁愛」與墨家的「兼愛」視為一事。道家也批判「兼愛」之說迂腐至極，所謂兼愛無私，視人之父為己之父，視人之子為己之子，違背真實之人性，難免淪為矯情。

道家認為天地本有規律，自然本有法則，只要順應萬物自爾、回歸渾沌至樸即可，又何必標舉仁義，亂人之性？就好像〈天地〉所言：「至德之世，不尚賢，不使能；上如標枝，民如野鹿；端正而不知以為義，相愛而不知以為仁，實而不知以為忠，當而不知以為信，蠢動而相使，不以為賜。」至德之世中，人民不知所謂「仁」、「義」、「忠」、「信」，卻處處表現善行，可見道家並非質疑人性中有「仁義」、「仁愛」之本質，而是反對儒家對「仁義」的標舉、墨家對「兼愛」的提倡。因為他們對道德的提倡，反而會加速道德的形式化，失落質樸之本真。

〔註22〕內篇〈齊物論〉中本就有「儒墨之是非」之說，外雜篇之例更多，如：〈在宥〉言：「儒墨乃始離跂攘臂乎桎梏之間」，〈天運〉言：「儒墨皆起」，〈知北遊〉言：「君子之人，若儒、墨者師，故以是非相□也」，〈徐無鬼〉言：「名若儒、墨而凶矣」，〈列禦寇〉言：「儒、墨相與辯」皆是。

再觀〈天運〉：

孔子見老聃而語仁義。老聃曰：「夫播穅眯目，則天地四方易位矣；蚊虻噆膚，則通昔不寐矣。夫仁義憯然乃憤吾心，亂莫大焉。吾子使天下無失其朴，吾子亦放風而動，總德而立矣！又奚傑然若負建鼓而求亡子者邪？夫鵠不日浴而白，烏不日黔而黑。黑白之朴，不足以爲辯；名譽之觀，不足以爲廣。泉涸，魚相與處於陸，相呴以濕，相濡以沫，不若相忘於江湖。」

孔子見老聃歸，三日不談。弟子問曰：「夫子見老聃，亦將何規哉？」孔子曰：「吾乃今於是乎見龍！龍，合而成體，散而成章，乘雲氣而養乎陰陽。予口張而不能嗋，予又何規老聃哉！」子貢曰：「然則人固有尸居而龍見，雷聲而淵默，發動如天地者乎？賜亦可得而觀乎？」遂以孔子聲見老聃。

老聃方將倨堂而應，微曰：「予年運而往矣，子將何以戒我乎？」子貢曰：「夫三皇五帝之治天下不同，其係聲名一也。而先生獨以爲非聖人，如何哉？」老聃曰：「小子少進！子何以謂不同？」對曰：「堯授舜，舜授禹，禹用力而湯用兵，文王順紂而不敢逆，武王逆紂而不肯順，故曰不同。」老聃曰：「小子少進！余語汝三皇五帝之治天下。黃帝之治天下，使民心一，民有其親死不哭而民不非也。堯之治天下，使民心親。民有爲其親殺其殺而民不非也。舜之治天下，使民心競，民孕婦十月生子，子生五月而能言，不至乎孩而始誰，則人始有夭矣。禹之治天下，使民心變，人有心而兵有順，殺盜非殺，人自爲種而天下耳，是以天下大駭，儒墨皆起。其作始有倫，而今乎婦女，何言哉！余語汝，三皇五帝之治天下，名曰治之，而亂莫甚焉。三皇之知，上悖日月之明，下睽山川之精，中墮四時之施。其知憯於蠣蠆之尾，鮮規之獸，莫得安其性命之情者，而猶自以爲聖人，不可恥乎？其無恥也！」子貢蹵蹵然立不安。（《莊子集釋》，頁 522～531）

孔子會見老子，與之討論「仁義」的問題。老子認爲，與其標舉「仁義」，不如隨順本性；與其稱揚道德，不如忘卻道德，眞德反能因此顯現。儒家對仁義的大力提倡，將使天下人喪失眞樸的本性。此即《老子‧三十八章》所言：「失道而後德，失德而後仁，失仁而後義，失義而後禮。夫禮者，忠信之薄，

而亂之首。」萬物各有其性，一切自然平等，若強加以黑白、善惡、是非之名，反而擾亂了自然之理序。

　　這次的對話，讓孔子有所頓悟，孔子形容老子是「合而成體，散而成章，乘雲氣而養乎陰陽」之龍，對其真知灼見甘拜下風。文中刻意塑造孔子成為求教者、受教者，讓孔子向老子學習，其所顯示的高下之別不言可喻。

　　接著，子貢亦見老子，與之討論政治問題。子貢服膺三皇五帝之名聲，以之為聖人。老子則認為，黃帝時代，民心純一，人民順自然而行，禮制並不嚴苛；虞舜以下，人民開始興起競爭、變異之心，最後甚至造成儒墨「其作始有倫，而今乎婦女」，各家並起，爭相討好權貴的亂象。儒墨原本有其理想，如今卻必須依附於政權，才有生存的可能，這是道家後學對於當時政治情勢的批評。文中所言：三皇五帝不了解性命之情，卻又自以為是聖人，名曰治天下，實乃亂天下，亦諷刺尊崇追奉古聖先帝者，循古而不明事理。

　　〈馬蹄〉中亦以「至德之世」與「現今之世」對比〔註23〕，這種以渾沌之世寄寓理想的懷古文字之所以產生，應是由絕棄仁義、鄙棄現世而來。以「古」寄寓理想，諷「今」之政治〔註24〕，道家後學必定已經強烈感受到當時人文教化之弊端、自然大道之失落，才可能提出這樣的命題。其所鄙棄的「仁義」，是經過教化、倡導的「仁義」，這樣的「仁義」由主政者改造天下人的意圖而發，已含有「人為」的異化，道家以受之於天、自然本有來規定人性，只要是違反人性自然、透過矯治民性的方式而得之「仁義」，就是道家要絕棄的對象。是以與其積極有為，不如順任自然，讓萬物自生自成，此即「生而不有，為而不恃，長而不宰」之道。道家之採取「無為」姿態，並非

─────────────

〔註23〕〈馬蹄〉曰：「夫至德之世，同與禽獸居，族與萬物並，惡乎知君子小人哉！同乎無知，其德不離；同乎無欲，是謂素樸；素樸而民性得矣。及至聖人，蹩躠為仁，踶跂為義，而天下始疑矣；澶漫為樂，摘僻為禮，而天下始分矣。故純樸不殘，孰為犧尊！白玉不毀，孰為圭璋！道德不廢，安取仁義！性情不離，安用禮樂！五色不亂，孰為文采！五聲不亂，孰應六律！夫殘樸以為器，工匠之罪也；毀道德以為仁義，聖人之過也。」

〔註24〕黃俊傑指出：孔子從「應然」世界的思考邏輯出發，從事歷史敘述，常以「應然」批判歷史的「實然」，以古今對比，指出「今」的齟齬……在孔子的言論中，他常用「古者」一詞寄寓他的理想，以「今者」來指陳現實的齟齬。這是一種典型的常見於中國文化中的「反事實思考方式」（counterfactual mode of thinking）。筆者以為，道家後學在此也呈現了同樣的思考模式。黃氏之論見氏著《中國經典詮釋傳統（一）通論篇》（台北：喜馬拉雅研究發展基金會，2004年6月），頁411～412。

要否定一切作為，而是為了讓自然之秩序得以朗現。

在〈外物〉中也表現了同樣的思想傾向：

老萊子之弟子出薪，遇仲尼，反以告，曰：「有人於彼，脩上而趨下，末僂而後耳，視若營四海，不知其誰氏之子。」老萊子曰：「是丘也，召而來。」仲尼至。曰：「丘！去汝躬矜與汝容知，斯為君子矣。」仲尼揖而退，蹙然改容而問曰：「業可得進乎？」老萊子曰：「夫不忍一世之傷，而驁萬世之患，抑固窶邪，亡其略弗及邪？惠以歡為驁，終身之醜，中民之行進焉耳，相引以名，相結以隱。與其譽堯而非桀，不如兩忘而閉其所譽。反無非傷也，動無非邪也。聖人躊躇以興事，以每成功。奈何哉其載焉終矜爾！」（《莊子集釋》，頁930）

首先，老子與老萊子是否為同一人，學界並無定論〔註25〕，然而，即便老子與老萊子不同，「老子」、「老萊子」皆為道家代表人物，是無可置疑的。道家故事在流傳過程中，兩人形象因太過相近，也可能互相滲透，甚至合而為一。

在這段文字中，老萊子告誡孔子應該去除賢能驕矜與聰明外露的態度，才能稱得上是有德君子。他教訓孔子：你忍不住去拯救一代的痛苦，卻無視於之後萬代的後患。這代表儒家的仁義學說淺陋無知、思慮不周，無法藉之以治天下。後世儒者以名聲私利相集結，不正是假孔子之名造萬世之患嗎？因此，與其讚譽唐堯之仁德、非難夏桀之罪惡，倒不如善惡兩忘，超越善惡之別，停止是非毀譽的議論。聖人從容順物，自然功成事遂，孔子又何必背負救世的重擔而自命不凡？

文中「夫不忍一世之傷而驁萬世之患，抑固窶邪，亡其略弗及邪？」一語很值得玩味，代表了部分道家後學對於孔子及其學說的態度。他們認為孔子的以天下為己任，是建立在「不忍」——不忍心天下人受苦的心態上，「以天下為己任」的心態不難理解，然而，孔子的救世作法是以仁義救天下、以六經治天下，是以在拯救的過程中，難免有自以為賢能仁德的自負態度；提倡仁義之後，更始料未及地造成後世的禍亂。孔子之用心雖良苦，思慮卻不

〔註25〕《史記·老子韓非列傳》云：「或曰：『老萊子亦楚人也，著書十五篇，言道家之用，與孔子同時云。』」老萊子相關論文可參考徐文武〈老萊子生平與思想考論〉，《長江大學學報》（社會科學版）第 27 卷第 3 期（2004 年 6 月），頁 7～11。李水梅〈老萊子其人及其思想考述〉，《無錫教育學院學報》第 21 卷第 3 期（2001 年 9 月），頁 31～37。

周。在此，道家後學的立場基本上與內篇中莊子的立場是一致的，也就是能同情地理解孔子救天下的宏願與熱情，然而，不能認同其救天下的方法。

事實上，在內篇中，孔子未曾向老子問「道」，老子也從未訓誡過孔子。然而，在外雜篇孔老會面的場景中，孔子總是扮演受教者、求教者的角色〔註26〕，老子則是指導者的角色。高下立判之際，所反應的當然是戰國中晚期以後的儒道之爭。道者不僅反對儒家的「以仁義爲人性」、「以六經爲治道」，對於儒者熱衷追求名聲權位，也有許多不滿。內篇中，莊子已以「天刑之，安可解」對孔子之聲聞名譽作出評斷，以名聲爲天之刑罰；外雜篇中，道家後學更批評所謂的「親權者」及儒墨干譽求祿的現象。然而，仔細分析，道家後學的立場，也並不完全一致。有完全反對仁義者，也有納仁義爲己用者；有全盤否定政治者，也有求治求用者，除了原始道家思想之外，黃老道家思想也已經形成。

第三節　見道者的孔子

《論語》中，有多則孔子與隱者對話的記錄。孔子與道者的會面，常有張力十足的儒道對話〔註27〕。《莊子》內篇中，孔子尊重道者，理解道境；外雜篇承續內篇中的孔子形象，孔子同樣對道者表現出尊重理解的態度。儒道雙方雖然是「道不同」，但寓言中的孔子都能理解道境、尊重隱者。

一、理解道境

先看〈田子方〉所載：

> 溫伯雪子適齊，舍於魯。魯人有請見之者，溫伯雪子曰：「不可。吾聞中國之君子，明乎禮義而陋於知人心，吾不欲見也。」至於齊，

〔註26〕畢來德（Billeter, Jean Francois）指出：莊子對孔子始終抱以一種善意的嘲諷態度。在《莊子》當中，孔子乃是最優秀的教育家，因爲他自己總是在學習。他是柏拉圖定義下的眞正的哲學家，即是說一個愛智慧，也就是努力尋求智慧的人。見氏著、宋剛譯《莊子四講》（北京：中華書局，2009年4月），頁73。

〔註27〕史華茲（Ben jamin I. Schwartz）言：這些人物可能是「原道家」的。在《莊子》中又再次提到了其中的某些人物。然而，由他們所代表的「退隱主義」傳統，即使在孔子的時代也可能並非新鮮事物。當時，大家共同的看法是，孔子不知疲倦地在政府中尋求職位的長期努力純屬浪費時間，這個混亂的世界不可能僅憑「義士」（righteous men）的努力就可以治好。見氏著、程鋼譯《古代中國的思想世界》（南京：江蘇人民出版社，2004年1月），頁125。

反舍於魯,是人也又請見。溫伯雪子曰:「往也蘄見我,今也又蘄見我,是必有以振我也。」出而見客,入而嘆。明日見客,又入而嘆。其僕曰:「每見之客也,必入而嘆,何耶?」曰:「吾固告子矣:『中國之民,明乎禮義而陋於知人心。』昔之見我者,進退一成規,一成矩,從容一若龍,一若虎,其諫我也似子,其道我也似父,是以嘆也。」仲尼見之而不言。子路曰:「吾子欲見溫伯雪子久矣。見之而不言,何邪?」仲尼曰:「若夫人者,目擊而道存矣,亦不可以容聲矣!」(《莊子集釋》,頁 704〜706)

溫伯雪子批評儒家「明乎禮義而陋於知人心」,儒者言行舉止有一定的規矩,卻不能了解人的自然本性。魯人在會見溫伯雪子時,進退成規矩,從容若龍虎,時而勸誠,時而開導,更讓溫伯雪子心生感嘆。正如《論語》所言:「禮之用,和為貴。先王之道斯為美,小大由之」(〈學而〉)、「生,事之以禮;死,葬之以禮,祭之以禮」(〈為政〉)。儒者由生到死,無不受到禮制的規範,人的姿態言行因而有了「規矩」。然而,由道者看來,儒家之徒重視外在的儀度,卻輕忽了內在的真實。他們喜歡以言語規勸他人,卻渾然不知語言的侷限性。

孔子見過溫伯雪子的反應尤其值得玩味。孔子「見之而不言」,這個反應不同於一般儒者,這暗示了孔子與一般儒者的境界有別〔註28〕。孔子在見過他之後,了解到了語言的侷限,溫伯雪子是道存其身之人,面對得道之人,語言在他面前顯得多餘。孔子何以教之?孔子無以教之。

在道家後學塑造下,孔子顯然與其他「中國之君子」不同〔註29〕。孔子目光接觸到雪子,不必多言,就能立刻感受到雪子是得道之人,也知道面對得道之人,語言之無用多餘。兩人不必以語言溝通,就能聲氣相通,彼此感知。孔子如果沒有提昇的可能,如果沒有得道的慧根,又如何能夠「目擊而道存」?如何理解雪子的道家境界?

在內篇中,莊子讓孔子意識到了自己的限制,讓孔顏談心齋坐忘之理,道家後學若以此為據,讓孔子「目擊而道存」,也是其來有自。在這則寓言中,

---

〔註28〕 楊儒賓指出:莊子在孔子與一般的儒者之間,畫了一條清晰的紅線。時儒是時儒,孔子是孔子,時儒之佳者為君子,時儒之偏差者為「以詩禮發冢」的學術騙徒。參見氏著〈儒門內的莊子〉,收入劉笑敢主編《中國哲學與文化》(第四輯)(桂林:廣西師範大學出版社,2008 年 12 月),頁 143。

〔註29〕 前文稱孔子是「北方之賢者」,此處稱孔子是「中國之君子」,都顯現出南北文化的差異與扞隔。

孔子不是「儒家的孔子」，也不全然是「道家的孔子」，他是可以溝通儒道的孔子，他原本還重視進退規矩，在見了雪子之後呢？是否可能有所轉變？文中沒有明示，但吾人至少可以肯定，這樣的孔子形象本身就有儒家與道家的成色在。

再看〈則陽〉篇的寓言：

> 孔子之楚，舍於蟻丘之漿。其鄰有夫妻臣妾登極者，子路曰：「是稯稯何爲者邪？」仲尼曰：「是聖人僕也。是自埋於民，自藏於畔。其聲銷，其志無窮，其口雖言，其心未嘗言，方且與世違而心不屑與之俱。是陸沉者也，是其市南宜僚邪？」子路請往召之。孔子曰：「已矣！彼知丘之著於己也，知丘之適楚也，以丘爲必使楚王之召己也。彼且以丘爲佞人也。夫若然者，其於佞人也羞聞其言，而況親見其身乎！而何以爲存？」子路往視之，其室虛矣。（《莊子集釋》，頁894〜897）

在這則寓言中，市南宜僚不離開世俗而能自隱，其人隱跡民間，心志不同於流俗，能夠隨俗而安，孔子以之爲「聖人」。子路請往召之，孔子卻認爲萬萬不可，孔子說「彼且以丘爲佞人」，市南宜僚必然不願見其面、聽其言。

孔子不但能了解市南宜僚「其口雖言，其心未嘗言，方且與世違而心不屑與之俱」的境界，也知道市南宜僚必然視自己爲「方內之人」，既然內外不相及，這位道家聖人不可能接見自己。在此，孔子不但表現出對隱者的理解與尊重，也安然接受了隱者對自己的誤解。這樣的境界的確不是一般儒者所能做到的。

從內篇中，孔子自責「丘之陋也」，到外雜篇的對溫伯雪子「見之而不言」、說市南宜僚必定「以丘爲佞人」，這都顯示出孔子與一般的儒家信徒或「中國之君子」不同。莊子先創造了理解道境、尊重道者的孔子，道家後學更強化了孔子的這個面向。孔子對隱者的尊重，對道家的理解，正表示他有「會通儒道」的可能。

二、傾向「大人」

〈徐無鬼〉中也提及了孔子與市南宜僚的互動，曰：

> 仲尼之楚，楚王觴之。孫叔敖執爵而立，市南宜僚受酒而祭曰：「古之人乎！於此言已。」曰：「丘也聞不言之言矣，未之嘗言，於此乎

言之。市南宜僚弄丸而兩家之難解，孫叔敖甘寢秉羽而郢人投兵。丘願有喙三尺。」

彼之謂不道之道，此之謂不言之辯，故德總乎道之所一，而言休乎知之所不知，至矣。道之所一者，德不能同也；知之所不能知者，辯不能舉也；名若儒墨而凶矣。故海不辭東流，大之至也；聖人并包天地，澤及天下，而不知其誰氏。是故生無爵，死無謚，實不聚，名不立，此之謂大人。狗不以善吠為良，人不以善言為賢，而況為大乎！夫為大不足以為大，而況為德乎！夫大備矣，莫若天地；然奚求焉，而大備矣。知大備者，無求，無失，無棄，不以物易己也。反己而不窮，循古而不摩，大人之誠。（《莊子集釋》，頁 850～852）

孔子到楚國，大力讚揚市南宜僚與孫叔敖兩人皆能以「不言」的方式化解戰爭〔註30〕，孔子因而領悟到「不言之言」的妙理，而願三緘其口。〈徐無鬼〉作者認為市南宜僚與孫叔敖實踐了「不道之道」，而孔子則表現了「不言之辯」。道家後學的評論十分值得玩味，其言曰：「彼之謂不道之道，此之謂不言之辯」，這兩者皆是「德總乎道之所一，而言休乎知之所不知」。此時，無論是市南宜僚、孫叔敖，還是孔子，都是能回歸渾沌之大道，亦能理解語言之侷限，閉口不談道境的道家人物。也就是說，在本文中，孔子已經完全道家化，「孔子」自然與一般「儒者」不同。

作者認為「知之所不能知者，辯不能舉也；名若儒墨而凶矣」，人的智力有其侷限，即便是博學好辯者也不能談論自然大道之境，若像儒者講求正名、墨者重視名辯，則無益於進道。「名若儒墨而凶矣」一句，更是將「孔子」與其他「儒者」完全對立，「孔子」非但不是儒家之宗師，也不是講求名正言順的那位儒家孔子。之後，作者又言：聖人恩澤普及天下，而不立其名，此之謂「大人」。大人生時無爵位，死後無謚號，有善不歸於己〔註31〕，名號不立於世，性情真誠，不因外物而改易自己，反樸歸真。本文作者推闡「大人」之道，雖未明言市南宜僚、孫叔敖與孔子皆是「大人」，但至少可以說，這三人皆有傾向「大人」的特質。

〔註30〕 在莊子後學的塑造下，孔子與市南宜僚、孫叔敖似乎關係匪淺，孔子了解市南宜僚「與世違，而心不屑與之俱」的境界，也盛讚孫叔敖的「真人」境界，詳見下文。

〔註31〕 林希逸曰：「實不聚者，言己雖有善而不以歸之一身也。」

三、內外兼治

〈天地〉篇寓言中的孔子形象又與上文所論有所不同，孔子於此呈現了黃老道家的義理傾向：

> 子貢南遊於楚，反於晉，過漢陰，見一丈人方將爲圃畦，鑿隧而入井，抱甕而出灌，搰搰然用力甚多而見功寡。子貢曰：「有械於此，一日浸百畦，用力甚寡而見功多，夫子不欲乎？」爲圃者卬而視之曰：「奈何？」曰：「鑿木爲機，後重前輕，挈水若抽，數如泆湯，其名曰橰。」爲圃者忿然作色而笑曰：「吾聞之吾師，有機械者必有機事，有機事者必有機心，機心存於胸中，則純白不備；純白不備，則神生不定；神生不定者，道之所不載也。吾非不知，羞而不爲也。」子貢瞞然慚，俯而不對。有閒，爲圃者曰：「子奚爲者邪？」曰：「孔丘之徒也。」爲圃者曰：「子非夫博學以擬聖，於于以蓋眾，獨弦哀歌以賣名聲於天下者乎？汝方將忘汝神氣，墮汝形骸，而庶幾乎！而身之不能治，而何暇治天下乎？子往矣，無乏吾事！」
>
> 子貢卑陬失色，頊頊然不自得，行三十里而後愈。其弟子曰：「向之人何爲者邪？夫子何故見之變容失色，終日不自反邪？」曰：「始吾以爲天下一人耳，不知復有夫人也。吾聞之夫子，事求可，功求成。用力少，見功多者，聖人之道。今徒不然。執道者德全，德全者形全，形全者神全。神全者，聖人之道也。托生與民並行而不知其所之，汒乎淳備哉！功利機巧必忘夫人之心。若夫人者，非其志不之，非其心不爲。雖以天下譽之，得其所謂，謷然不顧；以天下非之，失其所謂，儻然不受。天下之非譽，無益損焉，是謂全德之人哉！我之謂風波之民。」反於魯，以告孔子。孔子曰：「彼假脩渾沌氏之術者也：識其一，不知其二；治其內，而不治其外。夫明白入素，無爲復朴，體性抱神，以遊世俗之間者，汝將固驚邪？且渾沌氏之術，予與汝何足以識之哉！」（《莊子集釋》，頁433～438）

子貢於返晉途中見漢陰丈人，一場儒道對話即將展開。丈人用力甚多而見功寡，子貢向他推薦「用力甚少而見功多」的橰，漢陰丈人卻認爲「有機械者必有機事，有機事者必有機心」，機巧之心若存，心神必然不能安定，大道至此將一去不返。言語科的子貢原本能言善道，聽聞漢陰丈人一番話後，竟面露愧色。其後，漢陰丈人更直言批評儒家，認爲儒家以博學多聞來自比聖

人〔註32〕，靠名譽聲望來折服群眾，憑悲歌獨奏在天下賣弄名聲。儒者不能忘神氣、墮形體，未能治己身，何足以治天下？子貢仍然無言以對。

子貢行三十里後方覺今是而昨非：自己以往錯認「用力少，見功多」為聖人之道；事實上，得道者才能保全德行、形體健全、精神充沛，這才是真正的聖人之道。聖人與生民並行，忘卻功利機巧，將自己從人際網絡中解放出來，忠於自己的心志，不在乎外在的評價，天下之是非毀譽，對之無所損害，亦無所受益，這才是「全德之人」。子貢還自嘲，自己不過是隨風起波，受世俗損益役使的「風波之民」罷了。

在內篇中，子貢原本不能理解子桑戶、孟子反、子琴張「修行無有，而外其形骸，臨尸而歌，顏色不變」的言行，在莊子後學的塑造下，子貢似乎稍有進步，能夠了解漢陰丈人的道家境界。

道家後學有以上的安排，似乎都在意料之中，在意料之外的是孔子的反應。孔子認為，漢陰丈人是遠修渾沌氏道術的人，他只懂得純一之道，並不知其他道理；他能抱道守素，卻不能隨時應變。他說，那「明白入素，無為復朴，體性抱神，以遊世俗之間」的境界，本來就不是你我所能理解的。在此，孔子懂得內外之別，儒道之分，可是他也不再自貶，批評自己「丘之陋矣」，或說自己是「天之戮民」。更重要的是，孔子所言「識其一不知其二；治其內而不治其外」有批評漢陰丈人所知不夠全面的意味〔註33〕。孔子認為，渾沌氏道術可以讓自己遊於天地之間，但不能安立世事，讓物物各得其所，只是「治其內」而非「治其外」。文明不可能倒退，機械不可能消失，原始樂

〔註32〕外雜篇中，有不少譏諷孔子自以為博學，其實不能通達大道的文字。〈秋水〉
　　　　所言：「且夫我嘗聞少仲尼之聞，而輕伯夷之義者，始吾弗信」也是一例。孔
　　　　子博學多智的形象，可以上推至《國語・魯語下》對孔子的描述，如：「仲尼
　　　　在陳，有隼集於陳侯之庭而死，楛矢貫之，石砮，其長尺有咫。陳惠公使人
　　　　以隼如仲尼之館問之。仲尼曰：『隼之來也遠矣！此肅慎氏之矢也。昔武王克
　　　　商，通道于九夷百蠻，使各以其方賄來貢，使無忘職業。於是肅慎氏貢楛矢
　　　　石砮，其長尺有咫。先王欲昭其令德之致遠也，以示後人，使永監焉，故銘
　　　　其栝曰『肅慎氏之貢矢』，以分大姬，配虞胡公而封諸陳。古者分同姓以珍玉，
　　　　展親也；分異姓以遠方之職貢，使無忘服也。故分陳以肅慎氏之貢。君若使
　　　　有司求諸故府，其可得也。』使求，得之金櫝，如之。」見徐元誥集解、王
　　　　樹民、沈長雲點校《國語集解》（北京：中華書局，2002年6），頁204。
〔註33〕誠如郭象所言：「以其背今向古，羞為世事，故知其非真渾沌也」、「徒識脩古
　　　　抱灌之樸，而不知因時任物之易也」、「此真渾沌也，故與世同波而不自失，
　　　　則雖遊於世俗而泯然無迹，豈必使汝驚哉！」

園不可能再現。眞正的修道者，不只是「治其內」，亦能「治其外」，順因時勢、與世圓融，自在用物而不被物所異化〔註34〕。

　　無法「治其外」即無法安時處世、因時任物，此「時」是文明發展，此「物」是物質進步。強調「治其外」，代表此處的道家後學也認同了物質文明無法棄絕，但如何在「機械」發達，器物、組織、規則、制度逐漸複雜的世界，剝除「機心」、安然自在，甚至可以積極地參贊文明之變化，而不使自己異化，就成了首要的問題〔註35〕。因此，筆者以爲，此處的孔子呈現出不得不面對器物文明發軔的態度，似乎已有黃老道家強調「與時遷移，應物變化」的傾向。因爲如果孔子是立足於儒家的立場，他不可能判別出漢陰丈人是「彼假脩渾沌氏之術者」；如果孔子是立足於原始道家的立場，他不必批判漢陰丈人「識其一不知其二；治其內而不治其外」。由此可見，此處的孔子，所立足的既不是儒家的立場，也不完全是原始道家的立場。而是強調要「治其內」也要「治其外」；要「識其一」也要「知其二」的黃老道家立場，也就是要能因時而任物，理治外物，以求遊於世俗、與世同波。物質文明的發展讓這群道家後學發展出了內外兼治的理想，修道者也必須正視文明發展所帶來的挑戰，不能完全棄絕世事。他們筆下的孔子，因而帶有黃老道家著重時變的傾向〔註36〕。

　　在〈田子方〉、〈則陽〉篇孔子見道者的場景中，道家後學承續《莊子》內篇，孔子能理解道者境界，也自知儒者之不足。在〈徐無鬼〉篇中，孔子與市南宜僚、孫叔敖地位齊平，三人皆有邁向「大人」的趨向。而在〈天地〉

〔註34〕郝大維、安樂哲在討論〈天地〉篇這段文字時，認爲：《莊子》的「孔子」（其中有許多這樣的孔子）在這裡說，他自己的以人爲中心的立場涵衍了人的世界與自然界的二元對立，因此比不上道家。然而《莊子》中這一段文字確實不像初看的那樣，好像是嘲諷儒家拒絕被視爲道家出世主義的做法。實際上，在道家中有好幾個活躍的派別贊成孔子的立場。見氏著《漢哲學思維的文化探源》（南京：江蘇人民出版社，1999年9月），頁183。

〔註35〕參見楊儒賓〈技藝與道——道家的思考〉，王叔岷先生學術成就與薪傳研討會論文（台北：國立臺灣大學中國文學系，2001年6月28～29日），頁12。

〔註36〕賴錫三區分出道家對技術的兩個可能性立場：一是漢陰丈人所代表的「道家基本教義派」立場，此或可名之爲極端的「古代道家立場」；二是化身爲孔子之言所代表的「道家式圓教」的立場，此或可名之爲圓通的「當代新道家立場」。筆者以爲，若考量時空背景及學術源流，則與其言「當代新道家立場」，不如說是「黃老新道家立場」。賴氏之論見氏著《莊子靈光的當代詮釋》（新竹：清華大學出版社，2008年12月），頁307～308。

篇中，孔子的形象與前者不同，孔子在黃老道家的塑造下，似乎更勝修道者，他既要治內，也求治外，其所表現的正是黃老道家應時順勢的傾向。

第四節　論奇技者的孔子

　　在〈達生〉篇中，有三則與孔子有關的寓言，都牽涉到同樣的主題——「技以進道」，這可以看作是道家後學們對〈養生主〉中「庖丁解牛」寓言的闡發。庖丁所言：「臣之所好者，道也，進乎技矣」，說明了庖丁過人之處並非僅是「技」而已，而是能涵蓋其他事物的普遍之「道」〔註37〕。

　　道家由「技」進「道」的理路，與儒家形成強烈的對比。根據《論語》的論述，孔子認為「技」只是「小道」，有「致遠恐泥」的危險，非「君子」之正道，不過是「小人」之鄙事。《論語·子路》載：「樊遲請學稼。子曰：『吾不如老農。』請學為圃。曰：『吾不如老圃。』樊遲出，子曰：『小人哉，樊須也！上好禮，則民莫敢不敬；上好義，則民莫敢不服；上好信，則民莫敢不用情。夫如是，則四方之民，襁負其子而至矣，焉用稼？』」又，〈子張〉曰：「子夏曰：『雖小道，必有可觀者焉，致遠恐泥，是以君子不為也』〔註38〕」、〈子罕〉曰：「君子多乎哉？不多也」，都顯示出儒家認為技藝小道是無益於修德進業的。儒家君子不為小道，是為了避免陷溺其中、迷而不返。相反的，道家自先秦以來，就一直有以「技」入「道」的論述。自《老子·六十章》以「烹小鮮」喻「治大國」，到《莊子·養生主》中庖丁技藝層面的逍遙之道皆是如此。道家竟以烹飪小技譬喻治國大事，竟讓解牛這種不仁之事隱含「無待」之「道」，這在儒家看來，實在不可思議。

　　就道家來說，即便是「小道」，也蘊藏人生至理、生命智慧，這些由技以

〔註37〕賴錫三指出：技藝層面的「無待」之「道」，乃是就某一具體的技藝脈絡下，人的身心之間、身心和工具之間、工具和物體之間，打破層層隔閡、對立，然後互滲融合為一的「無對待」狀態。換言之，技藝之道所達到的逍遙（自由無礙與身心快意），是身心在特定的物質媒介中而與之參合無礙之樂（這種技藝之道，還不是、也不等同「天地與我並生，而萬物與我合一」、「乘天地之正，而御六氣之辯，以遊於無窮」的「至人無己、神人無功、聖人無名」的徹底體道之逍遙。）見氏著〈莊子身體觀的三維辯證：符號解構、技藝融入、氣化交換〉，《清華學報》新42卷第1期（2012年3月），頁23。

〔註38〕楊時曰：「百家眾技，猶耳目鼻口，皆有所明而不能相通。非無可觀也，致遠則泥矣，故君子不為也。」見《四書集註》（台北：學海出版社，1991年3月），頁188。

入道的小人物不符合儒家的君子標準；其所揭示的渾全大道，也完全不同於儒家之道。看來道家之所以要請出「孔子」來談「技以入道」，是十分值得玩味的。

一、凝神一志

〈達生〉載：

> 仲尼適楚，出於林中，見痀僂者承蜩，猶掇之也。仲尼曰：「子巧乎！有道邪？」曰：「我有道也。五六月累丸二而不墜，則失者錙銖；累三而不墜，則失者十一；累五而不墜，猶掇之也。吾處身也，若厥株拘；吾執臂也，若槁木之枝；雖天地之大，萬物之多，而唯蜩翼之知。吾不反不側，不以萬物易蜩之翼，何爲而不得！」孔子顧謂弟子曰：「用志不分，乃凝於神。其痀僂丈人之謂乎！」（《莊子集釋》，頁 639～641）

「痀僂者承蜩」的技術，在儒家看來，妙則妙矣，但並不值得特別稱許，遑論從中悟道。究竟「技」何以進「道」？〈知北遊〉的這段文字與〈達生〉有異曲同工之妙，正可以輔佐說明，其言曰：

> 大馬之捶鉤者，年八十矣，而不失豪芒。大馬曰：「子巧與？有道與？」曰：「臣有守也。臣之年二十而好捶鉤，於物無視也，非鉤無察也。是用之者，假不用者也以長得其用，而況乎無不用者乎！物孰不資焉。」（《莊子集釋》，頁 760～761）

捶鉤者的回答十分值得玩味。他說：我之所以技藝高超，就是因爲我對於刀劍以外的東西從不留意，視若無睹。能夠在捶鉤方面「有用」、技藝精湛，乃因「無用」於其他方面，不用心於外物；更何況是連「不用之心」也能化除的人呢？捶鉤者自認其境界能專注於一事，不在乎外物；但這仍是「用」與「不用」二分，若能泯除二分的心態，不執著於「用」，也不摒除「不用」，那境界就更高一層了。

　　同樣的，痀僂者的過人之處也在於專注，專注於一物上，無視於他物的存在。痀僂者用心專一、凝神不亂，心神、感官、四肢不再分化，反溯凝聚爲一。他身若枯樹、臂若枝椏，而能與外境融爲一體，達到物我兩忘的境地。與外境融會合一之後，天地彷彿只剩蜩之翼，不受到紛雜萬物的影響，然此

時蜩之翼亦非原本意識所對之對象，而另有一種非認知意義的面貌〔註39〕，丈人不是以理智觀察外物，而是深入事物的實相，與之合一。丈人心神感官的專注已達到自然而然、不須費力的境界。有趣的是，痀僂者認為自己所得之道，並非憑空頓悟而來，而是透過一步步練習，熟能生巧而得的。也就是說，這種感官意識的聚合、專注狀態，可以透過練習而來。

「痀僂者承蜩」的寓言，強調用心專一、心神凝定，才能夠成事〔註40〕。道家十分強調這種專注的精神狀態，因為這是求道者必須具備的，「專注」正是得道之前提。拋開外在價值，復返樸質本初，就不再有心志分散、精神散亂的情況。而精神意識的集中、對自我狀態的掌握，與自體對天地、大道的融入，其實是一體兩面〔註41〕。孔子在此所言「用志不分，乃凝於神。其痀僂丈人之謂乎！」，驚嘆於痀僂者的技藝境界，也等於是認同了「技以進道」的可能性。

二、重外拙內

〈達生〉又言：

> 顏淵問仲尼曰：「吾嘗濟乎觴深之淵，津人操舟若神。吾問焉，曰：『操舟可學邪？』曰：『可。善游者數能。若乃夫沒人，則未嘗見舟

〔註39〕 楊儒賓指出：當技藝的主體由意識變為身體時，技藝的對象也失掉了認知的身分。它不是意識所對，而是身體主體所參與。如果將「身體主體」一詞還原到道家形—氣—神的身體觀，則「身體主體參與」乃是神氣之流通，神氣既在此，又在彼。既然在彼，但神氣又不是個體性的意識，所以神氣所遇之物遂不可能是認知意義的完整圖像，亦即不是所謂的「貌相聲色之物」，所以它會由「對象」義回歸到其自體，此回歸自體之物另有一種非認知意義的面貌。見氏著〈技藝與道——道家的思考〉，王叔岷先生學術成就與薪傳研討會論文（台北：國立臺灣大學中國文學系，2001年6月28～29日），頁10。

〔註40〕 〈養生主〉「庖丁解牛」寓言中亦言「以神遇而不以目視」，楊國榮指出：這是以內在的明覺直接地把握。用「以神遇」來表示這種直覺，主要在於突出其非程序性、非推論性以及難以言說的特點。見氏著《莊子的思想世界》（北京：北京大學出版社，2006年10月），頁118。

〔註41〕 林明照指出：對於莊子而言，反身的在己性除了凸顯出純然屬己的生命真實，並由此呈現個體間的不可共量，以及疏離、孤獨與無奈之感外，反身的在己性還意謂著心神之內斂反收，專凝於當下身心氣息之流動。不過，這專凝於當下身心氣息之流動，並不只是專注或凝止於內在的身心一氣，而是通常就自身與事物遭遇的當下而言。在這物我遭遇中，藉由內斂專凝讓一己身心明透，並因此明透性而與事物相互穿透，相互進入自身。參見林明照〈莊子的道論與反身性〉，《哲學與文化》第卅七卷第十期（2010年10月），頁36。

> 而便操之也。』吾問焉而不吾告，敢問何謂也？」仲尼曰：「善游者
> 數能，忘水也。若乃夫沒人之未嘗見舟而便操之也，彼視淵若陵，
> 視舟之覆猶其車卻也。覆卻萬方陳乎前而不得入其舍，惡往而不暇！
> 以瓦注者巧，以鉤注者憚，以黃金注者殙。其巧一也，而有所矜，
> 則重外也。凡外重者內拙。」（《莊子集釋》，頁641～642）

在這則寓言中，顏回見津人操舟若神，想一探其中奧秘，津人卻不肯告知。
津人的不肯告知，不見得是藏私，而是因為以技入道之事，的確難以言喻，
津人雖達其妙，卻無法以語言敘述的方式表達出來。

接著，孔子以「操舟」喻「得道」。孔子認為：「善游者數能」，是因為他
深諳水性，能忘卻水的存在；至於「沒人」——潛水生活的人，則能完全融
合於水，其看待水之深淵如地之丘陵；看待舟船覆沒如車子倒退，不會心生
恐懼之情，可以安然處之。潛水者既能融合於外物，無懼於外物的變化，哀
樂必然不能入於心。「善游者」能「忘水」，「沒人」更是技高一籌，無所謂「忘」
與「不忘」之別，兩忘而化其道，與水互相滲入，融合為一。這段話由孔子
之口說出，代表道家後學在此將孔子塑造為理解道境之人。

從善游者到潛水者，是又往上翻轉一層，暗喻修道者通達大道的過程。
修道者最後身心完全和合於外在世界，在與物渾一、內外無別的情況下，物
我無傷、相安無事。相反地，人若是看重外物，則是自絕於整全大道之外，
受世俗價值所控制，必然導致內心混亂、悖離大道。

三、因順自然

以奇「技」譬喻得「道」的方式，在道家書中屢見不鮮。以下又是一例：

> 孔子觀於呂梁，縣水三十仞，流沫四十里，黿鼉魚鱉之所不能游也。
> 見一丈夫游之，以為有苦而欲死也。使弟子並流而拯之。數百步而
> 出，被髮行歌而游於塘下。孔子從而問焉，曰：「吾以子為鬼，察子
> 則人也。請問，蹈水有道乎？」曰：「亡，吾無道。吾始乎故，長乎
> 性，成乎命。與齊俱入，與汩偕出，從水之道而不為私焉。此吾所
> 以蹈之也。」孔子曰：「何謂始乎故，長乎性，成乎命？」曰：「吾
> 生於陵而安於陵，故也；長於水而安於水，性也；不知吾所以然而
> 然，命也。」（《莊子集釋》，頁656～658）

孔子所提出的疑問：「請問蹈水有道乎？」表面上是問行於水中的方法，其實

暗喻著深刻的處世哲學。變化無常的水域，正象徵著瞬息萬變的人世。文中的主角不覺得自己有什麼特殊的秘訣，是以他說「吾無道」，他認為自己不過是安於生命之本然，習慣所長的環境，在不知所以的情況下練就了一身奇技，這一切只是命中註定而已。若一定要說方法的話，就是隨著河水一起浮升下沉，順應水的形式，不以個人的意志去違逆它。「與齊俱入，與汨偕出，從水之道而不為私焉」，說的正是隨順外境、與波同流，配合客觀環境，不以主觀意識悖逆外物。所以文末又言：出生於山陵，便安於山陵；出生於水域，便安於水域；不必去推究其「所以然」，一切「安之若命」，自然能無礙於外、物我兩忘。此正是以「水」喻「世」，以「蹈水」之理喻「處世」之道。因此，此人雖言「吾無道」，但其實仍是「有道」，此「道」即是因順自然之道、養生處世之道。

綜合以上三則所言，素人論「技以進道」之理，主旨或言專心一致、精神內斂；或言外重者內拙，不要被外物所迷惑；或言順自然之勢而為，一切出於無心。主旨各有不同，然所論皆為道家之理。值得注意的是，孔子在面對奇技者時，他所扮演的是求道者的角色，必須由奇技者為他解惑；而在面對弟子顏淵時，他所扮演的是說道者的角色，他已能理解修道之歷程，這樣的孔子已經由儒轉道了。

第五節　身處困厄的孔子

查考文獻，可知「孔子困厄」之事主要有二，一為「畏於匡」、二為「困於陳蔡」，《論語》中曾簡要記載二事〔註42〕，《史記‧孔子世家》則詳載二事之經過〔註43〕。

在《莊子》書中，內篇並沒有「孔子困厄」之事的記載；在外雜篇中，

〔註42〕「畏於匡」之記載分見於〈子罕〉篇及〈先進〉篇，請參朱熹《四書集註》（台北：學海出版社，1991 年 3 月），頁 110、128。又，「畏於匡」之「畏」字有攻脅、受攻脅義，後有死義。《論語》兩處「子畏於匡」即用前義。參見何澤恆〈論語「子畏於匡」義解〉，收入氏著《先秦儒道舊義新知錄》（台北：大安出版社，2004 年 8 月），頁 201。而「困於陳蔡」之記載則見於〈衛靈公〉篇，請參朱熹《四書集註》，頁 161。

〔註43〕「畏於匡」之記錄見司馬遷著、瀧川資言考證《史記會注考證》（台北：文史哲出版社，1993 年 10 月），頁 733。「困於陳蔡」之記載見《史記會注考證》，頁 739～740。

有關此事的論述則有七則，散置於五篇之中，除了〈漁父〉篇的記載留待最後討論之外，其它一一分析如下。

一、受難而悟

先看〈天運〉篇中，關於「孔子困厄」之事的論述：

> 孔子西遊於衛。顏淵問師金曰：「以夫子之行爲奚如？」師金曰：「惜乎，而夫子其窮哉！」顏淵曰：「何也？」師金曰：「夫芻狗之未陳也，盛以篋衍，巾以文繡，尸祝齊戒以將之。及其已陳也，行者踐其首脊，蘇者取而爨之而已；將復取而盛以篋衍，巾以文繡，遊居寢臥其下，彼不得夢，必且數眯焉。今而夫子，亦取先王已陳芻狗，聚弟子遊居寢臥其下。故伐樹於宋，削迹於衛，窮於商周，是非其夢邪？圍於陳、蔡之間，七日不火食，死生相與鄰，是非其眯邪？夫水行莫如用舟，而陸行莫如用車。以舟之可行於水也而求推之於陸，則沒世不行尋常。古今非水陸與？周魯非舟車與？今蘄行周於魯，是猶推舟於陸也，勞而無功，身必有殃。彼未知夫無方之傳，應物而不窮者也。且子獨不見夫桔槔者乎？引之則俯，舍之則仰。彼，人之所引，非引人者也。故俯仰而不得罪於人。故夫三皇五帝之禮義法度，不矜於同而矜於治。故譬三皇五帝之禮義法度，其猶柤梨橘柚邪！其味相反而皆可於口。故禮義法度者，應時而變者也。今取猨狙而衣以周公之服，彼必齕齧挽裂，盡去而後慊。觀古今之異，猶猨狙之異乎周公也。」（《莊子集釋》，頁511～515）

「圍於陳蔡之間，七日不火食」乃是已發生之史實，在本段文字中，作者藉「師金」之口，預言「孔子將遭遇困厄」一事，其實是以後設的角度，探討孔子之所以遭遇困厄的原因。

莊子後學立論的基礎在於：禮義法度必須順應時代，膠滯不變之禮法正如受人踐踏的芻狗，不再有利用的價值。孔子未能應時而變，是以其道不行於天下，最後只得落得「勞而無功」、「身必有殃」的下場。在此，孔子儼然成爲食古不化、拘泥禮法的代表，這個記載正反映出莊子後學對儒家禮法僵滯化、形式化的批評。

再者，值得注意的是，此段論述中「用世」的思考取向。孔子周遊列國，正是爲了將其主張推行於世。然而，禮法制度要能切合世用，就不能不考慮

當代的環境與需求。就道家立場而言，儒家試圖推古法於當代的作法恐有僵滯泥古、箝制人心的危險〔註44〕。「禮」應該要因時制宜、因地不同，不可拘泥形式。此種「應時而變」、「應物而不窮」的主張，正是黃老道家的特色。

　　若重新檢視〈天運〉篇中「應時而變」的理論，其所言：「夫無方之傳，應物而不窮者也」、「故夫三皇五帝之禮義法度，不矜於同而矜於治」，其實都將「應時而變」指向同一個目標，此即黃老道家「求治」、「求用」的精神。黃老「應時而變」的觀念，要而言之，即是司馬談所言：「與時遷移，應物變化，立俗施事，無所不宜」、「有法無法，因時爲業，有度無度，因物與合。」（《史記‧太史公自序》）；「與時遷移，應物變化」乃是以「立俗施事，無所不宜」爲目的。由此可知，儒家雖也追求事功，然其「循古」的包袱過重，不能立即「應時」、「應物」而變。此外，儒者更強調行事須以「仁」心爲源，以「義」爲標準，行仁踐義的本身即是價值所在，此即孔子所言：「君子之於天下也，無適也，無莫也，義之與比。」（《論語‧里仁》）相對來說，黃老道家則以事功爲目標，特別強調治世之應用。黃老道家「應物不窮」的「求用」心態，與儒家「義之與比」的道德立場迥然相異，是以孔子在此成爲被批判的對象〔註45〕。

　　而在〈山木〉篇中，有三則關於「孔子困厄」一事的記載，此三則記載段落自成，意旨也各有不同，第一則曰：

　　　孔子圍於陳、蔡之間，七日不火食。大公任往弔之曰：「子幾死乎？」
　　　曰：「然。」「子惡死乎？」曰：「然。」任曰：「予嘗言不死之道。
　　　東海有鳥焉，名曰意怠。其爲鳥也，翂翂翐翐，而似無能；引援而
　　　飛，迫脅而棲；進不敢爲前，退不敢爲後；食不敢先嘗，必取其緒。
　　　是故其行列不斥，而外人卒不得害，是以免於患。直木先伐，甘井

〔註44〕墨家對儒家亦有「君子必服古言然後仁」及「君子循而不作」的質疑，參見孫詒讓《墨子閒詁‧非儒下》（台北：華正書局，1995 年 9 月），頁 265～266。可見墨、道兩家立論基礎雖異，然都以「循古不化」來攻擊儒家。

〔註45〕黃老道家此種因時制宜的思想，顯現出兩個取向，一者：在工藝技術及文化快速累進的戰國時期，觀察客觀時勢的重要性已不言可喻。任何一套既定的禮法規則，都不再適用於瞬息萬變的戰國社會。因此，客觀的「觀察」取代了主觀的「判斷」，看似柔性的「因循」取代了強勢的「操控」；能夠「應物」才能「不窮」，順應時勢、因循物性，才能有建立事功的保證。正如劉榮賢所言：莊子「因時任物」的觀念比較能符合當時的需要，究其原因都是因爲文明累進不得不然之故。參見劉榮賢《莊子外雜篇研究》，頁 238～239。

先竭。子其意者飾知以驚愚，修身以明汙，昭昭乎如揭日月而行，故不免也。昔吾聞之大成之人曰：『自伐者無功，功成者墮，名成者虧。』孰能去功與名而還與眾人！道流而不明，居得行而不名處；純純常常，乃比於狂；削迹捐勢，不為功名；是故無責於人，人亦無責焉。至人不聞，子何喜哉！」孔子曰：「善哉！」辭其交遊，去其弟子，逃於大澤；衣裘褐，食杼栗，入獸不亂群，入鳥不亂行。鳥獸不惡，而況人乎！（《莊子集釋》，頁 679～683）

在此段記載中，大公任教孔子免除人世之患的方法，此即「去功與名」、「還與眾人」。文中所引「自伐者無功」之語，亦見於《老子・二十四章》，此正是老子「夫唯不爭，故無尤」（〈第八章〉）、「聖人之道，為而不爭」（〈八十一章〉）的守柔哲學。文中的孔子在遭遇大難之後，為了追求「不死之道」，果真辭交遊、去弟子，此正映現出作者所崇尚的生命取向，是純一其心、平常其行；削除行跡、不為功名。此種避世自清、明哲保身的人生觀，正與儒家入世之精神形成了強烈對比。

儒者的使命感，使其不得不「有所求」，然而，由於複雜的客觀因素使然，其理想未必能實現，是以「道之不行」成為儒者之慨嘆，然而，孔子既知道德價值之無限、個人生命之有限，又何以會「惡死」？只是在道家後學眼中，伴隨孔子宏願而來的，是生命的桎梏與傷害。儒道之別，在此是個人生命方向的不同抉擇。再看第二則論述：

孔子問子桑雽曰：「吾再逐於魯，伐樹於宋，削迹於衛，窮於商周，圍於陳、蔡之間。吾犯此數患，親交益疏，徒友益散，何與？」子桑雽曰：「子獨不聞假人之亡與？林回棄千金之璧，負赤子而趨。或曰：『為其布與？赤子之布寡矣；為其累與？赤子之累多矣；棄千金之璧，負赤子而趨，何也？』林回曰：『彼以利合，此以天屬也。』夫以利合者，迫窮禍患害相棄也；以天屬者，迫窮禍患害相收也。夫相收之與相棄亦遠矣。且君子之交淡若水，小人之交甘若醴；君子淡以親，小人甘以絕，彼無故以合者，則無故以離。」孔子曰：「敬聞命矣！」徐行翔佯而歸，絕學捐書，弟子無挹於前，其愛益加進。異日，桑雽又曰：「舜之將死，真泠禹曰：『汝戒之哉！形莫若緣，情莫若率。緣則不離，率則不勞。不離不勞，則不求文以待形；不求文以待形；固不待物。』」（《莊子集釋》，頁 684～686）

此段文字中，論者主要在闡述「以利合」與「以天屬」之異，以告誡世人「形莫若緣，情莫若率」之理。所謂「形莫若緣」即是因循外物、順勢而為，不以主觀之意欲企圖主導外境；而「情莫若率」則是返樸歸眞、率性任情，舉止應對中沒有絲毫勉強造作，如此，則不需外在之禮文矯飾吾性，此即成玄英所疏：「率性而動，任朴直前，豈復求假文迹而待用飾其形性哉！」之意。論者在此提出「率（性）」與「（禮）文」相對，強調禮之制度，未能代表人之眞性。唯有率性返眞，仁愛孝敬之情感才能自然流露。是以在本文中，孔子「絕學捐書」、「弟子無挹於前」，但其師生之情反而有增無減。

二、安於時命

再看〈秋水〉篇中「孔子困厄」之相關記載：

> 孔子遊於匡，宋人圍之數帀，而弦歌不輟。子路入見，曰：「何夫子之娛也？」孔子曰：「來！吾語女。我諱窮久矣，而不免，命也；求通久矣，而不得，時也。當堯、舜而天下無窮人，非知得也；當桀、紂而天下無通人，非知失也：時勢適然。夫水行不避蛟龍者，漁父之勇也；陸行不避兕虎者，獵夫之勇也；白刃交於前，視死若生者，烈士之勇也；知窮之有命，知通之有時，臨大難而不懼者，聖人之勇也。由處矣，吾命有所制矣。」無幾何，將甲者進，辭曰：「以爲陽虎也，故圍之；今非也，請辭而退。」（《莊子集釋》，頁 595～597）

在本則文字中，孔子將自己的困窘，歸因於外在之「時」、「命」，論者此處所舉之事例——「當堯、舜而天下無窮人，非知得也；當桀、紂而天下無通人，非知失也，時勢適然」，將全體天下人之窮通達困，歸諸於當代之時勢〔註46〕。既然人之窮達完全取決於客觀時勢，面對不同的情勢，人只能隨順之、安從之，切勿妄想改變外境。

文中的孔子，在面對時運之困厄時，作出了這樣的回答：「我諱窮久矣，而不免，命也；求通久矣，而不得，時也。」在此，「命」全是「氣命」義，「時」全是「時運」義。其身處困頓情境中，之所以能無懼無畏，是因爲他體認到「窮之有命」、「通之有時」。但是，這樣的體認並未完全窮盡儒家義下

〔註46〕 此說頗類於王充《論衡·命義》所言「國命勝人命」之說，即個人之命運必然受到國命的影響。見黃暉《論衡校釋》（台北：商務印書館，1983 年 12 月），頁 43。

的「聖人之勇」。再者，此處的孔子雖能了解「死生，命也，其有夜旦之常，天也」（〈大宗師〉）之理，唯有「知其不可奈何而安之若命」（〈人間世〉），才能坦然面對無可逃避之人世關係。然而，他仍然是「諱窮」而「求通」的。因此，他雖能知命，但其實未能達致莊子義下「安時而處順」的境界。簡而言之，此「勇」顯然只是對氣命的了知，未見義命之存在；既非儒家之大勇，嚴格說來也未能符合莊子「安時處順」的基調。這或許是戰國亂世中，莊子後學諱窮求通而未能的自我寬解。有趣的是，當文中的孔子說明了自己無所畏懼的立場之後，困境馬上隨之化解，似乎也暗示著「以逆爲順」的心態，有助於困境的消解。

　　儒道之聖者都可以有「臨大難而不懼」的表現，但在「不懼」之後，是隨順之，還是承擔之，這是儒道的分別。在儒家之生命哲學體系中，「勇」之概念乃含攝於「仁」之下，由「仁」心之發用，判別「義」之所在，而「勇」於行之。《論語・憲問》所言：「仁者必有勇，勇者不必有仁」及〈爲政〉所載：「見義不爲，無勇也」皆呈顯出這樣的義理。由是以知，就儒家義而言，聖人之勇應立基於對「義命」的實踐上，而此處的孔子並沒有表達出這層意涵。孔子自言諱窮求通而不能得，全因時命之故，反映的是士人在亂世中有志不能伸的無奈，以及得隨時避免大禍臨頭的憂懼，此處不得志的「孔子」應是外雜篇作者的自我投射。

　　這裡也反映出一個問題：士人如何在戰國以至秦漢的紛亂社會中安身立命？若時命不濟，士人要如何自處？〈山木〉篇有載：「莊子衣大布而補之，正緳係履而過魏王。魏王曰：『何先生之憊邪？』莊子曰：『貧也，非憊也。士有道德不能行，憊也；衣弊履穿，貧也，非憊也；此所謂非遭時也。』〔註47〕」同樣說明了有德之士之所以貧困，是由於「非遭時也」，也就是時運不濟。這反顯出當代士人想要「用世」的取向，他們希望能夠現其身、騁其言、發其智，無奈時運不濟無法如願。與此相關，〈繕性〉對「隱士」作出了新的定義——「隱，故不自隱。古之所謂隱士者，非伏其身而弗見也，非閉其言而不出也，非藏其知而不發也，時命大謬也。當時命而大行乎天下，則返一無跡；

〔註47〕〈讓王〉中記載有「子貢見原憲」的故事，原憲所言：「憲聞之，無財謂之貧，學而不能行謂之病。今憲，貧也，非病也」，與〈山木〉中莊子所言有異曲同工之妙，更可見這一類「隱士」由「入世」轉「出世」，由無奈而豁達，介於儒道之間的心理契轉。

不當時命而大窮乎天下，則深根寧極而待；此存身之道也。」〈繕性〉認爲「隱士」並非隱蔽自己的形體，閉塞自己的言辭，隱藏自己的智慧。隱士之所以不得不隱，是因爲「時運大謬」──不當時命、大道不行，當弘道與保身不能兩全之時，隱者只能「寧極而待」，這是他們的安身立命之道。但隱士之「隱」不只爲了「存身」，而在「待時」，他們依舊心懷天下，等待弘道之一日〔註48〕。然而，〈秋水〉中之孔子卻沒有展現出追求弘道之意涵，他在莊子後學的塑造下，也成了諱窮求通、感嘆時命不濟的一般士人。

三、天人合一

〈山木〉篇第三則關於「孔子窮於陳蔡」的文字與同篇中前兩則有異，孔子在此爲道家之人：

> 孔子窮於陳、蔡之間，七日不火食。左據槁木，右擊槁枝，而歌猋氏之風，有其具而無其數，有其聲而無宮角。木聲與人聲，犁然有當於人之心。顏回端拱還目而窺之。仲尼恐其廣己而造大也，愛己而造哀也，曰：「回，無受天損易，無受人益難。無始而非卒也，人與天一也。夫今之歌者其誰乎？」回曰：「敢問無受天損易。」仲尼曰：「飢渴寒暑，窮桎不行，天地之行也，運物之泄也，言與之偕逝之謂也。爲人臣者，不敢去之。執臣之道猶若是，而況乎所以待天乎！」「何謂無受人益難？」仲尼曰：「始用四達，爵祿並至而不窮，物之所利，乃非己也，吾命有在外者也。君子不爲盜，賢人不爲竊，吾若取之，何哉！故曰：鳥莫知於鷾鴯，目之所不宜處，不給視，雖落其實，棄之而走。其畏人也，而襲諸人間。社稷存焉爾。」「何謂無始而非卒？」仲尼曰：「化其萬物而不知其禪之者，焉知其所終？焉知其所始？正而待之而已耳。」「何謂人與天一邪？」仲尼曰：「有人，天也；有天，亦天也。人之不能有天，性也。聖人晏然體逝而終矣！」（《莊子集釋》，頁690～694）

在本段文字中，孔子儼然是道家之人，孔子與顏回的組合一向也是《莊子》書中的「常客」，仔細推敲事件發生的場景，即可發現場景的安排其實也是饒富興味的。此處「槁木」、「槁枝」正是「吾喪我」──剝除我相、去除我見、

〔註48〕 參見鄧曦澤〈進退之間：孔子遭遇的困境〉，《鵝湖》月刊第31卷第5期（2006年5月），頁 59～62。

忘卻物我對立的象徵〔註49〕，而「有其具而無其數，有其聲而無宮角」亦是沒有分別相之意。由此可推，此段文字乃是立基於道家之立場。

在這樣的場景中，主題慢慢浮現——凡人在面對時運困窘之際，究竟應該如何自處？就道家的觀點來說，莊子後學並不贊同儒者那種「知其不可而為之」（《論語・憲問》）的悲壯精神，吾人可以從「仲尼恐其廣己而造大也，愛己而造哀也」一句中看出端倪，因為這樣的思考路線，若未能對儒家義之「命」有確實的了解，反會將焦點置於不受「天命」青睞的自己，有可能將個人的生命投射成自大而自憐的扭曲形象。就道家來說，面對不濟之時運，必須隨順天時，體認「得者，時也；失者，順也」（〈大宗師〉）之理，如此，則不復有自卑自憐的情緒。

孔子開示顏回——「無受天損易，無受人益難。無始而非卒也，人與天一也。」從「天」的角度言，「飢渴寒暑，窮桎不行，天地之行也，運物之泄也」。主體對「窮達順逆」的感受，多導因於客觀外境中的限制因素，而此紛雜之因素亦是環環相扣、自然運行、無因可解，此正是天地時運的顯現，凡人無力違逆，由此可以窺見個人於天地間之「有限」，是以人唯有隨順天命，就如同臣之侍君一般，此即是「待天」之道。此處之「天」是一自然之運化，於此運化中，構成各種客觀之局勢，客觀外境本無順逆可言，「順逆」之感受，皆出自人之意志，外境合於人之意志即是「順」，外境不符人之志向即是「逆」，凡此吾人總名之曰「命」。由此可知，「天」之「時運義」實是含包於「化其萬物而不知其禪之者」的「自然義」之下，在此，莊子後學實是以「天」之名總括萬物之運化、時勢之運行，對此，人不可能探究其終始邊際，是以只能隨順之而已。

作者接著提到，「待天」之道，尚稱容易，真正困難的乃是「處世」之道，亦即「無受人益難」。作者指出，即便個人的時運走到「爵祿並至」之際，也要記住「爵祿」乃是「外者」，而非「己者」，一旦貪取，則將深陷而無可自

〔註49〕〈齊物論〉曰：「南郭子綦隱机而坐，仰天而噓，荅焉似喪其耦。顏成子游立侍乎前，曰：『何居乎？形固可使如槁木，而心固可使死灰乎？今之隱机者，非昔之隱机者也。』子綦曰：『偃，不亦善乎，而問之也！今者吾喪我，汝知之乎？女聞人籟而未聞地籟，女聞地籟而未聞天籟夫！』」由此可知，「槁木」乃是「吾喪我」之象徵。此外，〈田子方〉有云：「孔子見老聃……向者先生形體掘若槁木，似遺物離人而立於獨也。」、〈庚桑楚〉亦曰：「兒子動不知所為，行不知所之，身若槁木之枝而心若死灰。若是者，禍亦不至，福亦不來。禍福無有，惡有人災也！」以上記載，亦以「槁木」為剝除我執的象徵。

拔。此處「待天」之道與「處世」之道，推究至極，實是分而未分的，「爵祿並至」其實也是由天時所造的一種客觀局勢，是以筆者以爲，本則文字表面上以「待天」、「處世」分之，實則是以「逆境」、「順境」分之。因爲人在困頓之際，特別容易有無力可施之「命」感，此時僅能以臣道順應天時；而人在得意之時，卻常忘了爵祿不能常有，順境亦只是天運之機遇巧合。論者在此以鵙鶄雖「襲諸人間」，但其心態始終是「畏人」爲例，說明人寄身於世，無論身處順逆，對於人世間無可迴避、錯綜複雜的人倫關係，都必須小心爲之，以免惹禍上身。

「時運義之『天』」與「『人』之個體存在」，皆屬於自然義之「天」所造化，個人無法左右天地時運，因此，時運義之「天」與「人」各有其性分，不能相混。唯有聖人能夠明白此理，安然體順時運的變化，是以其能上臻天人合一之境，此即道家化之孔子的境界，是以其言：「今之歌者其誰乎？」孔子在此完全去除了自我之執著，順任萬物之自然，將自己融於天地運化之中。

四、堅守仁義

〈讓王〉曰：

> 孔子窮於陳、蔡之間，七日不火食，藜羹不糝，顏色甚憊，而弦歌於室。顏回擇菜，子路、子貢相與言曰：「夫子再逐於魯，削迹於衛，伐樹於宋，窮於商、周，圍於陳、蔡。殺夫子者無罪，藉夫子者無禁。弦歌鼓琴，未嘗絕音，君子之無恥也若此乎？」顏回無以應，入告孔子。孔子推琴，喟然而嘆曰：「由與賜，細人也。召而來，吾語之。」子路、子貢入。子路曰：「如此者可謂窮矣！」孔子曰：「是何言也！君子通於道之謂通，窮於道之謂窮。今丘抱仁義之道以遭亂世之患，其何窮之爲！故內省而不窮於道，臨難而不失其德。天寒既至，霜雪既降，吾是以知松柏之茂也。陳、蔡之隘，於丘其幸乎！」孔子削然反琴而弦歌，子路扢然執干而舞。子貢曰：「吾不知天之高也，地之下也。」古之得道者，窮亦樂，通亦樂，所樂非窮通也。道德於此，則窮通爲寒暑風雨之序矣。故許由娛於潁陽，而共伯得乎共首。（《莊子集釋》，頁 981～983）

孔子落難於陳蔡之間，子路、子貢因未能體認孔子之精神，是以不免有慍。孔子之言重新詮釋了「窮通」的定義，他否定以「客觀境遇」作爲「窮通」

的標準，而提出以「仁義之道」作為「窮通」的準則。主體對仁義的實踐即
是「通」；對仁義的棄置即是「窮」，客觀環境的磨難反而印證了吾人對仁義
之道的追求、對義命之通達。客觀的時運、氣命在此已被主體之義命所消解，
此正是儒家義之聖人。

　　「君子通於道之謂通，窮於道之謂窮」之「道」，即是儒家的仁義之道。
一般人所謂之「窮」，乃是時運義、氣命義；孔子所謂之「窮」，則是義命義。
客觀境遇的「窮通」，並不能影響得道者之怡然自樂，得道者不但能隨順之，
甚而能「樂」之，此「樂」自有不同於常人的境界義。因此，生命中的挫折
與考驗，反而是儒者心志上的最佳磨鍊，是以命定、外境之「難」，反成為主
體與人格之「幸」。

　　值得注意的是，文末所言：「古之得道者，窮亦樂，通亦樂，所樂非窮通
也。道德於此，則窮通為寒暑風雨之序矣。故許由娛於潁陽，而共伯得乎共
首。」「許由」與「共伯」一向是道家所稱許的人物，「孔子」則是儒家的代
表人物，這些人儘管被後人歸屬不同的學派，然而，在莊子後學看來，他們
「窮亦樂，通亦樂」，不受外在順逆操控的人格特質是有相通之處的，此即—
—所樂非窮通也，所樂在「道德」也。雖然，許由與共伯的「道德」內涵未
必等同於孔子的「道德」，因為孔子此處所表現出「弦歌鼓琴，未嘗絕音」的
自得境界，實是推擴仁心以充其極，與許由、共伯之逍遙無累有所不同。此
處的會通只是成德者人格境界的相通，兩者的功夫進路、成德基礎是不同的。
即便如此，莊子後學確實在「仕」與「隱」之間，在「儒」與「道」之間，
找到了一條會通的出路，而此處儒道會通的人格主體，仍然是儒家義的。

　　由此可知，〈讓王〉篇此段文字乃是立基於儒家的義命精神。因此，可以
看作是儒家立場對此事的再詮釋，也是對諸子各家批評聲浪的回應。由此看
來，《莊子》外雜篇中，似乎也有理解儒家、肯認君子的聲音存在；也可以應
證，莊子後學對於「孔子」的形象詮釋，是非常多樣化的。

　　由上論可知，《莊子》外雜篇中關於「孔子困厄」一事的記載，可以大致
分為三種立場，一者，論者站在道家的角度，對孔子加以批判，如：〈天運〉、
〈山木〉篇中之第一、二則。二者，孔子已是道家之人，暢言其立身處世之
道，如：〈秋水〉、〈山木〉篇中之第三則。三者，立說者站在儒家的角度，說
明孔子的立場，捍衛儒者的尊嚴，如：〈讓王〉。這三種截然不同的角度，正
可以顯示《莊子》外雜篇義理的駁雜性，同時也說明了莊子後學對「孔子形

象」的多向詮釋。

　　無論是站在道家角度，抨擊孔子，抑或將孔子加以道家化，外雜篇對「孔子形象」這兩種不同的詮釋，都可以在內篇中尋得根據，並非莊子後學的歧出。然而，第三種立場，在內篇中絲毫找不到根據。如此看來，第三種立基於儒家的角度，之所以被採入外雜篇，正顯示出莊子後學中，已與儒家有某種程度的交流與融通。莊子後學中，或許也有人肯定孔子無畏困厄的人格境界，認為孔子的人格境界與道家之有德者可以相通，否則像〈讓王〉篇那樣立基於儒家義理的「孔子形象」是不可能出現在外雜篇中的。

　　這些外雜篇的作者，有沒有可能遊走於儒道之間？他們是否有可能本是儒家信徒，仕途不順又轉而接受道家的信念〔註50〕？對於這些問題，筆者不敢多加揣測，然而，我們至少可以確認：老莊理念的追隨者沒有嚴格的系統組織，也不注重所謂「道統」，這些老莊後學思想理路必然各不相同、紛然並呈。

第六節　孔門對話中的孔子

　　在內篇中，莊子將心齋坐忘之理寄託於孔子、顏淵的對話，孔顏兩人彷彿都已成為道家之人，又讓孔子向子貢說明「方內」、「方外」之別，凸顯孔子由儒轉道之可能；而在外雜篇中，莊子後學所創作的孔門對話也不少，以下分述之：

一、孔子論學習之道——不執取故吾

　　從內篇開始，孔子與顏回的互動與對話，就是莊子寓言所喜歡設計的場景之一。道家後學也承續了莊子喜用「孔顏對話」以說理的模式。〈田子方〉載：

> 顏淵問於仲尼曰：「夫子步亦步，夫子趨亦趨，夫子馳亦馳；夫子奔逸絕塵，而回瞠若乎後矣！」夫子曰：「回，何謂邪？」曰：「夫子步，亦步也；夫子言，亦言也；夫子趨，亦趨也；夫子辯，亦辯也；夫子

〔註50〕余華、梁小康認為：莊子在思想上經歷了一個「由儒入道」的過程，莊子在儒家理想破滅之後，陷入困境又無力擺脫，最後接受老子的大道學說，從救世走向逍遙。參見氏著〈論莊子的心路歷程〉，《船山學刊》2005年第2期，頁99。這樣的說法看似臆測，但也可能反映出當時部分士人的心境。

馳，亦馳也；夫子言道，回亦言道也；及奔逸絕塵而回瞠若乎後者，
夫子不言而信，不比而周，無器而民滔乎前，而不知所以然而已矣。」
仲尼曰：「惡！可不察與！夫哀莫大於心死，而人死亦次之。日出東
方而入於西極，萬物莫不比方，有目有趾者，待是而後成功，是出則
存，是入則亡。萬物亦然，有待也而死，有待也而生。吾一受其成形，
而不化以待盡，效物而動，日夜無隙，而不知其所終；薰然其成形，
知命不能規乎其前，丘以是日徂。吾終身與汝交一臂而失之，可不哀
與！女殆著乎吾所以著也。彼已盡矣，而女求之以為有，是求馬於唐
肆也。吾服女也甚忘，女服吾也甚忘。雖然，女奚患焉！雖忘乎故吾，
吾有不忘者存。」（《莊子集釋》，頁 706～709）

顏淵企慕孔子，是以「夫子言，亦言也」、「夫子辯，亦辯也」、「夫子言道，
亦言道也」。但也僅止於此，顏淵所能模仿的，止於「言道」而已，至於孔子
「不言而信，不比而周，無器而民滔乎前」的部分，顏淵只能望之興嘆，不
知其所以然。這正符合《論語‧子罕》所言：「顏淵喟然歎曰：『仰之彌高，
鑽之彌堅；瞻之在前，忽焉在後。夫子循循然善誘人，博我以文，約我以禮。
欲罷不能，既竭吾才，如有所立卓爾。雖欲從之，未由也已。』」顏淵雖竭盡
心力學習，仍是力有未逮。

　　上述寓言中，這位孔子是得道之孔子，是道家化之孔子，他指出：萬物
皆依恃於造化而生死，人一旦受其成形，則不再參與造化，只能日日夜夜，
仿效外物而動，直至死亡之日，即便是「知命」者也不知道自己的歸宿何在。
這裡特別指出「知命不能規乎其前」，應是有意譏諷孔子的「五十而知天命」
之說。就道家看來，自然大化的神妙莫測哪是人所能理解測知？人們只能隨
順時日向前推移罷了。

　　孔子接下來說，顏淵所追求的，只是自己過去的行為事跡。然而，那些
行為事跡已經過去了，何必執著其行而追逐仿效？故吾過去，新吾立刻又來，
新舊交替之間，正是生命流變轉化的過程。生命不斷流逝轉化，我們所感知
的當下，只是稍縱即逝的瞬間。不必去追求模仿得道者，因為仿效夫子而動，
是去執取得道者過去的行跡，永遠只能與其失之交臂；而是要在舊我逝去，
新我到來這種無止境的過程中，了解生命正是不斷生化的過程，新我仍會不
斷的湧現，不必執取他人的言行馳辯，反而喪失自己的精神主體。

　　這一段是藉孔子與顏淵的對談，闡發〈齊物論〉所言：「一受其成形，不

亡以待盡。與物相刃相靡，其行盡如馳，而莫之能止，不亦悲乎？終身役役而不見其成功，苶然疲役而不知其所歸，可不哀邪？人謂之不死，奚益！其形化，其心與之然，可不謂大哀乎？」的義理。但〈齊物論〉著重於凡人有待於外、心緒隨境遷流，感嘆人生之芒昧，文字充滿存在之悲感，而〈田子方〉則涉及師生的傳習模式，莊子後學質疑：研讀經典、效法聖人是有效的學習模式嗎？弟子在模仿的過程中，其實是在學習聖人的「故吾」〔註51〕，這樣的追逐不僅沒有止境，也無法得其精髓。今人與古人之間，不只存在著時空的差距，也存在著視域的差距。執取模仿古人的言行記錄，不如忘卻其言行；忘卻其言行，不如「忘」與「不忘」兩化，也就是不關心、不著意於前人的言行，以向內觀凝取代向外執取，才可能達於至道。

二、孔子論處世之理——外化而內不化

〈知北遊〉說：

> 顏淵問乎仲尼曰：「回嘗聞諸夫子曰：『無有所將，無有所迎。』回敢問其遊。」仲尼曰：「古之人，外化而內不化，今之人，內化而外不化。與物化者，一不化者也。安化安不化，安與之相靡，必與之莫多。狶韋氏之囿，黃帝之圃，有虞氏之宮，湯武之室。君子之人，若儒墨者師，故以是非相韲也，而況今之人乎！聖人處物不傷物。不傷物者，物亦不能傷也。唯無所傷者，為能與人相將迎。山林與！皋壤與！使我欣欣然而樂與！樂未畢也，哀又繼之。哀樂之來，吾不能禦，其去弗能止。悲夫，世人直為物逆旅耳！夫知遇而不知所不遇，知能能而不能所不能。無知無能者，固人之所不免也。夫務免乎人之所不免者，豈不亦悲哉！至言去言，至為去為。齊知之所知，則淺矣！」（《莊子集釋》，頁765）

孔子首先指出，古人「外化而內不化」，他們外在雖是隨著外物變動，內心卻能保持平靜無波，或近於王弼所言「應物而無累於物」之聖境。「聖人處物而不傷物」，亦即聖人能「應物」——全然依道而行，隨順外境，與物無傷，亦

〔註51〕 王中江指出：在注重「師」和「學」的儒家那裡，傳授和學習典籍一直是教學的中心。……從韓非反儒家人文和教化的立場中，也可以看出儒家典籍閱讀傳統在戰國時期並沒有中斷。見氏著〈經典的條件：以早期儒家經典的形成為例〉，收入劉小楓、陳少明主編《經典與解釋的張力》（上海：上海三聯書店，2003年10月），頁23。

無傷於人。然狶韋氏以下，人們逐漸與物隔閡，至於儒者墨者之流，更「是其所非，而非其所是」（〈齊物論〉），互相傷害排擠。因此，今人已是「內化而外不化」，內心有累，波瀾起伏、喜怒多變，外在亦無法應物順境。

對於人身所處的大千世界，人「不知所不遇」、「不能所不能」，經驗的有限性再明確不過，若要強以爲知、強以爲能，就會悖於現實，導致情隨境遷、心念紛馳，哀樂失調，正爲郭象所言：「不能坐忘自得，而爲哀樂所寄也。」此中之主體只是一經驗中的自我，是心理我、情意我，並非生命之眞宰，隨時遷流，不能貞定，此乃就存在之悲感、人生之體悟而發〔註52〕。

在內篇〈人間世〉中，莊子創造了孔子與顏淵談論如何處世的對話。在此則寓言中，莊子後學承繼了孔顏對話的場景，續談如何安處於「人間世」。孔子在此當然是道家化的孔子，是得道的孔子。

三、孔子論隱居之道——知足自得

〈讓王〉篇載：

> 孔子謂顏回曰：「回，來！家貧居卑，胡不仕乎？」顏回對曰：「不願仕。回有郭外之田五十畝，足以給飦粥；郭內之田十畝，足以爲絲麻；鼓琴足以自娛，所學夫子之道者足以自樂也。回不願仕。」
> 孔子愀然變容曰：「善哉回之意！丘聞之，『知足者，不以利自累也，審自得者失之而不懼，行修於內者無位而不怍。』丘誦之久矣，今於回而後見之，是丘之得也。」（《莊子集釋》，頁978）

在本則寓言中，顏回認爲自己衣食無虞，又有夫子之道足以自樂，因此不必出仕。孔子認同顏回的做法，認爲知足自得者，不會因外物得失而自累，當然也不會因爲「無位」而慚愧。

究極而言，孔顏在此所論的確沒有表達出《論語》中用行舍藏的出處大義與屢空忘貧以善德樂道的本色，也與《莊子》內篇中心齋坐忘而不失其眞的處世深意有所不同〔註53〕。然而，孔子所言「知足者，不以利自累也；審

〔註52〕 參見牟宗三講述、陶國璋整構《莊子齊物論義理演析》（台北：書林，1999年4月），頁33。

〔註53〕 吳冠宏認爲：〈讓王〉此段顏子隱居自樂的記載，其況味似《論語》中「簞瓢陋巷，不改其樂」的顏子，然而《論語》中的顏子其仕隱的立足點，關鍵全在於道的行與不行，顯然不是站在個人可以自給自娛自樂而言，而〈讓王〉所述，孔子以顏淵「家貧居卑」之由勸其出仕，聞顏自述後愀然變容的樣態，皆是十足貶損孔子人格的描摹；同時對不仕的顏子，藉其知足自得的樣貌，

自得者，失之而不懼；行修於內者，無位而不怍」，至少無違於莊子知足以自得、內修以應世的思想。而且，就莊子後學所處的時代而言，與世委蛇的唯一方法，恐怕也只有「隱居以自樂」了。

如果我們僅就外在境界況味來說，文中所言「所學夫子之道者足以自樂」、「行修於內者，無位而不怍」實與《論語‧里仁》所言：「不患無位，患所以立；不患莫己知，求為可知也」涵意相通。孔子這種知足自得、修德於內，而能夠不囿於私利、不怍於無位的形象，正與《論語》中之孔子形象相符。這樣的聖人境界不專屬儒或道，而是儒道共通的。值得注意的是，同篇中對孔子困厄陳蔡時所發表的評論——「古之得道者，窮亦樂，通亦樂，所樂非窮通也。道德於此，則窮通為寒暑風雨之序矣。故許由娛於潁陽，而共伯得乎共首」，所呈顯的亦是儒道共通的聖人境界。

由上論可知，〈讓王〉篇中的孔子境界，十分值得探討。從困厄陳蔡的孔子，到不願仕的孔子，都可以看到此篇中的孔子所呈現的是一種儒道互通的聖人境界〔註 54〕。這代表道家後學中，也有人從儒道共通的境界著眼，認為許由、共伯與孔子所達致的聖人境界相同。道家後學將孔顏塑造為知足自得、行修於內之人，正是著眼於其境界與道家有共通之處。

四、孔子論人性——各適其性

在內篇〈人間世〉中，莊子創造了「顏回將之衛」的故事，在〈至樂〉篇中，莊子後學則仿效莊子，創造了「顏淵東之齊」的寓言，不同的是，這回與孔子對話的不是顏回本身，而是子貢，討論的議題也有所區別：

大抒遺世忘俗的隱居之樂，顯然已盡失《論語》中充滿用行舍藏的出處大義與屢空忘貧以善德樂道的顏子本色，也未能契合莊子與世委蛇而不失其真之心齋坐忘顏子的處世深意。……此段是對《論語》進行解構，淺化了顏子形象，而呈顯出亂世中莊徒末流反仕身隱而適性逍遙的思想。見氏著《聖賢典型的儒道義蘊試詮——以舜、甯武子、顏淵與黃憲為釋例》（台北：里仁書局，2010 年 10 月），頁 185。

〔註 54〕陳德和認為：〈讓王〉之所以被列入外雜篇，唯一的理由是它裡面所敘述的人物故事，是大家所熟悉者，於是可以拿來作借喻，若純從義理內容來衡定，它不應被視為莊子繼承者的作品。〈讓王〉內容純粹是故事的組合，這些故事可以分為三類：第一類要求「完身養生」，反對「危身棄生以殉物」。第二類要求安守其道，拒絕外物之誘惑。第三類意在凸顯隱士清流自任，雖死亦不受塵垢污染之高義。在第二類的故事中，對儒者的描述又多於道家。見氏著《從老莊思想詮詁莊書外雜篇的生命哲學》（台北：文史哲出版社，1993 年 10 月），頁 89～90。

顏淵東之齊，孔子有憂色。子貢下席而問曰：「小子敢問，回東之齊，夫子有憂色，何邪？」孔子曰：「善哉汝問！昔者管子有言，丘甚善之，曰：『褚小者不可以懷大，綆短者不可以汲深。』夫若是者，以爲命有所成而形有所適也，夫不可損益。吾恐回與齊侯言堯、舜、黃帝之道，而重以燧人、神農之言。彼將內求於己而不得，不得則惑，人惑則死。且女獨不聞邪？昔者海鳥止於魯郊，魯侯御而觴之于廟，奏九韶以爲樂，具太牢以爲膳。鳥乃眩視憂悲，不敢食一臠，不敢飲一杯，三日而死。此以己養養鳥也，非以鳥養養鳥也。夫以鳥養養鳥者，宜栖之深林，遊之壇陸，浮之江湖，食之鰌鰷，隨行列而止，委蛇而處。彼唯人言之惡聞，奚以夫譊譊爲乎！咸池九韶之樂，張之洞庭之野，鳥聞之而飛，獸聞之而走，魚聞之而下入，人卒聞之，相與還而觀之。魚處水而生，人處水而死，彼必相與異，其好惡故異也。故先聖不一其能，不同其事。名止於實，義設於適，是之謂條達而福持。」（《莊子集釋》，頁 620～622）

在本則文字中，孔子擔憂顏回以古聖人之道去遊說齊侯，當齊侯內省卻無法思索出答案時，會給顏回帶來禍患，此即呼應前文所言「命有所成而形有所適」，性命形體各自有其稟賦，此等天賦是無可損益、不可改變的。但齊侯在政治上握有絕對的權力，當他自己無法改變，百思不得其解時，極可能遷怒顏回。對道家來說，萬物各有不同的自然之性，以致好惡喜怒各有不同，聖人尊重萬物的性分，不會約束眾人的言行，更不會統一世人的標準。

此處的孔子也談「名止於實，義設於適」，但事實上是借用了儒家所言的「名」、「義」概念，所談的內涵與儒家大異其趣。道家所說的「名止於實，義設於適」是指萬物應各適其性、各展其能，聖人的施設應與人的自然本性相符合；並非儒家「名實相符」、「義者宜也」之說。這正是借儒家之名詞概念，論道家之義理。

這一段文字可以視爲內篇〈人間世〉「顏回將之衛」的延伸，但談的卻不是如何處世之理，而是道家的人性論。由此看來，部分道家後學認爲，儒道之分歧關鍵仍然在於人性論，儒道心中的聖人境界、理想施政也因而不同。

五、孔子論自然之理——物物者非物

〈知北遊〉篇言：

冉求問於仲尼曰:「未有天地可知邪?」仲尼曰:「可。古猶今也。」
冉求失問而退,明日復見,曰:「昔者吾問『未有天地可知乎?』夫
子曰:『可。古猶今也。』昔日吾昭然,今日吾昧然。敢問何謂也?」
仲尼曰:「昔之昭然也,神者先受之;今之昧然也,且又爲不神者求
邪?無古無今,無始無終。未有子孫而有子孫,可乎?」冉求未對。
仲尼曰:「已矣,未應矣!不以生生死,不以死死生。死生有待邪?
皆有所一體。有先天地生者物邪?物物者非物,物出不得先物也,
猶其有物也。猶其有物也,無已。聖人之愛人也終無已者,亦乃取
於是者也。」(《莊子集釋》,頁762~763)

在《論語》中,孔子本來就不討論天地自然知識,「未能事人,焉能事鬼?」、
「未知生,焉知死?」(〈先進〉)都表現出孔子不願談鬼神或死亡等未知的領
域,可以推想,孔子當然也不可能談論「未有天地」的宇宙論。

關於「未有天地」的問題,作者雖說是「可知」的,但此「知」非建構
在知識分判上,而是一關乎修養工夫的問題。所以作者強調「神者先受之」,
亦即不能採取論證的方式去推理,而是要對個人之身形、成心作一對治之工
夫,如此則能得天地並生、萬物一體之最終道境。冉求之工夫仍屬於不定的
狀態,是以昔日昭然、今日昧然,不知其所以然。古今、始終、生死之相對
皆源於自身成心之執著,若能破執去蔽,則知古今終始皆一體也。作者對「有
先天地生者物邪?」的回答是:化生萬物的「道」(物物者)並非物象,無有
形埒,萬物皆由此而出,生生不息。由此,吾人可知,本文作者對「未有天
地」問題的唯一答案,即是由心齋坐忘、去執遣蔽工夫而體證之道境,在他
看來,其他的推想皆只是人類的臆測罷了〔註55〕。

文中的孔子所要破除的,是冉求追求未知世界的有爲之心,因爲當人將焦
點放在「未有天地」這樣的未知領域上,自然就會忽視了現實世界,況且對於
未知領域的推論是無從驗證的,這樣的推想毫無意義。就這一點來看,此立場
與儒家是相似的。然而,此處的孔子雖然不談「未有天地」,卻也談了「死生一
體」、「物物者非物」的道理,由此可知,此處孔子的立場應屬於道家。

〔註55〕 〈則陽〉篇作者更以爲:「萬物生起」的討論亦無關宏旨、可以不必,其言曰:
「少知曰:『四方之內,六合之裏,萬物之所生惡起?』大公調曰:『陰陽相
照相蓋相治,四時相代相生相殺,欲惡去就於是橋起,雌雄片合於是庸有。……
隨序之相理,橋運之相使,窮則反,終則始。此物之所有,言之所盡,知之
所至,極物而已。觀道之人,不隨其所廢,不原其所起,此議之所止。』」

　　這位道家化的孔子要冉求以修養工夫去體證天地，主客合一；而非以耳目感官去考察天地，將天地自然視爲客觀外在之物。他又說：萬物皆有生死，但死和生並非相對的，它們都有各自的成因。物物者成就了萬物，不生之生讓萬物生生不息、無窮無盡。道家聖人取法造物者化生萬物的精神，是以能始終如一地關愛眾人。

　　此時的孔子不但是道家化的孔子，而且是反對追求宇宙生成知識的道家孔子。戰國中期之後，道家興起了一股追求宇宙天地知識的風潮，然而，道者之中並不是人人都認同這樣的追求。本文的作者，顯然非常反對探討「未有天地」等宇宙論問題，認爲這樣的追求無益於修道〔註56〕。

六、孔子論境界——心無所縣（懸）

　　〈寓言〉篇載：

> 曾子再仕而心再化，曰：「吾及親仕，三釜而心樂；後仕，三千鍾而不洎，吾心悲。」弟子問於仲尼曰：「若參者，可謂無所縣其罪乎？」曰：「既已縣矣。夫無所縣者，可以有哀乎？彼視三釜、三千鍾，如觀雀蚊虻相過乎前也。」（《莊子集釋》，頁954～955）

曾子自言：以往俸祿雖只有三釜，但能奉養雙親，因此心樂。現在俸祿已有三千鍾，但已無法奉養雙親，是以心悲。弟子認爲，曾參可以說是「無所縣（懸）者」，也就是心中不受外物牽累。孔子則認爲，曾參仍受外物牽絆，他仍存有追求俸祿以奉養雙親的負累。若是眞「無所縣（懸）者」，何悲感之有？心無所懸者坦蕩自在，根本無視三釜與三千鍾的差別。

　　對儒家而言，曾子以孝聞名，曾子即便是追求俸祿，也是爲了侍奉雙親，絕非爲了個人享受，這是重「孝弟」者所嘉許的。然而，道家與此不同，其所追求的是心無所懸、心無哀樂之境，即〈養生主〉所謂：「安時而處順，哀樂不能入也，古者謂是帝之縣解」。「心無哀樂」、「哀樂不能入」並非冷漠無感，而是以自然之情接應外物，是以此「無」並非眞無感受，而是心靈澄澈

〔註56〕陳少明、李蘭芬指出：〈知北游〉本就是莊子後學爲問「道」而作的篇章，它由知向無爲謂、狂屈、黃帝，齧缺向被衣，舜向丞，孔子向老聃，東郭子向莊子，泰清向無窮、無爲、無始，光耀向無有，冉求向仲尼，以及顏淵向仲尼問「道」等一連串故事組成。同時，無論行文風格還是思想內容，均明顯有模擬、呼應〈齊物論〉的性質。見氏著〈從〈齊物論〉看《莊子》〉，收入陳少明主編《經典與解釋》（廣州：廣東人民出版社，1999年6月）頁120。

如鏡，能照見物之本然，是有感於外而不受外物牽累的境界〔註57〕。因此，無論是追求俸祿，還是心繫雙親，對道家來說，都是一種「不可解於心」的心靈負擔、生命限制。文中的孔子認為曾參仍未解其弔懸，仍受哀樂之情的牽絆，未達於大道，是以知此時的孔子立基於道家的立場，是道家化的孔子。

綜上所論，吾人可以發現：孔子在老子面前，是求道者、求教者的身分；孔子在弟子面前，則是得道者、指導者的身份。細而論之，〈田子方〉、〈知北遊〉、〈至樂〉等孔門對話中，道家後學所塑造的皆是道家化的孔子，而在〈讓王〉篇中，孔子所呈顯的則是知足自樂、修德養性的儒道共通聖人境界。

第七節　道家評論者——孔子

研究《莊子》中之孔子形象者，不會忽視寓言中的孔子，卻時常漠視孔子對事件的評論。筆者以為，在內篇中，莊子未曾讓「孔子」擔任事件評論者，在外雜篇中，莊子後學卻時常讓「孔子」對某事下評論，由此可見「孔子」日益道家化之後，在道家後學的眼中，地位已經提升。若要全面理解外雜篇中的孔子形象，自然不能忽視這一部分。

一、論養生——內外兼養、立於中央

〈達生〉云：

> 田開之見周威公。威公曰：「吾聞祝腎學生，吾子與祝腎游，亦何聞焉？」田開之曰：「開之操拔篲以侍門庭，亦何聞於夫子？」威公曰：「田子無讓，寡人願聞之。」開之曰：「聞之夫子曰：『善養生者，若牧羊然，視其後者而鞭之』。」威公曰：「何謂也？」田開之曰：「魯有單豹者，巖居而水飲，不與民共利，行年七十而猶有嬰兒之色；不幸遇餓虎，餓虎殺而食之。有張毅者，高門縣薄，無不走也，行年四十而有內熱之病以死。豹養其內而虎食其外，毅養其外而病攻其內，此二子者，皆不鞭其後者也。」仲尼曰：「無入而藏，無出而

〔註57〕吳冠宏指出：唯當主體修至「哀樂不能入」的境地，並非冷漠無情、冥頑不靈的，反而更能以活潑通暢、自然無為的情意，領域宇宙萬物之美。……而此亦相應於老子「滌除玄覽」之義，唯能「虛心弱志」、「無知無欲」，滌除心志、情欲、知慮的滋擾，人方能使心清明靈妙如鏡，而照見物物之本然。見氏著〈何晏「聖人無情說」試解〉，《臺大中文學報》第九期（1997年6月），頁258。

陽，柴立其中央。三者若得，其名必極。夫畏塗者，十殺一人，則
父子兄弟相戒也，必盛卒徒而後敢出焉，不亦知乎！人之所取畏者，
衽席之上，飲食之閒；而不知爲之戒者，過也！」（《莊子集釋》，頁
644～647）

這一段對養生之道的論述，強調必須內外兼養才能得其天年，單單保養內在
或外形，都將徒勞無功。所謂內外兼養，是要避開內疾與外患。此與內篇〈養
生主〉中所言「緣督以爲經，可以保身，可以全生，可以養親，可以盡年」，
強調順天理而行，就能遊刃有餘的那種曠達自在不同。此處的養生論，充斥
著一種危殆不安的危機感，強調內疾與外患隨時可能侵襲吾身。在對話的最
後，記錄了孔子對此事的評論。文中孔子所言：「無入而藏，無出而陽，柴立
其中央」，提醒世人：不要深入而潛藏，也不要突出而顯揚，不能過猶不及，
其實就是「處於材與不材之間」（〈山木〉）。不僅如此，就連衽席之上、飲食
之間，也要戒慎恐懼、小心翼翼。此處孔子所言，當然是道家後學的觀點，
這種戒慎恐懼的養生觀反映出戰國時期士人的憂慮不安。值得注意的是，爲
何道家後學要借「孔子」之口以評論，而非借「莊子」之口？在《莊子》外
雜篇中，「莊子」反而沒有擔任過評論者的角色。道家後學之所以如此安排，
應是受了內篇〈人間世〉中的孔子談處世之道的影響，〈人間世〉的孔子談「乘
物以遊心，託不得已以養中」，此篇的孔子論「柴立其中央」，孔子在不斷道
家化的過程中，終於占據了道家發言人的位置。

二、論治道——無爲而治、不尚道德

〈田子方〉云：

文王觀於臧，見一丈夫釣，而其釣莫釣；非持其釣有釣者也，常釣
也。文王欲舉而授之政，而恐大臣父兄之弗安也；欲終而釋之，而
不忍百姓之無天也。於是旦而屬之大夫曰：「昔者寡人夢見良人，黑
色而髯，乘駁馬而偏朱蹄，號曰：『寓而政於臧丈人，庶幾乎民有瘳
乎！』諸大夫蹙然曰：「先君王也。」文王曰：「然則卜之。」諸大
夫曰：「先君之命，王其無它，又何卜焉！」遂迎臧丈人而授之政。
典法無更，偏令無出。三年，文王觀於國，則列士壞植散群，長官
者不成德，〔斔〕斛不敢入於四竟。列士壞植散羣，則尚同也；長官
者不成德，則同務也；斔斛不敢入於四竟，則諸侯無二心也。文王

> 於是焉以爲大師，北面而問曰：「政可以及天下乎？」臧丈人昧然而
> 不應，泛然而辭，朝令而夜循，終身無聞。顏淵問於仲尼曰：「文王
> 其猶未邪？又何以夢爲乎？」仲尼曰：「默，汝無言！夫文王盡之也，
> 而又何論剌焉！彼直以循斯須也。」（《莊子集釋》，頁720～723）

文王想重用臧丈人，又擔心大臣、父兄不安，只好假言先君託夢。臧丈人上
任後無爲而治，不更治典、不出命令、不尙道德，而使國內大治，文王拜之
爲大師，希望能將政績推展至天下，臧丈人聽聞之後卻馬上連夜遁逃，不留
名聲於世。對於此事，顏淵認爲：文王似乎還未得到臣民的信任，否則又何
必托夢？孔子則解釋，文王這麼做，只是爲了暫時依順民情，文王在施政用
人上已經盡善盡美。文王希望重用臧丈人，代表他想採取道家無爲而治，不
言而教的施政方針，但是在實際操作上，仍要「隨俗」，所以才有「托夢」、「占
卜」等言行出現，這都是爲了取信於大臣、父兄，讓他們以爲這是祖先的旨
意。

　　在此則寓言中，「文王重用臧丈人」一事，當然是莊子後學的創作，強調
道家無爲而治之功，以及臧丈人的不居功、不留名，最後又以孔顏對話作結，
孔子所言「文王盡之也」，大力贊同文王重用臧丈人的舉動，等於是間接認同
了臧丈人無爲而治的作法。

　　孔顏師徒在此不是寓言的主角，而是事件的評論者。在內篇中，莊子讓
孔顏論「心齊」、「坐忘」，確立了孔顏心靈超越、境界提昇的可能性。是以在
本篇中，道家後學以孔顏爲道家發言人，可以看出本文作者，已經全然認同
孔顏可以代表道家立場。

三、論眞人——無變乎己、神充天地

〈田子方〉曰：

> 肩吾問於孫叔敖曰：「子三爲令尹而不榮華，三去之而無憂色。吾始
> 也疑子，今視子之鼻間栩栩然，子之用心獨奈何？」孫叔敖曰：「吾
> 何以過人哉！吾以其來不可卻也，其去不可止也。吾以爲得失之非
> 我也，而無憂色而已矣。我何以過人哉！且不知其在彼乎，其在我
> 乎？其在彼邪？亡乎我；在我邪？亡乎彼。方將躊躇，方將四顧，
> 何暇至乎人貴人賤哉！」仲尼聞之曰：「古之眞人，知者不得說，美
> 人不得濫，盜人不得劫，伏戲、黃帝不得友。死生亦大矣，而無變

乎己，況爵祿乎！若然者，其神經乎大山而無介，入乎淵泉而不濡，
處卑細而不憊，充滿天地，既以與人，己愈有。」（《莊子集釋》，頁
726～728）

肩吾好奇孫叔敖「三爲令尹而不榮華，三去之而無憂色」的心境，孫叔敖認
爲得失之事無法操之在己，不以貴賤爲意，是以能悠遊自得，頗有內篇〈大
宗師〉所論「古之眞人，不逆寡，不雄成，不謨士。若然者，過而弗悔，當
而不自得也」的境界。孔子聽聞此事，有感而發，大談道家「眞人」的境界
——「死生亦大矣，而無變乎己，況爵祿乎！」，這與內篇〈德充符〉中，孔
子所論「死生亦大矣，而不得與之變，雖天地覆墜，亦將不與之遺」如出一
轍，可見這段文字應該是受到〈德充符〉的影響。值得注意的是，最後這位
孔子又引老子之言說「既以與人己愈有」〔註58〕來說明眞人將一切賦予他人，
自己卻更加豐足，其精神與道合一，充塞天地。

　　此時的孔子不但是道家後學的代言人，他還引用了老子之言說明莊子所
論「眞人」的境界，可見，「孔子」確實是已入道家之門。在外雜篇中，老、
莊學說有了進一步的結合，而在這段文字中，「孔子」可以說扮演了爲其穿針
引線的角色〔註59〕。

四、論至知——去小知大、去善自善

〈外物〉曰：

宋元君夜半而夢人被髮闚阿門，曰：「予自宰路之淵，予爲清江使河
伯之所，漁者余且得予。」元君覺，使人占之，曰：「此神龜也。」
君曰：「漁者有余且乎？」左右曰：「有。」君曰：「令余且會朝。」
明日，余且朝。君曰：「漁何得？」對曰：「且之網得白龜焉，其圓
五尺。」君曰：「獻若之龜。」龜至，君再欲殺之，再欲活之，心疑，

〔註58〕《老子·八十一章》曰：「聖人不積，既以爲人己愈有，既以與人己愈多。」
〔註59〕《論語·公冶長》記載：子張問曰：「令尹子文三仕爲令尹，無喜色；三己之，
　　　　無慍色。舊令尹之政，必以告新令尹。何如？」子曰：「忠矣。」曰：「仁矣
　　　　乎？」曰：「未知，焉得仁？」杜玉儉指出：此兩處評論語言的高度相似性，
　　　　其後又都有孔子的評論，若否定它們之間的關係，是很難說通的。當然，《莊
　　　　子》對《論語》的改造也是顯然的，《論語》中孔子對子文的評論是「未知，
　　　　焉得仁？」但《莊子》中孔子把孫叔敖當成「眞人」，是理想人格的化身。見
　　　　氏著〈《莊子》對《論語》的化用和改造〉，《孔子研究》2012 年第 6 期，頁
　　　　125。

卜之，曰：「殺龜以卜吉。」乃剖龜，七十二鑽而無遺筴。仲尼曰：
「神龜能見夢於元君，而不能避余且之網；知能七十二鑽而無遺筴，
不能避剖腸之患。如是，則知有所困，神有所不及也。雖有至知，
萬人謀之。魚不畏網而畏鵜鶘。去小知而大知明，去善而自善矣。
嬰兒生無石師而能言，與能言者處也。」（《莊子集釋》，頁 933～934）

這位道家化孔子評論的重心在於「知有所困，神有所不及。」神龜能夢、能
知，卻不能避禍，反映出當時士人身處亂世的危殆不安，神龜都不能免除厄
運，更何況藉之占卜的人們？這是因為此所謂「知」、「神」，是以物為認知對
象的智慧，這樣的智慧建立在物我相對的基礎上，乃由成心執著而發。成心
分化、物我對立，則離物我兩忘、通達大道之境遠矣，是以道家不以聞見之
知為真知，不強調心之認知作用，而重視心之反觀自省。只有去除狹隘的、
以外物為執取認知對象的「小知」，滌除玄覽、復歸於樸，才能齊平外物、渾
同於道，此看似「無知」，其實是「大知」；看似「無為」，其實是「至為」。
同樣的，去除刻意為善、甚至是求善名的虛矯之心，最真誠無偽的善心才能
自然而然湧現，是以言「去善而自善矣」。而這則寓言又再次印證，當孔子為
評論者之角色時，必然是立基於道家立場，其所言必為道家之理。

「先敘述一段故事或對話，再讓孔子擔任最後的評論者」這樣的體例，
在《國語》中就已見其端〔註 60〕。正如同《左傳》的「君子曰」一般，評論
者的話，代表了作者的立場與對事件的態度。評論者的角色，必須是能讓人
信服的權威者。

就道家書而言，從《莊子・外雜篇》開始有這樣的行文模式，而且，當
孔子擔任評論者時，其立場絕非儒家，也非介於儒道之間，其必然是立足於
道家的立場。這些篇章的作者，之所以讓孔子擔任評論者，必然是認為抬出
「孔子」的名號，能增加文字的說服力。「孔子」之所以能夠代道家立言，從
莊子思想的內在發展來說，是因為在內篇中，莊子賦予「孔子」一種由儒轉

〔註 60〕 舉例而言，《國語・魯語下》有載：「公父文伯卒，其母戒其妾曰：『吾聞之：
好內，女死之；好外，士死之。今吾子夭死，吾惡其以好內聞也。二三婦之
辱共先者祀，請無瘠色，無洵涕，無搯膺，無憂容，有降服，無加服。從禮
而靜，是昭吾子也。』仲尼聞之曰：『女智莫若婦，男知莫若夫。公父氏之婦
智也夫，欲明其子之令德。』」又如：「公父文伯之母朝哭穆伯，而暮哭文伯。
仲尼聞之曰：『季氏之婦可謂知禮矣。愛而無私，上下有章。』」皆是以孔子
為評論者。見徐元誥集解、王樹民、沈長雲點校《國語集解》，頁 201。

道的形象，讓孔子逐步超脫人間世的煩惱執著，所以在外雜篇中，孔子能代表道家，也是於理有據；就外在機緣來說，也與戰國時期以後，立論者大多喜用「孔子」名號有關，不僅儒家如此，《韓非子》與《呂氏春秋》也是如此。莊子後學恐怕也是受到這股風潮的影響。

第八節　結　語

在《莊子》內篇中，有被楚狂譏刺的孔子，也有道家化的孔子。值得注意的是，前者雖受譏諷，但未被羞辱；後者則是在莊子創造性的詮釋下，讓孔子意識到了自己的侷限，而有了由儒轉道的契機。這位孔子或是受到無趾的提點，或是自發性地意識到自己的不足，過程中並無老子的開導教化。

在外雜篇中，道家後學創造了許多孔子求道於老子，老子教導孔子的場景。道家後學意圖塑造孔不如老、儒不如道的用心十分明顯，這正可以證明儒道相爭已經開啓了序端。然而，道家後學認為孔子雖不如老子，卻也還有調整提昇的慧根，因此，當孔子面對其他有道者時，可以與其平起平坐，顯現邁向大人的氣象，甚至能判別「假脩渾沌氏之術者」的侷限。孔子面對其弟子時，更完全是得道者的身份，而能為弟子指點迷津，破執去滯，同遊於道。因此，孔子最後以道家代言人的身份評論事件，正是順此發展趨勢而來。順此而下，也難怪會有〈則陽〉篇：「湯得其司御，門尹登恆為之傅之。從師而不囿，得其隨成。為之司其名，之名嬴法得其兩見。仲尼之盡慮，為之傅之。容成氏曰：『除日無歲，無內無外。』」這段文字。此處以「盡慮」——去除思慮，澄清心靈來形容孔子的境界，真正讓孔子成為道家之人〔註61〕。

然而，在上述理路之外，還有另一種聲音。有些孔老會面的場景中，只

〔註61〕由此可知，姚彥淇所言：「如果我們分別為莊書中贊揚孔子和譏諷孔子的文獻做分類，我們會驚訝的發現，這兩造文獻剛好都各自集中在莊書的『內篇』和『外雜篇』中。難道劉向當初在編纂莊書時，有針對這個現象做刻意的安排嗎？……余嘉錫以同樣由劉向編纂的《晏子》為例，劉向在《外篇》的第一章中特別標注：『此并下五章，皆毀詆孔子，殊不合經述，故著于此篇。』可見劉向是以對孔子和儒術的態度，來做為分別內外篇的標準依據。既然《晏子》一書是如此，那麼我們可以推想，劉向在編纂莊書時也是採取了同樣的方法。」這樣的說法可能還有再商榷的必要。姚說參見氏著《《莊子》中的「孔」／「顏」論述研究》（國立清華大學中國文學系碩士論文，楊儒賓先生指導，2003年6月），頁10。

記錄了老子的批判撻伐，未言孔子之醒悟，甚至未提孔子的反應，如：〈知北遊〉中孔子向老子問道、〈天運〉中孔子南之沛見老聃等寓言。這些道家後學應是認爲儒道確實不同調，孔子身受「天刑」，爲「天之戮民」，因而不堪改造、無緣入道。

　　同樣的，道家後學論述「孔子困厄」事件的立場也是歧異多變，其中有受嚴辭批判的孔子，也有得道領悟的孔子；有爲道家立言的孔子，也有儒家立場的孔子。〈山木〉篇有三則「孔子困厄」的記載，第一、二則與第三則的孔子立場就有所不同，孔子形象之複雜由此可見一斑。道家後學對「孔子困厄」的描寫，也最容易看出其對孔子及儒家的態度。

　　綜上所論，外雜篇中的孔子形象參差並見，但整體而言，「受批判的孔子」所占比例較小；而「道家化的孔子」比例漸大，「孔子」在其中有時展現了一種由儒而道的轉化過程，但必須澄清的是，此「道」有時是老莊道家之道，有時是黃老道家之道。「受批判的孔子」與「道家化的孔子」同時並存，代表儒道之間的對立與交流是同時進行的。

第四章　《莊子》外雜篇的孔子詮釋（二）——〈盜跖〉、〈漁父〉與〈列禦寇〉的孔子形象

　　〈盜跖〉與〈漁父〉兩篇中的孔子形象與《莊子》外雜篇中其他篇章有異，其他篇中以孔子為主角的寓言文字較短，不可能單獨成篇，常與其它寓言集合成一篇。這兩篇卻不同。〈漁父〉篇的寓言模式上有所承，然此寓言篇幅長，起承轉合軸線明顯，寫成年代必然較晚。〈盜跖〉中「孔子往見盜跖」故事，上承「儒道相爭」的思路，就這一路「儒道相爭」的寓言來看，它的篇幅最長、論證較詳，就文字的成熟度而言，創作年代應該較晚。其次，其後的「滿苟得與子張之辯」也是批判儒家、孔子的寓言，編者之所以將「滿苟得與子張之辯」與「孔子往見盜跖」故事合為一篇，兩則故事又都言辭激烈，正表示編者明確意識到道家後學有「詆訿孔子」的一個面向，這必然也是年代較晚的作品，可能編成於秦代以至於漢初〔註1〕。因此，筆者以為，就《莊子》外雜篇中的孔子寓言來說，〈盜跖〉與〈漁父〉可說是前有所承，最後集其大成的作品。

　　至於〈列禦寇〉中的孔子則是《莊子》全書中的特例，〈列禦寇〉中的孔

〔註 1〕劉榮賢指出：外雜篇的材料本是莊子之後的學者承續前人的學術觀念，而針對其當代的問題所發揮的著述。……某些先秦古籍的集成常晚至漢代劉向的整理，且其中多雜有西漢初期之作，即可知學術的斷代並不一定和歷史政治的斷代相符合。因此外雜篇中絕對可能含有晚至西漢時代的材料。參見氏著《莊子外雜篇研究》，頁 54～56。

子形象十分特別，與其他篇章不同，反而接近《呂氏春秋》、《淮南子》中的孔子，創作時代亦應晚於他篇。

總之，〈盜跖〉、〈漁父〉與〈列禦寇〉三篇中的孔子形象殊異，因此，筆者將此三篇列在其它篇章之後討論，以求彰顯《莊子》外雜篇中孔子形象的轉變。

第一節 〈盜跖〉篇的孔子形象

〈盜跖〉篇的爭議處頗多，前人論述不少。〈盜跖〉篇中，包含了「盜跖批判孔子」與「滿苟得批評儒家」兩則寓言。兩則文字對孔子與儒家的批評皆是措辭強烈，不留餘地。自韓愈、蘇軾懷疑〈盜跖〉非莊子所作以來，也有不少論者認爲〈盜跖〉應排除在莊學之外〔註2〕，甚至疑其爲僞作，然而，一九八八年挖掘的湖北江陵張家山漢墓中有〈盜跖〉殘簡，〈盜跖〉殘簡的出土證明了〈盜跖〉篇流行於戰國晚期至秦漢〔註3〕。事實上，它在《莊子》書編輯時，之所以被選入《莊子》外雜篇，正代表在漢代人眼中，莊子後學思想必然具有「反對儒家」、「反對孔子」這樣一個面向〔註4〕。這樣一個面向，並非出於漢人的憑空設想或有意捏造，而是當時的學術氛圍確實如此。也就是說，西漢學術界「世之學老子者則絀儒學，儒學亦絀老子」（《史記·老子韓非列傳》）的氣氛絕非憑空而來，而是前有所承。當然，必須注意的是，莊子後學中「反對儒家」之層面是與「融會儒家」之層面同時並存的。再者，魏晉時外雜篇材料因爲注《莊》者的有意取捨，受到較大幅度的移易變動。《漢書·藝文志》著錄《莊子》有五十二篇，但現存郭象注《莊子》只有三十三

〔註2〕蘇軾〈莊子祠堂記〉言：「余嘗疑〈盜跖〉、〈漁父〉則若眞詆孔子者，至於〈讓王〉、〈說劍〉，皆淺陋不入於道。」見《蘇東坡全集》卷三十二。

〔註3〕廖名春推斷簡本只四十四枚，字數約 1692 字。江陵張家山 136 漢墓之下葬年代，上限爲西漢文帝前元七年（公元前 173 年），下限不晚於文帝前元十三年（公元前 167 年），簡本抄寫時間當在此前。且戰國至漢初之簡帛古籍，鑄成時代與抄寫年代應分別考慮，廖名春因此考證〈盜跖篇〉約成書於公元前 239年前後。見氏著《莊子·盜跖》篇探原〉，收入姜廣輝主編《中國哲學》第十九輯（長沙：岳麓書社，1998 年 9 月），頁 149～166。

〔註4〕崔大華認爲：司馬遷特別舉出〈漁父〉等三篇篇名，目的在於強調表明莊子思想具有「詆訾孔子之徒」這樣一個方面，屬於黃老陣營。在漢代早期儒道相爭的學術理論背景下，如此來顯示莊子思想的中心或重心，本是十分自然的。見氏著《莊學研究》，頁 65。

篇，郭象之「尊孔」眾所皆知，然而在郭象「以意去取」之下，也未將〈盜
跖〉篇刪除〔註5〕。因此，歷來質疑它真僞的人不少，但它也從未被排除在《莊
子》書外。這代表了郭象也不得不承認，自戰國中晚期以來，道家後學的確
有這樣的聲音存在。

一、盜跖批判之孔子

　　〈盜跖〉篇編造了一則孔子往見盜跖的故事，故事起於柳下季之弟盜跖
橫行天下、爲非作亂，文中的孔子認爲：「夫爲人父者，必能詔其子；爲人兄
者，必能教其弟」，他願意代替柳氏勸導盜跖。此處的孔子與內篇中〈人間世〉
的孔子形象悖反，〈人間世〉中的孔子極言「無勸成」，不要勉強求成，更不
願顏回往諫衛君。此處的孔子卻自願勸諫「強足以距敵，辯足以飾非」的盜
跖。可見〈盜跖〉篇中的孔子形象確實與內篇中的孔子形象有差別。

　　果然，兩人尚未見面，風雲已起，盜跖聞之大怒曰：

> 此夫魯國之巧僞人孔丘非邪？爲我告之：「爾作言造語，妄稱文武，
> 冠枝木之冠，帶死牛之脅，多辭繆說，不耕而食，不織而衣，搖脣
> 鼓舌，擅生是非，以迷天下之主，使天下學士不反其本，妄作孝弟
> 而徼倖於封侯富貴者也。子之罪大極重，疾走歸！不然，我將以子
> 肝益畫餔之膳！」（《莊子集釋》，頁 991～992）

在第一段中，盜跖稱孔子爲「魯國之巧僞人」，說孔子「作言造語，妄稱文武」，
編造是非，強逞謬說，讓天下儒者「不反其本，妄作孝弟」，只是爲了求得權
勢富貴。這一段表面上是對孔子的批評，其實更是對儒家後學的指控〔註6〕。
作者強烈不滿後世儒者對封侯富貴的追求，認爲「作言造語，妄稱文武」只
是他們得到權位的手段。

〔註5〕唐陸德明〈經典釋文序錄〉云：「莊生弘才命世，辭趣華深，正言若反，故莫
　　　能暢其弘致；後人增足，漸失其眞。故郭子玄云：『一曲之才，妄竄奇說，若
　　　〈閼弈〉、〈意脩〉之首，〈危言〉、〈游鳧〉、〈子胥〉之篇，凡諸巧雜，十分有
　　　三。』《漢書・藝文志》「《莊子》五十二篇」，即司馬彪、孟氏所注是也。言
　　　多詭誕，或似《山海經》，或類《占夢書》，故注者以意去取。」又，關於《莊
　　　子》古本今本演變及內外雜篇形成的問題，請參崔大華《莊學研究》，頁 43
　　　～47 及劉榮賢《莊子外雜篇研究》，頁 34～56。
〔註6〕郝大維、安樂哲指出：我們在道家著作中看到的、對被他們視爲孔子所創導
　　　的反自然、僵化的生活準則的批判，事實上可能是以歷史上的儒家作爲適合
　　　的靶子。見氏著《漢哲學思維的文化探源》，頁 160。

而文中孔子勸說盜跖的方式也十分值得討論，文曰：

> 丘聞之，凡天下有三德：生而長大，美好無雙，少長貴賤見而皆說之，此上德也；知維天地，能辯諸物，此中德也；勇悍果敢，聚眾率兵，此下德也。凡人有此一德者，足以南面稱孤矣。今將軍兼此三者，身長八尺二寸，面目有光，唇如激丹，齒如齊貝，音中黃鍾，而名曰盜跖，丘竊為將軍恥不取焉。將軍有意聽臣，臣請南使吳越，北使齊魯，東使宋衛，西使晉楚，使為將軍造大城數百里，立數十萬戶之邑，尊將軍為諸侯，與天下更始，罷兵休卒，收養昆弟，共祭先祖。此聖人才士之行，而天下之願也。（《莊子集釋》，頁993～994）

文中孔子所論之「三德」，皆非儒家義理所含攝之德行。可知此處的「孔子」並非原始儒家義下的孔子，此處的孔子其實是儒家後學的代表。作者所要非議的，也正是這群好名干譽、是己非人的儒者。文中孔子雖欲勸誡盜跖，但在盜跖大怒之下，也只能以稱譽巴結的方式，試圖化解其怒氣。在內篇〈人間世〉中，孔子預言顏回若執意勸誡衛君，最後必定在王公的鬥爭下，「而目將熒之，而色將平之，口將營之，容將形之，心且成之。是以火救火，以水救水，名之曰益多。」在此，孔子自己反而落入這樣的處境。更值得非議的是，這位孔子自願為盜跖之使臣，美其名為勸誡，反而更像是向盜跖干祿求位。

盜跖最後大怒，大肆撻伐孔子，其所批判的內容可分為兩個層次，其一，就歷史的發展來看：

> 今丘告我以大城眾民，是欲規我以利而恆民畜我也，安可久長也！城之大者，莫大乎天下矣。堯舜有天下，子孫無置錐之地；湯武立為天子，而後世絕滅，非以其利大故邪？且吾聞之，古者禽獸多而人少，於是民皆巢居以避之，晝拾橡栗，暮栖木上，故命之曰有巢氏之民。古者民不知衣服，夏多積薪，冬則煬之，故命之曰知生之民。神農之世，臥則居居，起則于于，民知其母，不知其父，與麋鹿共處，耕而食，織而衣，無有相害之心，此至德之隆也。然而黃帝不能致德，與蚩尤戰於涿鹿之野，流血百里。堯、舜作，立群臣，湯放其主，武王殺紂。自是之後，以強陵弱，以眾暴寡。湯、武以來，皆亂人之徒也。（《莊子集釋》，頁994～995）

上文罵孔子「妄稱文、武」，是指控儒家推崇堯、舜、禹、湯、文王、武王一
脈的歷史觀，顛倒是非、假造歷史。盜跖所秉持之史觀，是「無君派」的懷
古史觀，也就是崇尚有巢氏、神農氏那種與萬物和平共處，「耕而食，織而衣，
無有相害之心」的時代，他認為黃帝以下皆是「以強陵弱，以眾暴寡」，湯、
武之後，更是「亂人之徒」。這立場與〈天地〉篇「至德之世，不尚賢，不使
能；上如標枝，民如野鹿」的訴求相同。儒家所執之歷史觀，必然真實無誤？
儒家所推崇之賢君忠臣，果真德行過人？既然連子貢都說：「紂之不善，不如
是之甚也。」（《論語·子張》），那麼所謂「賢士忠臣」的「賢」與「忠」是
否也可能是後世儒生堆砌而來？是以盜跖又曰：

> 世之所高，莫若黃帝，黃帝尚不能全德，而戰於涿鹿之野，流血百
> 里。堯不慈，舜不孝，禹偏枯，湯放其主，武王伐紂，文王拘羑里。
> 此六子者，世之所高也，孰論之，皆以利惑其真而強反其情性，其
> 行乃甚可羞也。世之所謂賢士：伯夷、叔齊。伯夷、叔齊辭孤竹之
> 君，而餓死於首陽之山，骨肉不葬。鮑焦飾行非世，抱木而死。申
> 徒狄諫而不聽，負石自投於河，為魚鱉所食。介子推至忠也，自割
> 其股以食文公，文公後背之，子推怒而去，抱木而燔死。尾生與女
> 子期於梁下，女子不來，水至不去，抱梁柱而死。此六子者，無異
> 於磔犬流豕、操瓢而乞者，皆離名輕死，不念本養壽命者也。世之
> 所謂忠臣者，莫若王子比干、伍子胥。子胥沉江，比干剖心，此二
> 子者，世謂忠臣也，然卒為天下笑。自上觀之，至于子胥、比干，
> 皆不足貴也。（《莊子集釋》，頁 997～999）

從道家的角度來看，黃帝、堯舜等人「以利惑其真而強反其情性」，伯夷、叔
齊、鮑焦等人「離名輕死，不念本養壽命」。這些人皆為了利益名聲，矯情做
作，違反本性，是以喪失生命之本真，也不能頤養天年。儒家所標舉之「賢」、
「忠」，所提倡的德行，反而損傷了人性之質樸美好。二者，就孔門師徒之遭
遇來看：

> 今子脩文武之道，掌天下之辯，以教後世。縫衣淺帶，矯言偽行，
> 以迷惑天下之主，而欲求富貴焉，盜莫大於子。天下何故不謂子為
> 盜丘，而乃謂我為盜跖？子以甘辭說子路而使從之，使子路去其危
> 冠，解其長劍，而受教於子，天下皆曰：『孔丘能止暴禁非。』其
> 卒之也，子路欲殺衛君而事不成，身菹於衛東門之上，是子教之不

至也。子自謂才士聖人邪？則再逐於魯，削跡於衛，窮於齊，圍於
陳蔡，不容身於天下。子教子路菹此患，上無以爲身，下無以爲人，
子之道豈足貴邪？（《莊子集釋》，頁 996～997）

正因爲孔子不反其本、巧詐虛僞、好求富貴，所以其門徒子路「身菹於衛東
門之上」；孔子自身則「再逐於魯，削跡於衛，窮於齊，圍於陳蔡，不容身於
天下」。這與〈山木〉篇中子桑雽對孔子的批判相似，也呼應了上文所說儒者
「妄作孝弟」，再次指控儒家矯飾孝弟，不明人性。

這兩個層次都歸結於同一個問題，即：儒家不明人性，悖離本眞。那麼，
眞實的人性爲何？盜跖曰：

今吾告子以人之情，目欲視色，耳欲聽聲，口欲察味，志氣欲盈。
人上壽百歲，中壽八十，下壽六十，除病瘦死喪憂患，其中開口而
笑者，一月之中不過四五日而已矣。天與地無窮，人死者有時，操
有時之具而託於無窮之間，忽然無異騏驥之馳過隙也。不能說其志
意，養其壽命者，皆非通道者也。丘之所言，皆吾之所棄也，亟去
走歸，無復言之！子之道，狂狂汲汲，詐巧虛僞事也，非可以全眞
也，奚足論哉！（《莊子集釋》，頁 1000）

在盜跖看來，眼、耳、鼻、舌、身、意皆欲得到滿足，這就是最眞實而原始
的人性。人生於世，倏忽而逝，若不能滿足意志，頤養壽命，就不能通達大
道。要注意的是，這段話是特別針對孔子及儒家而發，盜跖所言，並非指人
性要縱慾享受，而是說不能否定基本的感官知覺需求，若硬要排除人性中「食
色」的部分，強調「仁義」的部分，豈非矯情虛僞！

盜跖之言論看似激烈，其實與〈駢拇〉所言：「自三代以下者，天下莫不
以物易其性矣。小人則以身殉利，士則以身殉名，大夫則以身殉家，聖人則
以身殉天下。故此數子者，事業不同，名聲異號，其於傷性以身爲殉，一也」、
〈胠篋〉所言：「故絕聖棄知，大盜乃止；擿玉毀珠，小盜不起；焚符破璽，
而民朴鄙；掊斗折衡，而民不爭；殫殘天下之聖法，而民始可與論議」理路
相同，可以相互印證。儒家對仁義的提舉，對禮教的追求，正是讓道者最爲
反感之處。

經由上文的分析，可知盜跖指控的內容洋洋灑灑，但主要就是批評孔子
不明白「人之情」，他認爲儒家以「孝弟」爲人之本有，其實悖離了眞實的人
性，不能保全人性之本眞。就盜跖來看，感官知覺的需求才是人之本性，人

生在世，應該要「說其志意、養其壽命」。事實上，這場關於人性論的爭辯，孟子與告子早已進行過。告子以生命之實然性質爲人性之內容，謂「食色性也」；孟子則以人特有之道德心來論性，故曰「仁義禮智，我固有之」。告子以經驗面來論性，孟子以超越面來論性，其實都已觸及「人性」的不同面向，兩者是可以並存而不悖的〔註7〕。但對創作〈盜跖〉的道家後學而言，儒家特別凸顯仁義孝弟，已是矯情失眞。〈盜跖〉篇最後讓孔子「目芒然無見，色若死灰，據軾低頭，不能出氣」，就是他們認爲儒道不兩立的明證。

二、滿苟得詆訕之孔子

〈盜跖〉篇中，「孔子見盜跖」寓言後，有一段記載子張與滿苟得辯論的文字，亦可以代表部分道家後學「詆訕孔子」的立場：

> 子張問於滿苟得曰：「盍不爲行？無行則不信，不信則不任，不任則不利。故觀之名，計之利，而義眞是也。若棄名利，反之於心，則夫士之爲行，不可一日不爲乎！」滿苟得曰：「無恥者富，多信者顯。夫名利之大者，幾在無恥而信。故觀之名，計之利，而信眞是也。若棄名利，反之於心，則夫士之爲行，抱其天乎！」（《莊子集釋》，頁1002）

子張所言：「觀之名，計之利，而義眞是也」及滿苟得所言：「無恥者富，多信者顯」，將儒家士人塑造爲追求名利的無恥之徒，而其「信義」之行則是到達「名利」的終南捷徑。這正與盜跖所言天下儒士「不反其本，妄作孝弟，而徼倖於封侯富貴者也」相符。〈盜跖〉又言：

> 子張曰：「昔者桀、紂貴爲天子，富有天下。今謂臧聚曰：『汝行如桀、紂』，則有怍色，有不服之心者，小人所賤也。仲尼、墨翟，窮爲匹夫，今謂宰相曰『子行如仲尼、墨翟。』則變容易色稱不足者，士誠貴也。故勢爲天子，未必貴也；窮爲匹夫，未必賤也；貴賤之分，在行之美惡。」滿苟得曰：「小盜者拘，大盜者爲諸侯，諸侯之門，義士存焉。昔者桓公小白殺兄入嫂而管仲爲臣，田成子常殺君竊國而孔子受幣。論則賤之，行則下之，則是言行之情悖戰於胸中也，不亦拂乎！故《書》曰：『孰惡孰美？成者爲首，不成者爲尾。』」

〔註7〕參見高柏園《孟子哲學與先秦思想》（台北：文津出版社，1996年10月），頁14～22。

（《莊子集釋》，頁 1003）

子張接著又提出：「貴賤之分，在行之美惡」；滿苟得則反駁：「諸侯之門，仁義存焉」，並引《書》經所言：「孰惡孰美？成者爲首，不成者爲尾」爲證。尤其諷刺的是「田成子常殺君竊國」，孔子卻願意接受他的賞賜，這不就是言行不一的表現嗎？滿苟得之說，於實有據。孔子雖強調「君君，臣臣，父父，子子」（〈顏淵〉）的倫常秩序，卻又因急於救世，力圖重振仁道於天下，而不得不降格以求。在《論語·陽貨》中，就有著「佛肸召，子欲往。子路曰：『昔者由也聞諸夫子曰：「親於其身爲不善者，君子不入也。」佛肸以中牟畔，子之往也，如之何！』子曰：『然。有是言也。不曰堅乎，磨而不磷；不曰白乎，涅而不緇。吾豈匏瓜也哉？焉能繫而不食？』」的記錄。雖然孔子自認無愧，求仁得仁。然而，在道家後學看來，孔子的確有貪求權位的嫌疑。而滿苟得這種徵引歷史上的孔子言行以批判其學說的作法，也與上文中盜跖的言論相同。〈盜跖〉又言：

> 子張曰：「子不爲行，即將疏戚無倫，貴賤無義，長幼無序；五紀六位，將何以爲別乎？」滿苟得曰：「堯殺長子，舜流母弟，疏戚有倫乎？湯放桀，武王殺紂，貴賤有義乎？王季爲適，周公殺兄，長幼有序乎？儒者僞辭，墨子兼愛，五紀六位將有別乎？且子正爲名，我正爲利。名利之實，不順於理，不監於道。吾日與子訟於無約，曰『小人殉財，君子殉名。其所以變其情，易其性，則異矣；乃至於棄其所爲而殉其所不爲，則一也。』故曰：無爲小人，反殉而天；無爲君子，從天之理。若枉若直，相而天極；面觀四方，與時消息。若是若非，執而圓機；獨成而意，與道徘徊。無轉而行，無成而義，將失而所爲。無赴而富，無徇而成，將棄而天。比干剖心，子胥抉眼，忠之禍也；直躬證父，尾生溺死，信之患也；鮑子立乾，申子不自理，廉之害也；孔子不見母，匡子不見父，義之失也。此上世之所傳，下世之所語，以爲士者正其言，必其行，故服其殃，離其患也。」（《莊子集釋》，頁 1004～1007）

最後，子張提出倫常的重要性，以爲如此才能穩固親疏遠近的倫理關係。滿苟得則以歷史爲據，一口氣提出「堯殺長子，舜流母弟」、「湯放桀，武王殺紂」、「王季爲適，周公殺兄」之史實，反駁子張的理論。小人爲財而死，君子爲名而亡；兩者看似有高下之別，其實皆是棄其所當爲，改變眞情，更易

本性。道家認為，執著是非曲直，必定蒙受災禍，君子應遵循自然無心的環中之理，反殉而天，與時消息。史有殷鑑，比干、直躬〔註8〕、鮑子、孔子正是太過執著於「忠」、「信」、「廉」、「義」，因而遭受禍殃。此種以歷史事件質疑儒家道德的作法，也與盜跖如出一轍。

「孔子見盜跖」與「子張、滿苟得之辯」兩則寓言立場相近，主旨皆是批判孔子所代表之儒家，兩者皆認為儒家不明人性、儒者矯詐好名，甚至連立論方式都十分相近，兩則寓言可以相互印證。他們所代表的，正是戰國中晚期以至秦漢那股反對儒家的聲浪，而兩則寓言之所以被編在同篇，代表編者明確意識到道家後學有「詆訿孔子」的一個面向。

再者，兩則寓言雖然言辭激烈，「孔子見盜跖」中的孔子形象亦與〈人間世〉中的孔子不同，然而其所論述的義理，仍然可以在《莊子》內篇中找到根據。因為《莊子》內篇中，也有著孔子遭受楚狂、無趾譏諷的文字，顯示出莊子乃是自覺地走向與孔子不同的道路。唯一要區辨的是，內篇對孔子的不滿在於孔子本人救世的作法及隨之而來的聲名桎梏，外雜篇對孔子的不滿則是針對儒家標舉「仁義」的人性論及孔門儒生對名勢權位的追求。

內篇對孔子的批評並不強烈，為何道家後學要作出如此激烈的批評？就外在機緣來說，戰國中期晚段的郭店儒簡〈五行〉篇及〈六德〉篇，似乎可以解答這個問題。

〈五行〉篇言：「五行：仁，形於內謂之德之行，不形於內謂之行；義，形於內謂之德之行，不形於內謂之行；禮，形於內謂之德之行，不形於內謂之行；智，形於內謂之德之行，不形於內謂之行；聖，形於內謂之德之行，不形於內謂之德之行。」（簡1～4）〈六德〉篇言：「何謂六德？聖、智也，仁、義也，忠、信也。」（簡1）〈五行〉篇以「仁」、「義」、「禮」、「智」、「聖」為五行；而〈六德〉篇以「聖」、「智」、「仁」、「義」、「忠」、「信」為六德。雖然〈五行〉及〈六德〉的原創者未必有這樣的意圖，但在道家看來，這些觀點確實將仁、義、忠、信轉化為一種定義化的「道德條目」。這樣標準化的德行，有墮入教條化、逐步僵滯的危險。而「仁義」的定義化、「禮」的標準化，

〔註8〕在《論語‧子路》「直躬證父」章中，並未提及「信」，而此處〈盜跖〉的作者則將「信」理解為一種僵硬的、機械化的信條，是以與「尾生溺死」事並列。參見陳壁生〈經典世界中的「直躬證父」〉，收入陳少明主編《思史之間——《論語》的觀念史釋讀》（上海：上海三聯書店，2009年8月），頁155。

正是為了符合政治者統治的需要,儒者為了「行大道於天下」,必然要與政治結合。而道家所要絕棄的,就是這種僵化的道德標準。道家後學在戰國中晚期以後,著力於批判儒家人性論、儒者干譽求祿,皆緣於此。

第二節 〈漁父〉篇的孔子形象

　　〈漁父〉篇中,道家後學創造了孔子向漁父問道的寓言,「孔子求道－漁父開示－孔子轉化」的故事情節其實前有所承,此篇可以納入「孔子遇得道者」一類。但筆者將這篇獨立出來討論,是因為其他「孔子遇得道者」文字篇幅短,而〈漁父〉不但篇幅長,且其「劇情」鋪排十分成熟,起承轉合之軸線明顯,代表「孔子遇隱者」這類的寓言故事已經發展到了成熟的階段。

一、漁父批判之孔子

　　故事安排了一個「弟子讀書,孔子絃歌鼓琴」的場景,呈現了儒家教化後學的理想。漁父經過此地,他對孔子的評價──「仁則仁矣,恐不免其身;苦心勞形以危其真。嗚呼,遠哉其分於道也!」清楚說明了道者對孔子的不滿與批評。

　　孔子在故事中,呈現出好學不倦的姿態,「孔子反走,再拜而進」、「孔子再拜而起」、「孔子愀然而嘆,再拜而起」,凡此種種,都表達出孔子求道的謙遜之心、急切之情。孔子自謂:「丘少而脩學,以至於今,六十九歲矣,無所得聞至教,敢不虛心!」特別點明孔子「六十九歲」而未能聞教,是有意針對《論語》中孔子自謂「七十而從心所欲不踰矩」來說,暗示孔子在此次親聞漁父論道後,才能真正從心所欲。

　　漁父對孔子的批判,正是針對當時儒家士人的弊病而發,〈漁父〉說:

> 今子既上無君侯有司之勢而下無大臣職事之官,而擅飾禮樂,選人倫,以化齊民,不泰多事乎!且人有八疵,事有四患,不可不察也。非其事而事之,謂之摠;莫之顧而進之,謂之佞;希意道言,謂之諂;不擇是非而言,謂之諛;好言人之惡,謂之讒;析交離親,謂之賊;稱譽詐偽以敗惡人,謂之慝;不擇善否,兩容頰適,偷拔其所欲,謂之險。此八疵者,外以亂人,內以傷身,君子不友,明君不臣。所謂四患者:好經大事,變更易常,以挂功名,謂之叨;專知擅事,侵人自用,謂之貪;見過不更,聞諫愈甚,謂之很;人同

於己則可，不同於己，雖善不善，謂之矜。此四患也。能去八疵，
無行四患，而始可教已。（《莊子集釋》，頁 1027～1029）

漁父認爲：自天子以至庶人，各有其司職。孔子既無天子諸侯之權勢，也無
大臣之官職，卻要制定人倫，以教化齊一百姓，根本是好事之徒。這裡洋洋
灑灑列了「八疵」與「四患」，這還只是儒者身上顯而易見的問題，眞正內在
的核心問題是──不明人性，喪本失眞。〈漁父〉說：

孔子愀然而嘆，再拜而起，曰：「丘再逐於魯，削跡於衛，伐樹於宋，
圍於陳蔡。丘不知所失，而離此四謗者何也？」客淒然變容曰：「甚
矣，子之難悟也！人有畏影惡跡而去之走者，舉足愈數而跡愈多，
走愈疾而影不離身，自以爲尚遲，疾走不休，絕力而死。不知處陰
以休影，處靜以息跡，愚亦甚矣！子審仁義之間，察同異之際，觀
動靜之變，適受與之度，理好惡之情，和喜怒之節，而幾於不免矣。
謹修而身，愼守其眞，還以物與人，則無所累矣。今不修身而求之
人，不亦外乎！」（《莊子集釋》，頁 1031）

孔子感嘆自己雖然行仁由義，卻多次遭遇困厄，漁父點出關鍵所在：儒者致
力於審度仁義、調和喜怒，然而，這都只是外圍的努力，沒有進入問題的核
心。因爲，儒家對仁義是非的考察、愛憎喜怒的調節，皆出於人心之有爲造
作，違背人性之自然本眞。在人世間，如果想要無所負累，必須持守人性之
本眞，「愼守其眞，還物與人」，一旦躁動而求人，謗辱也將隨之而來。

　　儒家之入世精神，使其不得不將目光拋向現實世界之相對關係，以圖建
立倫常之秩序，然而，儒家之理想畢竟需要眾多客觀條件的配合才得以實現，
是以不得不「求之於人」。一旦「求之於人」，就不免遭遇困頓。相對而言，
道家並不強以安立人倫爲己任，外雜篇中甚而多有「棄世則無累」（〈達生〉）
的觀點，〈漁父〉主張「還物與人」，區別人我之分際，亦不欲外物傷害吾人
眞樸之本性。然而，人際的連繫卻又無可迴避，因此其作法是：取消儒家「禮」
的強制與人爲，以出自人性自然的「眞」，作爲處世的準則。順此而下，漁父
又對「眞」作出了詮釋：

孔子愀然曰：「請問何謂眞？」客曰：「眞者，精誠之至也。不精不
誠，不能動人。故強哭者雖悲不哀，強怒者雖嚴不威，強親者雖笑
不和。眞悲無聲而哀，眞怒未發而威，眞親未笑而和。眞在內者，
神動於外，是所以貴眞也。其用於人理也，事親則慈孝，事君則忠

貞，飲酒則歡樂，處喪則悲哀。忠貞以功爲主，飲酒以樂爲主，處
喪以哀爲主，事親以適爲主。功成之美，無一其跡矣；事親以適，
不論所以矣；飲酒以樂，不選其具矣；處喪以哀，無問其禮矣。禮
者，世俗之所爲也；眞者，所以受於天也，自然不可易也。故聖人
法天貴眞，不拘於俗。愚者反此。不能法天而恤於人，不知貴眞，
祿祿而受變於俗，故不足。惜哉，子之蚤湛於人偽而晚聞大道也！」
（《莊子集釋》，頁 1031～1032）

所謂「眞」即是「精誠之至」，「眞」乃是發自內心之誠，發於內、動於外，基於人性的普遍性，由內在之「眞」所貫通之「神」必能感動他人。因此，「其用於人理也，事親則慈孝，事君則忠貞，飲酒則歡樂，處喪則悲哀」。取消了儒家「禮」的強制與人爲，出自人性自然的「眞」，即是處世的準則。

二、調適上遂之孔子

孔子聽聞漁父的教導後，幡然悔悟，表示願隨漁父學習，這顯示孔子已有由儒轉道的意願，他覺悟到自己對人性所知不足，想效法漁父「法天貴眞」，漁父卻認爲孔子仍是「不可與往者」，仍無法領略大道，是以撐船離開。子路質疑孔子爲何對漁父如此禮遇，孔子曰：

夫遇長不敬，失禮也；見賢不尊，不仁也。彼非至人，不能下人，
下人不精，不得其眞，故長傷身。惜哉！不仁之於人也，禍莫大焉，
而由獨擅之。且道者，萬物之所由也，庶物失之者死，得之者生，
爲事逆之則敗，順之則成。故道之所在，聖人尊之。今之漁父之於
道，可謂有矣，吾敢不敬乎！（《莊子集釋》，頁 1035）

在漁父的提點下，此處的孔子已有由儒轉道的傾向。孔子仍是重禮而求仁，他說：「夫遇長不敬，失禮也；見賢不尊，不仁也」；然而，「仁」的定義，在此卻有所轉化，此處的「仁」指的是尊重道家之賢者，而非儒家本義下自覺之「仁」心。賢者之所以能得到敬重，正是因爲得「道」。於是話鋒一轉，孔子開始強調「道」是「萬物之所由」，逆之則失敗，順之則成功，天地萬物皆須依循此一普遍而恆存之道，此道既是聖人對世界本然狀態觀察的結果，也是人類秩序所應追求的最高價值〔註9〕。是以孔子由原本的儒家之徒，轉化提昇成爲道家之人。說此時的孔子已然成爲得道之人，未免太過；但至少可以

〔註9〕參見劉笑敢《老子古今：五種對勘與析評引論》，頁83。

確定，此時的孔子可以說是初窺大道之門，已踏上修道之途。

　　〈漁父〉的行文模式，與部分「孔老會面」、「孔子遇得道者」的段落相似，也就是孔子求教於得道者，在得道者的教化之下，孔子立即醒悟，因而有了由儒轉道的契機。〈漁父〉篇的出現，代表這一類孔子「由儒轉道」的思路已臻成熟。

　　論者多認為〈盜跖〉與〈漁父〉兩篇皆是莊子後學「詆訕」孔子的作品〔註10〕，對此，筆者以為，〈盜跖〉篇與〈漁父〉篇的理路其實有別，漁父是道家隱者的代表，反映的全是道家思想；而〈盜跖〉中盜跖的思想顯然較複雜，他的主張大致上可以吻合道家思想，也混雜了民間的反孔聲浪〔註11〕。這樣一種反孔的聲音，可以被一再創作、編輯，代表民間確實有一股反對儒家的聲音。

　　更重要的是，〈盜跖〉認為孔子不可教，所代表的是儒道之對立；而〈漁父〉讓孔子有所覺悟，所代表的是儒道有溝通之可能。但無論如何，兩篇的終極立場都是道家。〈盜跖〉與〈漁父〉兩篇的出現，正代表了莊子後學描寫孔子形象、論述儒道關係的兩種方向已臻成熟。

第三節　〈列禦寇〉篇的孔子形象

　　〈列禦寇〉中的孔子是《莊子》全書中的特例，與外雜篇中其他篇章的孔子大不相同，此篇中兩則關於孔子的論述所透顯的意義值得深究。

一、顏闔批判之孔子

　　　　魯哀公問乎顏闔曰：「吾以仲尼為貞幹，國其有瘳乎？」曰：「殆哉
　　　　圾乎仲尼！方且飾羽而畫，從事華辭，以支為旨，忍性以視民而不
　　　　知不信，受乎心，宰乎神，夫何足以上民！彼宜女與？予頤與？誤
　　　　而可矣。今使民離實學偽，非所以視民也，為後世慮，不若休之。

〔註10〕 如王夫之言：「〈漁父〉、〈盜跖〉則妒婦詈市、瘈犬狂吠之惡聲；列之篇中，
　　　　如蜣蜋之與蘇合，不辨而自明。」見氏著《莊子解》（台北：里仁書局，1995
　　　　年4月），頁196。

〔註11〕 洪之淵指出：《莊子·盜跖篇》中所記載的孔子見盜跖故事直接來源于先秦俳
　　　　優的說唱故事，《莊子》中的反孔態度，也與先秦民間所流傳的嘲諷孔子的故
　　　　事有著密切的關係。見氏著〈《盜跖篇》和先秦民間的孔子故事〉，《溫州師範
　　　　學院學報》（哲學社會科學版）第27卷第4期（2006年8月），頁51～55。

難治也。」施于人而不忘，非天布也。商賈不齒，雖以事齒之，神
者弗齒。(《莊子集釋》，頁 1050～1052)

魯哀公想任命仲尼爲大臣，但顏闔反對。顏闔認爲，仲尼喜好裝飾、善於言
辭、支離大道、壓抑本性，在道家看來，「仁義」之提倡違反人之本性，儒者
勉強自己表現出仁義之行，卻又希望別人能感恩圖報，這樣的作法不僅沒有
智慧，且沒有誠信。這將會使人民遠離樸實而學會詐僞，與自然大道布施萬
物的無私無我大相逕庭，是以孔子實在不可任用。顏闔在《莊子》書中形象
不一，時而爲「求道者」，時而爲「得道者」〔註12〕。然而，由「以支爲旨，
忍性以視民」、「使民離實學僞」的指控，可知此處的顏闔應屬道家立場。由
是以知，這段文字的基本立場是：道者批判儒家孔子不明人性、不可爲政。

二、論爲政識人之孔子

上一段文字批評孔子誤解人性，不能從政，然而，下一段文字卻是：

孔子曰：「凡人心險於山川，難於知天；天猶有春秋冬夏旦暮之期，
人者厚貌深情。故有貌愿而益，有長若不肖，有順懁而達，有堅而
縵，有緩而釬。故其就義若渴者，其去義若熱。故君子遠使之而觀
其忠，近使之而觀其敬，煩使之而觀其能，卒然問焉而觀其知，急
與之期而觀其信，委之以財而觀其仁，告之以危而觀其節，醉之以
酒而觀其側，雜之以處而觀其色。九徵至，不肖人得矣。」(《莊子
集釋》，頁 1054)

上一則引文才說不可任命孔子爲大臣，這一則的孔子卻又大談辨識人才之
法，孔子在此大嘆：人心難知，所以必須以各種方法去觀察其是否具備「忠、
敬、能、知、信、仁、節、側、色」，才能區別孰爲君子、孰爲小人。「遠使
之」、「近使之」、「煩使之」、「卒然問焉」、「急與之期」種種，說明了文中的
孔子具備從政者身份，此段文字所論全屬政治操作之技術層面。

〔註12〕〈人間世〉載：「顏闔將傅衛靈公大子，而問於蘧伯玉曰：『有人於此，其德
天殺。與之爲無方，則危吾國；與之爲有方，則危吾身。其知適足以知人之
過，而不知其所以過。若然者，吾奈之何？』」此處的顏闔爲「求道者」；〈讓
王〉載：「魯君聞顏闔得道之人也，使人以幣先焉。顏闔守陋閭，苴布之衣而
自飯牛。魯君之使者至，顏闔自對之。使者曰：『此顏闔之家與？』顏闔對曰：
『此闔之家也。』使者致幣，顏闔曰：『恐聽者謬而遺使者罪，不若審之。』
使者還，反審之，復來求之，則不得已。故若顏闔者，眞惡富貴也。」此處
的顏闔較接近「得道者」。

　　緊臨的兩段文字，前者批判孔子不能從政，後者卻是藉孔子之口以說明
施政時如何知人善任。論者在討論外雜篇的孔子形象時，大多未曾提及〈列
禦寇〉篇的這兩則文字。尤其是後則中的孔子，既非儒又非道，他不是前文
中「被譏諷的孔子」，也不全是「道家化的孔子」，更不是「受老子或道者教
化而由儒轉道的孔子」。這位孔子究竟該如何定義？

　　乍看之下，他與《論語》中「視其所以，觀其所由，察其所安，人焉廋
哉？」（〈為政〉）能觀察人品之孔子有幾分相似，然而，仔細疏理之下，兩者
實有差異。因為儒家之孔子強調「我欲仁，斯仁至矣」、「求仁而得仁」（〈述
而〉），完全不可能說出「人心險於山川，難於知天」這類質疑人性的話。這
也正是王船山之所以說「人心險於山川一段，往往雜見他書。蓋申韓之流，
苛察纖詭之說，既非夫子之言，抑與莊子照之以天之旨顯相牴牾，編錄者不
審而附綴之耳〔註13〕」的原因。然而，筆者以為，不必將這段文字視為「編
錄者不審而附綴之」，吾人反而可以從這段文字的出現，看出「孔子形象」的
轉變。這段文字中的孔子確實雜有法家的苛察之氣，也有細膩的識人功夫，
他的這一番話，似是從政多年、閱人無數後得到的啟示。這位孔子見微能知
著，能從細微之處看出人心的善惡，從隱微之處看出事情發展的趨勢，這樣
的描寫，正與《呂氏春秋》、《淮南子》的孔子相似。

　　《呂氏春秋・任數》曰：

　　　　孔子窮乎陳、蔡之間，藜羹不斟，七日不嘗粒，晝寢。顏回索米，
　　　　得而爨之，幾熟，孔子望見顏回攫其甑中而食之。選間，食熟，謁
　　　　孔子而進食，孔子佯為不見之。孔子起曰：「今者夢見先君，食潔而
　　　　後饋。」顏回對曰：「不可。嚮者煤室入甑中，棄食不祥，回攫而飯
　　　　之。」孔子歎曰：「所信者目也，而目猶不可信；所恃者心也，而心
　　　　猶不足恃。弟子記之，知人固不易矣。」故知非難也，孔子之所以
　　　　知人難也。（《呂氏春秋校釋》，頁1066）

在這則寓言中，孔子差點誤會顏回，因此感嘆「目猶不可信」、「心猶不足恃」、
「知人不易」。眼見不能為憑，心所揣度亦不一定符合實況，「知人」確實困
難〔註14〕！〈察微〉篇也說：

────────────
〔註13〕見氏著《莊子解》，頁270。
〔註14〕《呂氏春秋》亦強調聖人應觀察入微，〈觀表〉篇言：「人之心隱匿難見，淵
　　　　深難測。故聖人于事志焉。聖人之所以過人以先知，先知必審徵表。」〈論人〉

魯國之法，魯人爲人臣妾於諸侯、有能贖之者，取其金於府。子貢贖魯人於諸侯，來而讓不取其金，孔子曰：「賜失之矣。自今以往，魯人不贖人矣。取其金則無損於行，不取其金則不復贖人矣。」子路拯溺者，其人拜之以牛，子路受之。孔子曰：「魯人必拯溺者矣。」孔子見之以細，觀化遠也。（《呂氏春秋校釋》，頁 1003）

此言孔子「見之以細，觀化遠也」，孔子能從細微處推論世局的發展，這是由於他對事物的觀察細膩，才能推測事物的演變。這也與〈列禦寇〉中的孔子形象相符。

再看《淮南子》中對孔子的描述，更強調孔子有著「見微知著」、「見小曰明」的能力，茲舉二者爲例：

魯國之法：魯人爲人妾於諸侯，有能贖之者，取金於府。子贛贖魯人於諸侯，來而辭不受金。孔子曰：「賜失之矣。夫聖人之舉事也，可以移風易俗，而（受）教順可施後世，非獨以適身之行也。今國之富者寡而貧者眾，贖而受金，則爲不廉；不受金，則不復贖人。自今以來，魯人不復贖人於諸侯矣。」孔子亦可謂知禮矣。故《老子》曰：「見小曰明。」（《淮南子校釋·道應》，頁 1231））

故《易》曰：「履霜，堅冰至。」聖人之見終始微言！故槽丘生乎象櫡，炮烙生乎熱斗，子路撜溺而受牛謝。孔子曰：「魯國必好救人於患。」子贛贖人而不受金於府，孔子曰：「魯國不復贖人矣。」子路受而勸德，子贛讓而止善，孔子之明，以小知大，以近知遠，通於論者也。由此觀之，廉有所在而不可公行也。故行齊於俗，可隨也；事周於能，易爲也。矜僞以惑世，伉行以違眾，聖人不以爲民俗。（《淮南子校釋·齊俗》，頁 1116）

〈道應〉篇以孔子之事印證《老子》「見小曰明」之理；〈氾論〉篇說孔子明察，能「以小知大，以近知遠」，由微小之處去體察大道，由淺近之事推知深遠之理。此皆與〈列禦寇〉中的孔子相同。

「觀人」正是「善任」的前提，也是政治的首要之務 [註 15]。爲了揪出

篇亦提出「八觀六驗」以識人的政治操作之術。此皆與〈列禦寇〉這段文字相互呼應。

〔註 15〕發展至魏初，即《人物志·九徵》所云：「人物之本，出乎情性，情性之理，甚微而玄，非聖人之察，其孰能究之哉？」認爲只有聖人能準確無失地鑒識人物。

「就義若渴、去義若熱」的不肖之人，此處的孔子強調要多管齊下，「遠使之」、「近使之」、「煩使之」、「卒然問焉」、「急與之期」、「委之以財」、「告之以危」、「醉之以酒」、「雜之以處」都是觀人的手段。透過對方的反應，即可以小見大，了解對方的性格品德。此種「觀人」術的背後，隱藏的不僅是對人臣的考驗，亦是對人性的不信任，立場與儒家相悖。

　　再者，這種借孔子之口以論政治的行文風格，亦見於《呂氏春秋》、《孔子家語》。其共同的特徵在於：他能以權威者的身份講述政治之道，《呂氏春秋・務大》說：

> 孔子曰：「燕爵爭善處於一屋之下，母子相哺也，區區焉相樂也，自以為安矣。竈突決，上棟焚，燕爵顏色不變，是何也？不知禍之將及之也，不亦愚乎！為人臣而免於燕爵之智者寡矣。夫為人臣者，進其爵祿富貴，父子兄弟相與比周於一國，區區焉相樂也，而以危其社稷，其為竈突近矣，而終不知也，其與燕爵之智不異。故曰：『天下大亂，無有安國；一國盡亂，無有安家；一家盡亂，無有安身』，此之謂也。故細之安，必待大；大之安，必待小。細大賤貴，交相為贊，然後皆得其所樂。」（《呂氏春秋校釋》，頁1705～1706）

《孔子家語・刑政》載：

> 孔子曰：「聖人之治化也，必刑政相參焉。太上以德教民，而以禮齊之。其次以政為導民，以刑禁之，刑不刑也。化之弗變，導之弗從，傷義以敗俗，於是乎用刑矣。顓五刑必即天倫，行刑罰則輕無赦。刑，侀也；侀，成也。壹成而不可更，故君子盡心焉。」（《孔子家語疏證》，頁188）

以上都是借「孔子」的權威之口論述政治，這位「務為治」的孔子「采儒墨之善，撮名法之要」，講求「立俗施事，無所不宜」（《史記・太史公自序》）。這樣的孔子是「政治孔子」，因此在〈列禦寇〉這則文字中，孔子不必受到老子或得道者的教導，他並非原始道家闡示下的孔子，其立場偏向「黃老道家」。這位孔子兼有各家色彩，除了儒道之外，最明顯的就是法家，觀上文所言，「人心險於山川」的猜忌、「聖人之治化也，必刑政相參焉」的主張，皆是如此。之所以如此，全是為了達到「求治」以成為萬物之主的目標。是以筆者以為，此段文字極有可能產生於秦代以至漢初。

讓我們再把焦點放回〈列禦寇〉中的兩則文字。這兩則文字的立場對立，但有一個共同的焦點，就是施政上如何用人。這可以看出道家後學在秦代以後，因時勢所趨，不得不越來越政治化的傾向。而從兩方的對立，也可以看出，有些道者極力反對孔子，抱持著儒道不兩立的心態；但也有黃老道者以孔子為「兼儒墨，合名法」的共主。這種矛盾的情況，一直延續到《淮南子》。由此可知，〈列禦寇〉中孔子形象所透顯的意義非比尋常，不可小覷。

第四節　結　語

筆者之所以將〈盜跖〉、〈漁父〉與〈列禦寇〉三篇獨立出來討論，正是因為這三篇所呈現的孔子形象與外雜篇中其他作品不同。〈盜跖〉與〈漁父〉代表著「儒道相爭」故事的終極版本。當然，兩者在義理走向上又有不同，〈盜跖〉代表著「儒之不可轉化」，儒道之破裂與對立；〈漁父〉代表著「儒之轉化為道」、隱含著儒道結合的可能。而〈列禦寇〉篇的孔子形象雖居於全書之末，但其實它開啟了一個新的詮釋方向，其呈現的孔子形象是「兼儒墨，合名法」的「黃老道家」孔子。

由上論可知，外雜篇中的孔子形象確實是複雜難解、方向不一。因此，有論者將《莊子》中的孔子歸納為「由求道者到體道者」的歷程。對此，筆者以為，此說可能有待商榷。如果我們將外雜篇中關於孔子的敘述逐一檢視，就會發現：外雜篇中的孔子有時是「求道者」（但不一定體道），有時是「體道者」；有時被拒於道門之外，有時又與道者隱者並駕齊驅，甚至凌駕於脩渾沌氏者之上，甚而還有法家氣味的黃老道家孔子。孔子的形象是隨作者的立場及需要來運用的。外雜篇出於眾人之手，時間跨越數代，其所詮釋的孔子如何能統一？某些篇章中的孔子的確呈現了「求道」、「體道」、「說道」的歷程，然而，並非全數孔子都能納入此一模式。

再者，有論者為了強調莊子與孔子的聯繫，著力於切斷莊子與老子之關係，認為「老莊」一詞出現於漢代，老子與莊子思想分屬不同體系，不可混為一談。劉榮賢說：「老莊二者在先秦時代思想發展之時是不同的學術源流的這個事實，並不能否定老莊思想在秦統一之前已開始融合的另一個事實。而在秦統一之前就已出現大量老莊思想融合材料的外雜篇，以及其中頗多的老聃寓言及老子思想，是西漢以下將莊子視為老子的門人弟子的最大原因所在

〔註16〕。」即可回應此說〔註17〕。

　　在道家還沒有正式的組織、學派名稱之前，儒家可能已經有傳襲的系統，有共同的經典。在內篇中，莊子都已經批判了「儒墨之是非」，也就是在儒墨已是顯學，兩家相爭不下的情況下，注意到儒家的存在與影響力，可見莊子是自覺地走向與儒墨不同的道路。外雜篇的作者群，更不可能不意識到「儒家」、「儒者」的存在，他們與儒家的思想衝突確實存在。當然，儒道兩家的衝突與交融是同時發生的，外雜篇所呈現的義理走向，確實如此。

〔註16〕見氏著《莊子外雜篇研究》，頁12。

〔註17〕陳啓雲亦認為：包括道家在內，先秦諸子思想的發展，在西漢已經進入「蓋棺論定」的階段。漢儒思想在哲學上的價值，不如先秦諸子；但漢儒對思想史的整理和研究，貢獻卻遠勝先秦。漢儒把上述《莊子》書中這些文字編入《莊子》，和把《莊子》歸入道家，一定有其客觀全面性的理由。見氏著《中國古代思想文化的歷史論析》（北京：北京大學出版社，2001年2月），頁161。

第五章 《呂氏春秋》的孔子詮釋

　　《呂氏春秋》之成書，是爲了制定一套治理國家、平定天下的策略。高誘
《呂氏春秋·序》言：「此書所尚，以道德爲標的，以無爲爲綱紀，以忠義爲品
式，以公方爲檢格。」說明了此書綜談「道德」、「無爲」、「忠義」、「公方」之
論，兼合儒道思想。此書的內容同於司馬談所論「因陰陽之大順，採儒墨之善，
撮名法之要」之「道家」；而班固則將《呂氏春秋》列爲「兼儒墨，合名法，知
國體之有此，見王治之無不貫」之「雜家」。至此而後，關於《呂氏春秋》的家
派歸屬問題，歷來論者爭議不斷。除了「道家」〔註1〕、「雜家」〔註2〕之說外，

〔註 1〕王叔岷指出：《漢志》列《呂氏春秋》於雜家，然高誘序云：「此書所尚，以
　　　　道德爲標的，以無爲爲綱紀。」故其思想仍與道家爲近。篇中引用《莊子》
　　　　之文特多，尤以〈貴生〉、〈必己〉、〈精諭〉、〈離俗〉、〈適威〉、〈審爲〉、〈貴
　　　　公〉諸篇爲甚。詳檢全書，得四十餘條；他書所引《莊子》佚文，見於此書
　　　　者七條，見於高注中者一條，共五十餘條。見氏著〈呂氏春秋引用莊子舉正〉，
　　　　收入陳鼓應主編《道家文化研究》第十輯（台北：文史哲出版社，1990 年 8
　　　　月），頁 250。
　　　　又，牟鍾鑒《呂氏春秋》道家說之論證〉一文從三個方面：一、《呂氏春秋》
　　　　崇尚黃老學說；二、以道爲本體的宇宙論、以貴因爲旨的行爲論、以重生理
　　　　護養爲主旨的養生論，構成了《呂氏春秋》一書的基本內容；三、《呂氏春秋》
　　　　中道家作品所占比重最大，全面論述了《呂氏春秋》當屬道家學派。氏著收
　　　　入《道家文化研究》第十輯，頁 312～326。
〔註 2〕田鳳台認爲：呂氏春秋者，雜學之始祖。漢志云：「雜家者流，蓋出於議官，
　　　　兼儒墨，合名法，知國體之有此，見王治之無不貫，此其所長也。」師古注
　　　　曰：「治國之體，當有此雜家。王者之治，於百家之道，無不貫綜。」參見氏
　　　　著《呂氏春秋探微》（台北：臺灣學生書局，1986 年 3 月），頁 155。
　　　　劉元彥指出：如果我們稱之爲「新儒家」或「新道家」，即使可能在繼承淵源
　　　　上有一定的道理，但從總體上說，反而模糊或沖淡《呂氏春秋》雜家的特點，

尚有「儒家」〔註3〕、「陰陽家」〔註4〕與「新道家」〔註5〕等種種說法〔註6〕。這些說法相爭不下，正說明了《呂氏春秋》確實是兼採各家，孰輕孰重只是見仁見智的問題。此書雖然襲用了儒道各家的語言，但其思想內涵與儒道各家已經大不相同。字面上看來，《呂覽》似是「拼湊式的綜合〔註7〕」，但其內容早

亦即平等地看待各家，綜合各家而自成體系的特點。因此，我覺得還是沿用雜家這個概念更好。見氏著《雜家帝王學》（台北：錦繡出版社，1992 年 3 月），頁 240。

黃漢光認爲：《呂氏春秋》雖然形式統一，但其思想是從別的家派檢拾，沒有基本解決問題的洞見，是一部駁雜的作品。見氏著《黃老之學析論》（台北：鵝湖出版社，2000 年 5 月），頁 14～22。

又，丁原明指出：《呂氏春秋》的學派所屬，似以漢志爲妥，它應屬於雜家著作。這並非貶低其學術價值，也不意味著像某些學者所說的雜家就是散而無主或「折衷主義」。《呂氏春秋》幾乎括盡儒、墨、道、法、兵、農、陰陽五行等各家各派的學說，其內容的確比較龐雜。但是，貫穿於該書的基本思想或中心思想，卻是圍繞著當時天下的封建統一而展開的。見氏著《黃老學論綱》（濟南：山東大學出版社，2000 年 10 月），頁 190～191。

〔註3〕 《四庫全書總目・子部・雜家類》言：「不韋固小人，而是書較諸子之言獨爲醇正，大抵以儒爲主，而參以道家、墨家，故多引六籍之文，與孔子、曾子之言。」

又，金春峰指出：《呂氏春秋》是雜家，但主導思想是儒家。見氏著〈論《呂氏春秋》的儒家思想傾向〉，《哲學研究》1982 年第 12 期，頁 60～69。修建軍亦認爲：《呂氏春秋》的思想主體是儒家思想，見氏著〈博採眾長獨傾儒──從《呂氏春秋》的孔子觀談起〉，《齊魯學刊》1991 年第 4 期，頁 87～89。

〔註4〕 陳奇猷認爲：《呂氏春秋》雖說是雜家，集各家各派之說而成，但細讀全書，很自然地會注意到，陰陽家的學說是全書的重點，這從書中陰陽說所據的地位與篇章的多寡可以證明。在位置上，陰陽說安排在首位，數量上則陰陽說佔有最多的篇章。見氏著《呂氏春秋校釋》（台北：華正書局，1988 年 8 月），頁 1885～1886。

〔註5〕 熊鐵基通過對《呂氏春秋》之「八覽」、「六論」、「十二紀」各篇思想內容逐一分析，論證了全書貫穿黃老新道家思想，其以爲《呂氏春秋》是黃老新道家形成的標誌。見氏著《秦漢新道家》（上海：上海人民出版社，2001 年 3 月），頁 240～269。

又，陳鼓應〈從《呂氏春秋》到《淮南子》論道家在秦漢哲學史上的地位〉一文也論證了《呂氏春秋》歸本黃老，應屬秦漢新道家，氏著見《文史哲學報》第 52 期（2000 年 6 月），頁 45～76。

〔註6〕 關於歷年來學者對《呂氏春秋》學派歸屬問題的討論，請參俞林波《《呂氏春秋》學術思想體系研究》（山東大學儒學高等研究院博士論文，鄭杰文先生指導，2012 年 5 月），頁 10～20。

〔註7〕 馮友蘭認爲：《呂氏春秋》的方法不是對各家在更高的水平上加以綜合，而用一種拼湊式的方法加以綜合。見氏著《中國哲學史新編》（北京：人民出版社，1984 年 10 月），頁 469。

已溢出原始儒道各家，作出了全新的詮釋，其創造並融合各家思想的學術貢獻是不可抹滅的。這正說明了《呂氏春秋》不僅是單純的「承襲」諸家而已，還「轉化」了各家的思想，對諸家思想作出了創造性的詮釋。

只要約略考察，便可發現，《呂氏春秋》所論之大旨完全符合司馬談〈論六家要旨〉中所說的「道家」元素——「其爲術也，因陰陽之大順，採儒墨之善，撮名法之要，與時遷移，應物變化」、「其術以虛無爲本，以因循爲用」、「虛者道之常也，因者君之綱也，群臣並至，使各自明也」。只是這「道家」與先秦之老莊大不相同，而是司馬談所處時代盛行的黃老道家。司馬談屢次提到「其爲術也……」、「其術以……」，說明了黃老道家立說的主要目的並不在於承襲發揚先秦各家之學說，而在追求一套可長可久的治國之術，也就是「能爲萬物主」的統治之術〔註8〕。因此，在求「王治」的前提下，各家學說皆可納爲己用；然而，也因爲「王治」的需求，各家學說都因此有了或多或少的轉化〔註9〕，《呂氏春秋》正是如此。

在這樣一部「兼儒墨，合名法」的書中，對於「孔子」的詮釋是否有別以往？有學者發現「《呂氏春秋》中有近四十篇文章，或一引或再引孔子其人、其事；其出現頻率之高，唯古帝王堯、舜、文、武可堪比擬」，再分別由先天稟賦、自我陶成、後天成就、游宦、其他諸項，探討該書所引孔子史事的史

〔註8〕陳鼓應指出：黃老學派的政治設計似乎介於儒家和法家之間。……道家中老子及黃老一系，歷史上被視爲「君人南面之術」。這「術」字應該從廣義上來理解，並不限於法家所說「術」的範圍。廣義的「術」即是一種方法，君人南面之術就是君主統治、治理國家的方法。參見氏著〈道家的社會關懷〉，《道家文化研究》第十四輯（北京：生活·讀書·新知三聯書店，1998年7月），頁105~106。

〔註9〕《呂氏春秋》内容的焦點集中在現實政治上，追求的是事功的建立，這一點與法家完全相同。正如同林啓屏所言：法家的學說，將焦點集中在「人君」如何統御新社會下的君臣百姓，這種對於「技術性」的強調正好符合此時的時代需求。……即使韓非子的思想中有借鑑於《老子》——取資於「道家」的思想智慧，也必然是經過此一學派有意識的改造，乃至重新詮釋，以便能符合其「治世」之現實要求。見氏著〈「老子學」的兩個理論型態——以「韓非」「王弼」爲例〉，王叔岷先生學術成就與薪傳研討會論文（台北：國立臺灣大學中國文學系，2001年6月28~29日），頁3~4。同樣的，《呂氏春秋》也出於「治世」的現實要求，改造了儒家及道家的思想學說。

又，孟天運指出：「王治」是《呂氏春秋》的學派宗旨，取各家之善、形成一個新的統治理論模式就是其理論體系。見氏著〈《呂氏春秋》的思想主旨是「王治」〉，《暨南學報》（哲學社會科學）第21卷第6期（1999年11月），頁69~71。

料價值〔註10〕。有論者則認為：《呂氏春秋》大抵以儒家為主，孔子被認定是「聖人」、「賢者」，作者常借孔子之言評判他人或時事，以表明作者觀點；作者認為孔子是命世之材，之所以天下大亂，在於孔子未被重用〔註11〕。這樣的結論大致無誤，然其中仍有可以掘發、探討之處。筆者以為，《呂氏春秋》中的「孔子」，在儒家思想的基調下，同時融合了他家之色彩，與《論語》中的孔子並不完全一致。本文想要探討的是：孔子形象為何融合他家色彩？《呂氏春秋》如何轉化孔子形象，使其雜揉他家思想？孔子形象的轉變又透露出何種訊息？凡此種種，都是探討孔子形象為何「道家化」重要的關鍵。

第一節　孔子形象的轉化──兼儒墨

在《呂氏春秋》中，孔、墨並稱，儒、墨合流的現象屢見不鮮，儒與墨彷彿已合為一家。

一、孔、墨二賢並尊

〈遇合〉篇言：

> 孔子周流海內，再干世主，如齊至衛，所見八十餘君，委質為弟子者三千人，達徒七十人，七十人者。萬乘之主得一人用可為師，不為無人，以此游僅至於魯司寇，此天子之所以時絕也，諸侯之所以大亂也。亂則愚者之多幸也，幸則必不勝其任矣。任久不勝，則幸反為禍。其幸大者，其禍亦大，非禍獨及己也。故君子不處幸，不為苟，必審諸己然後任，任然後動。（《呂氏春秋校釋》，頁815）

孔子弟子三千人，受業身通者七十人。這七十人中絕對有可用之才，然而孔子的職位僅止於魯司寇而已。沒有識人之明，不能任用賢人，這就是周天子之所以滅絕、諸侯之所以大亂的原因。作者認為，孔子之所以未能實現理想，是因為時運不濟，然而這並不減損孔子之賢德與才能。換言之，孔子有德有才，只是「不遇」。〈遇合〉言：「凡遇，合也。」雖強調時機的重要，然更重視君子不能心存僥倖或寄望時命，應反求諸己而後動。郭店楚簡〈窮

〔註10〕 參見李毓善〈《呂氏春秋》之史料價值──以孔子為例〉，《輔仁國文學報》第二十二期（2006年7月），頁105～132。

〔註11〕 參見馬文戈《《呂氏春秋》與《淮南子》孔子觀之比較》（曲阜師範大學孔子文化學院碩士論文，修建軍教授指導，2006年4月），頁6～9。

達以時〉亦論「遇」對君子實踐抱負的關鍵性。「遇」不「遇」乃客觀外在之
時運氣命，此非主體所能掌握。面對不遇的困境，儒家的君子有了「遇不遇，
天也。動非爲達也，故窮而不〔困。學非〕爲名也，故莫之知而不憐」、「善
否己也，窮達以時。德行一也。譽毀在旁」的體認。事功的成就不能操之在
己，然「善否己也」，道德之主體性因而彰顯。無論道之行或不行，皆能視爲
天命之所在，用則行、捨則藏，無入而不自得，是以能「莫之知而不憐」。〈窮
達以時〉與〈遇合〉都承認了客觀命限的存在，也就是行善不能保證「遇」、
「達」的必然性，默許了在現實社會中「德」、「位」或「德」、「福」確實可
能無法一致。孔子未受重用、伯牛有疾、顏回早死都是不爭的事實。雖然貧
富聞達、死生壽夭，甚至道之行廢，受制於客觀時運，然而德行的價值亦由
主體之抉擇而彰顯。因此，人之遭逢雖有客觀的命限，然人在天地運化之限
制中，還是有自主的可能〔註12〕。由此可見《呂氏春秋》以孔子爲賢人，推
崇孔子之才德，反對以現實事功來衡量孔子歷史地位。

　　而〈異用〉則言：

　　　　孔子之弟子從遠方來者，孔子荷杖而問之曰：「子之公不有恙乎？」
　　　　搏杖而揖之，問曰：「子之父母不有恙乎？」置杖而問曰：「子之兄
　　　　弟不有恙乎？」杖步而倍之，問曰：「子之妻子不有恙乎？」故孔子
　　　　以六尺之杖，諭貴賤之等，辨疏親之義，又況於以尊位厚祿乎？（《呂
　　　　氏春秋校釋》，頁561）

孔子以六尺之杖，依「祖父——父母——兄弟——妻子」的順序問候弟子的
親屬，讓人明辨貴賤的等級、親疏的關係。在此，孔子之行爲說明了儒家「親
親之差」的倫理分際與尊卑次序，與《禮記》、《荀子》所強調的「貴賤之等」、
「親疏之殺」、「長幼之差」相同〔註13〕。這些論述顯示了孔子的儒家立場。
然而，在《呂氏春秋》中，「孔子」並非只有儒家之成分而已，在《呂覽》對

〔註12〕　《孟子·盡心下》所言：「仁之於父子也，義之於君臣也，禮之於賓主也，知
　　　　之於賢者也，聖人之於天道也；命也，有性焉，君子不謂命也。」《荀子·宥
　　　　坐》所言：「君子之學，非爲通也，爲窮而不困，憂而意不衰也，知禍福終始
　　　　而心不惑也。」都表達了與此相同的意涵。
〔註13〕　《禮記·祭統》曰：「夫祭有十倫焉：見事鬼神之道焉，見君臣之義焉，見父
　　　　子之倫焉，見貴賤之等焉，見親疏之殺焉，見爵賞之施焉，見夫婦之別焉，
　　　　見政事之均焉，見長幼之序焉，見上下之際焉。此之謂十倫。」《荀子·榮辱》
　　　　曰：「故先王案爲之制禮義以分之，使有貴賤之等，長幼之差，知愚能不能之
　　　　分，皆使人載其事，而各得其宜。」

孔子的詮釋下，孔子形象確實較以往複雜，融合了他家色彩。

首先，《呂氏春秋》中顯而易見的現象是：孔子與墨子時常並稱出現。在《呂覽》中，儒家、墨家幾乎合一，孔子、墨子並列賢人。〈當染〉篇言：

> 非獨國有染也。孔子學於老聃、孟蘇夔、靖叔。魯惠公使宰讓請郊廟之禮於天子，桓王使史角往，惠公止之，其後在於魯，墨子學焉。此二士者，無爵位以顯人，無賞祿以利人，舉天下之顯榮者必稱此二士也。皆死久矣，從屬彌眾，弟子彌豐，充滿天下，王公大人從而顯之，有愛子弟者隨而學焉，無時乏絕。子貢、子夏、曾子學於孔子，田子方學於子貢，段干木學於子夏，吳起學於曾子。禽滑釐學於墨子，許犯學於禽滑釐，田繫學於許犯。孔、墨之後學顯榮於天下者眾矣，不可勝數，皆所染者得當也。（《呂氏春秋校釋》，頁96）

孔、墨兩人，沒有高官爵位、賞賜俸祿，但天下人皆稱舉孔、墨為賢士。二人的學說因而流傳，其後學顯榮於天下，這都是因為當年孔、墨「所染得當」。在這段文字中，把儒墨並舉，孔子與墨子並列，可見在《呂覽》中，儒墨似已合為一家。再者，〈當染〉也整理了儒家在孔子之後與墨家在墨子之後的傳承系統，顯見儒、墨特重師承關係。

在《墨子》書中也有〈所染〉篇，可以與此篇相較。〈所染〉篇所論義理與此文相同，其亦言「非獨國有染也，士亦有染」，但並未將孔、墨並列，其所論益友的部分只言：「其友皆好仁義，淳謹畏令，則家日益，身日安，名日榮，處官得其理矣，則段干木、禽子、傅說之徒是也。」比較之下，可以發現《呂覽》的確有「儒墨合一」的特色。

在《呂覽》中，孔子、墨子並稱的例子不勝枚舉，茲舉數例如下：

> 子張，魯之鄙家也；顏涿聚，梁父之大盜也；學於孔子。段干木，晉國之大馹也，學於子夏。高何、縣子石，齊國之暴者也，指於鄉曲，學於子墨子。索盧參，東方之鉅狡也，學於禽滑黎。此六人者，刑戮死辱之人也，今非徒免於刑戮死辱也，由此為天下名士顯人，以終其壽，王公大人從而禮之，此得之於學也。（《呂氏春秋校釋·尊師》，頁205）

> 孔丘、墨翟，無地為君，無官為長，天下丈夫女子莫不延頸舉踵而願安利之。今大王，萬乘之主也，誠有其志，則四境之內皆得其利

矣，其賢於孔、墨也遠矣。(《呂氏春秋校釋·順說》，頁906)

孔丘、墨翟欲行大道於世而不成，既足以成顯名矣。夫大義之不成，既有成矣已。《夏書》曰：「天子之德廣運，乃神，乃武乃文。」故務在事事在大。(《呂氏春秋校釋·諭大》，頁722)

孔、墨、甯越，皆布衣之士也，慮於天下，以為無若先王之術者，故日夜學之。有便於學者，無不為也；有不便於學者，無肯為也。蓋聞孔丘、墨翟，晝日諷誦習業，夜親見文王、周公旦而問焉。用志如此其精也，何事而不達？何為而不成？故曰精而熟之，鬼將告之。非鬼告之也，精而熟之也。(《呂氏春秋校釋·博志》，頁1618～1619)

〈尊師〉篇說凶惡之人求學於孔、墨，才得免於刑罰，成為知名之士；〈順說〉篇言孔子與墨子無地為君，無官為長，可是天下人皆愛載服從；〈諭大〉篇論孔丘、墨翟想要在世上推行自己的政治主張，雖不能成功，卻足以成就顯赫的名聲；〈博志〉篇說孔丘、墨翟白天背誦經典，研習學業，夜裡就親眼見到了文王和周公，當面向他們請教。精心熟習，則事無不成。「精而熟之，鬼將告之。非鬼告之也，精而熟之也」頗類於《管子·心術下》所言：「思之，思之不得，鬼神教之；非鬼神之力也，其精氣之極也。」只是，〈博志〉並不涉及精氣的靈妙功效，而偏重強調學者應效法孔、墨用心專一。此外，〈高義〉篇亦以孔子因「君子當功以受祿」，不接受齊景公之食邑；與墨子因「越王不聽吾言、不用吾道」，不願接受越王的封地為例，說明兩人循義而行、堅守原則的風範。這些孔、墨並列的例子，說明了在《呂氏春秋》中，並非獨尊孔子，更多篇章是孔、墨並尊。

二、儒、墨思想合流

更值得注意的是，〈安死〉篇中載曰：

魯季孫有喪，孔子往弔之。入門而左，從客也。主人以璵璠收，孔子徑庭而趨，歷級而上，曰：「以寶玉收，譬之猶暴骸中原也。」徑庭歷級，非禮也；雖然，以救過也。(《呂氏春秋校釋》，頁537)

〈安死〉篇提倡節葬，反對厚葬，以為「先王以儉節葬死也，非愛其費也，非惡其勞也，以為死者慮也」，先王之所以提倡節葬，是因為害怕死者之墓因厚葬而遭到被盜的命運。這顯然是墨家思想。然而，文末卻以孔子之事為例，

說主喪的季桓子用寶玉殮死者，不符合節葬的原則。孔子弔喪之行為雖不合禮儀，但其目的是為了拯救厚葬的過失。主張「非禮勿動」的孔子向來重禮，卻為了救「厚葬」之過，不惜做出不合禮節的行為，以表達心中的不滿。可見此處的孔子反對厚葬用心良苦，隱含有「節葬」才能「無過」，「節葬」才合於「禮」的思想。

墨家主張「節葬」之說，在《墨子》書中，墨家屢次攻擊儒家的厚葬主張，墨家以實用的觀點，認為若以厚喪久葬為政，「國家必貧，人民必寡，刑政必亂」（〈節葬下〉）。但是，在《呂氏春秋》中，作者卻以孔子之事論證墨家之理，其中的轉變耐人尋味。事實上，孔子當然並無「節葬」的主張，他只是反對不合禮制的行為，堅持「葬之以禮，祭之以禮」（〈為政〉）。然而，在《呂氏春秋》作者的刻意縮合之下，孔子似乎也成為贊同節葬之人。

由此可知，在《呂氏春秋》中，儒家與墨家確實有合流的現象，兩家的思想也因而混同不分，〈愛類〉篇言：

> 仁於他物，不仁於人，不得為仁；不仁於他物，獨仁於人，猶若為仁。仁也者，仁乎其類者也。故仁人之於民也，可以便之，無不行也。（《呂氏春秋校釋》，頁1462）

本文作者以愛護自己的同類為「仁」，即便對其他物類不存「仁」心，也不妨礙「仁」的成立，這顯然與道家「萬物與我為一」思想對立。〈愛類〉認為只要可以使人民得利，仁人必定盡力而為，毫不推辭。其說法接近墨家無差等、無親疏的「兼愛」之論〔註14〕。儒家之「仁」與墨家之「愛」有時確實不容易明辨。帛書〈五行〉說：「顏色容貌溫變（戀）也，以其中心與人交，悅也；中心悅焉遷於兄弟，戚也；戚而信之，親親而篤之，愛也，愛父，其攸愛人，仁也。」將愛父、愛弟之心推廣去愛人，這就是儒家有親疏遠近之別之「仁」的展現。「仁」雖發源於「愛人」之感知，但不僅是「愛人」，而需應合社會體制之價值規範，是以儒家之「仁」與「禮」密切相繫，而有親疏遠近之別〔註15〕。但若不仔細

〔註14〕劉元彥指出：《呂氏春秋》尊崇孔子，但沒有把孔子奉為唯一的聖人。《呂氏春秋》談到仁，但沒有把它放在中心的位置，而是放在道之下。〈愛類〉篇說：「仁也者，仁乎其類者也。故仁人之於民也，可以便之，無不行也。」「仁乎其類」，即對自己的同類仁愛。這樣解釋仁，沒有等級親疏的差別，近於墨子的「兼愛」，與孔子的主張不同。見氏著《雜家帝王學》，頁218。

〔註15〕郭梨華指出：孔子之「仁」並未如同孟子肯定其為心之善端之一，「仁」也不是就人之性而言，而是就其為與人之相對待中所呈顯之情懷、態度、行為，其內涵主要是源自對「愛」的感知、體悟，但並不就是「愛」，它還需求外在

分判，很可能就會誤以為「愛人」即是儒家之「仁」的全部內涵。〈愛類〉更以墨子阻止戰爭，堅持非攻為例，說明「仁人」的愛民利民之理。這同時說明了，《莊子》外雜篇何以無法區辨儒家「仁愛」與墨家「兼愛」之別〔註16〕，因為兩家之論的確已有混同合流的趨向。

在《莊子》內篇中，〈齊物論〉就已提及「儒墨之是非」，可見儒墨兩家顯學在當時已相爭不下，各自「是其所非，非其所是」，外雜篇更顯示儒墨相爭已至水火不容之地步〔註17〕。然而，就先秦各家學術而言，衝突與交融常是同時並行，儒墨雖有爭論，但其實兩家理論相合之處更多。在孔子與墨子過世後，「儒分為八，墨離為三」（《韓非子·顯學》）的情況，更加速了學派之間的交流互通。在《呂氏春秋》中，儒墨只有結合，幾乎不見衝突。《呂氏春秋》大力推崇孔子與墨子的好學精神、志向遠大、遵義而行，儒墨在「尊師」、「重學」、「愛人」、「行義」這些議題上的立場是一致的。《呂覽》對孔、墨的論述集中在個人人格的推崇，孔子、墨子的定位是「賢人」，是賢臣所應效法學習的模範，也是君王所要網羅任用的對象。另外，必須說明的是，儒墨之結合其實仍隱含著高下之別。《呂氏春秋》的作者以「孔子」來說明「墨家」節葬的理論，卻沒有以「墨子」來說明「儒家」理論的情形；且在儒墨並論時，幾乎都是先「儒」（孔子）而後「墨」（墨子）。這些都說明了《呂氏春秋》將孔、墨並列，但孔子的地位仍略高於墨子，這似乎也預示著墨家思想將被儒家所消化吸收。整體來說，《呂覽》並尊孔墨，兩家思想有合流互通的趨向，而儒略高於墨的情況已隱然成形〔註18〕。

規範之約制、或說符應社會體制之價值規範。見氏著《王弼之自然與名教》（台北：文津出版社，1995年12月），頁39。

〔註16〕《莊子·天道》中假託「孔子」之口說：「中心物愷，兼愛無私，此仁義之情也。」混漫了儒家之「仁義」與墨家之「兼愛無私」。

〔註17〕外雜篇中，〈在宥〉言：「儒墨乃始離跂攘臂乎桎梏之間」，〈天運〉言：「儒墨皆起」，〈知北遊〉言：「君子之人，若儒、墨者師，故以是非相□也」，〈徐無鬼〉言：「名若儒、墨而凶矣」，〈列禦寇〉言：「儒、墨相與辯」皆為儒墨相爭之例。

〔註18〕鄭杰文指出：儒墨學說雖有諸多相異點，但亦有諸多相似點……但在叔孫通為漢家定禮定樂後，簡禮非樂還是重禮重樂之爭已無社會現實意義；在董仲舒提倡「天人感應」神學論並由於漢武帝的推動而大行天下後，墨家出於「天志」的兼愛論與儒家出於血緣的等差愛之間的理論差距正在縮小。因此，儒墨兩家在學理上有了更多可溝通處，所以不論在黃老占主流思想地位的西漢前期，還是在儒家占思想統治地位的西漢後期和東漢時期，有更多人主張「儒

第二節　儒道之衝突與融合

在《呂氏春秋》中，儒家、墨家之間沒有衝突，相對來說，儒家與道家的關係就顯得複雜許多，兩家既有衝突，也有融合。

一、儒、道之衝突

〈貴公〉篇記載：

> 天下非一人之天下也，天下之天下也。陰陽之和，不長一類；甘露
> 時雨，不私一物；萬民之主，不阿一人。伯禽將行，請所以治魯，
> 周公曰：「利而勿利也。」荊人有遺弓者，而不肯索，曰：「荊人遺
> 之，荊人得之，又何索焉？」孔子聞之曰：「去其『荊』而可矣！」
> 老聃聞之曰：「去其『人』而可矣。」故老聃則至公矣。天地大矣，
> 生而弗子，成而弗有，萬物皆被其澤、得其利，而莫知其所由始，
> 此三皇、五帝之德也。（《呂氏春秋校釋》，頁44）

〈貴公〉篇論述「聖王之治天下也，必先公」之理。作者以天道「陰陽之和，不長一類；甘露時雨，不私一物」說明天地無私，因此聖王必須法天之道——「萬民之主，不阿一人」，沒有私心，不加偏愛，對萬民一視同仁。

作者以寓言闡示何謂「公」。荊人失弓，不打算找回，是了無私心的表現，然而其對象只限於本國人、本地人。孔子認為無私的對象應擴及全民，只要對象是「人」，皆應待之以公正無私之心，故應「去其荊」。老子又進一步認為，公平之理何必只限於「人」？只限於「人」，仍是自恃自傲、敖倪萬物，自以為與萬物有別，人的價值與尊嚴應凌駕於萬物之上，這正是人的傲慢與偏見。因此，「去其『人』」，改為「（萬物）遺之，（萬物）得之」才是至境〔註19〕。在道家看來，人之「得」弓與人之「失」弓，這種得失感受源於貪求外物的私心，私心基於自我意識，生命因而追逐外物，牽連於情緒

墨相通」。正是漢代這種「視墨同儒」的學術觀念，造成了「墨學中絕」的假相。見氏著《中國墨學通史》（北京：人民出版社，2006年8月），頁5。

〔註19〕郝大維、安樂哲指出：道家並不拒絕社會。準確的說，他們拒絕的思想是：認為人類社會存在於真空之中，存在的全部過程能夠歸結為人的價值和目的。他們拒絕人類中心主義，他們以為這種人類中心主義隱含於儒家的宗教——人文主義之中。他們之所以拒絕它，是因為它賦予人在這個世界上的特殊地位，這種地位最終將使人類經驗脫離作為一個整體的自然這樣的環境。見氏著《漢哲學思維的文化探源》（南京：江蘇人民出版社，1999年9月），頁178。

造作之中，終至據物爲己所有才能滿足。轉化私心爲「至公」，保持恬靜安然的心靈狀態，才能免除患得患失的情緒紛擾。然此處論述之重心不在工夫之進路，而在外王之條件——視天地萬物與我一體之「至公」，不但是聖王修養之境界，亦是治天下的必要條件。《老子・三十四章》曰：「大道氾兮，其可左右。萬物恃之而生而不辭，功成不名有，衣養萬物而不爲主。常無欲，可名於小；萬物歸焉而不爲主，可名爲大。」萬物由道而生，各得其所，卻不知其所由，大道之玄德表現於對萬物「生而不有，爲而不恃，長而不宰」（〈第十章〉）。道家聖王效法道無爲之玄德，生長萬物、不雜私心，因此萬物自化、萬民和順。本篇作者藉孔老之比較，闡示天地至公，人與萬物平等。老子深諳天地萬物皆爲一體之理，而孔子卻仍以「人」爲大，是以就「貴公」此點而言，老子較孔子更高［註20］。

《孔子家語・好生》篇中有類似的敘述，可與前文相較：

> 楚王出遊，亡弓，左右請求之。王曰：「止，楚王失弓，楚人得之，又何求之！」孔子聞之，曰：「惜乎其不大也，不曰人遺弓，人得之而已，何必楚也。」（《孔子家語疏證》，頁63）

在《孔子家語》中，故事止於孔子的感嘆，沒有老子的評論，可知《孔子家語》所要表達的是：「孔子的境界高於楚王」，這段文字顯然是立基於儒家的立場。《呂氏春秋》的故事則是以老子爲最高人，強調老子的境界又高於孔子。這代表了《呂覽》中仍有一股「老高於孔」的道家聲音存在。孔老高下的問題仍然存在，代表儒道兩家爭鋒、互較高下的情形仍然繼續發生。

另外，對照前文所引〈當染〉篇「孔子學於老聃」之語，可知在《呂覽》

［註20］〈去私〉篇記載：「晉平公問於祁黃羊曰：『南陽無令，其誰可而爲之？』祁黃羊對曰：『解狐可。』平公曰：『解狐非子之讎邪？』對曰：『君問可，非問臣之讎也。』平公曰：『善。』遂用之。國人稱善焉！居有間，平公又問祁黃羊曰：『國無尉，其誰可而爲之？』對曰：『午可。』平公曰：『午非子之子邪？』對曰：『君問可，非問臣之子也。』平公曰：『善。』又遂用之。國人稱善焉！孔子聞之曰：『善哉！祁黃羊之論也，外舉不避讎，內舉不避子。祁黃羊可謂公矣！』」文中以孔子之口說明「外舉不避仇，內舉不避子」之理，闡示何謂至公無私。可見儒道兩家皆認爲施政上應大公無私，然而，就〈貴公〉篇的義理來說，老子之境界仍高於孔子。

又，修建軍認爲：《呂氏春秋》認爲孔子是「命世之材」，孔子之時之所以天下大亂，在於孔子不被重用。……很明顯，《呂氏春秋》中對老子、墨子的評價是沒有達到這種高度的。對此，筆者以爲其說有再商榷的必要。見氏著《〈呂氏春秋〉與〈荀子〉思想主體之比較》，《管子學刊》1994年第3期，頁45。

之時代，「孔子問學於老子」已是一被普遍接受的說法。〈不二〉篇中言：「老耽貴柔，孔子貴仁，墨翟貴廉，關尹貴清，子列子貴虛，陳駢貴齊，陽生貴己，孫臏貴勢，王廖貴先，兒良貴後。」作者將「老耽貴柔」列於「孔子貴仁」、「墨翟貴廉」之前，可能也是著眼於「老子在孔子前」、「孔子問學於老子」的說法之故。

〈有度〉說：

> 孔、墨之弟子徒屬充滿天下，皆以仁義之術教導於天下，然而無所行，教者術猶不能行，又況乎所教？是何也？仁義之術外也。夫以外勝內，匹夫徒步不能行，又況乎人主？唯通乎性命之情，而仁義之術自行矣。（《呂氏春秋校釋》，頁 1651～1652）

文中批判儒墨的仁義之術，對於此處「教者」爲誰，高誘以爲是「孔、墨之弟子」，陳奇猷以爲是「孔、墨」〔註21〕，尚有爭議。〈有度〉認爲，孔墨或其弟子以仁義教導天下之人，然而卻無法推行其學說，最根本的原因在於：仁義是外在的規範，而非心性之本然。這與《莊子‧天道》所提出「請問，仁義，人之性邪？」的質疑相同。然而，〈有度〉篇並非完全反對「仁義之術」，而是找出了儒道會通之途，此即「唯通乎性命之情，而仁義之術自行矣」。若能通曉性命本眞，自然會表現出仁義之行，不必提倡。《呂氏春秋》十分強調通達「性命之情」的重要，認爲這是成事立功的基礎，如：〈重己〉言：「有愼之而反害之者，不達乎性命之情也。不達乎性命之情，愼之何益？」、〈謹聽〉言：「夫堯惡得賢天下而試舜？舜惡得賢天下而試禹？斷之於耳而已矣。耳之可以斷也，反性命之情也。」、〈觀世〉言：「先見其化而已動，達乎性命之情也。」皆說明了歸返性命之本、通曉性命之實，才能了解人性、測知事物變化。因此才會有「通乎性命之情，仁義之術自行」之論，此即以人性之本眞，來含攝儒家之仁義禮智。因爲當人性之眞全然開展之際，自然會表現出仁義之德。這種模式的會通，當然未能呼應儒家仁義之價值。

《呂氏春秋》中不只有道者對儒家的批判，也有儒家對道者的回應，〈當務〉篇記載：

> 跖之徒問於跖曰：「盜有道乎？」跖曰：「奚啻其有道也？夫妄意關

〔註21〕高誘《注》：「所教，謂孔、墨弟子之弟子也。」由此可推他認爲「教者」是「孔、墨弟子」；陳奇猷則認爲：「教者謂孔、墨，所教謂孔、墨之弟子徒屬。」見氏著《呂氏春秋校釋》（台北：華正書局，1988 年 8 月），頁 1655。

　　內，中藏，聖也；入先，勇也；出後，義也；知時，智也；分均，
　　仁也。不通此五者，而能成大盜者，天下無有。」備說非六王、五
　　伯，以爲「堯有不慈之名，舜有不孝之行，禹有淫湎之意，湯、武
　　有放殺之事，五伯有暴亂之謀。世皆譽之，人皆諱之，惑也」。故死
　　而操金椎以葬，曰「下見六王、五伯，將穀其頭」矣。辨若此不如
　　無辨。（《呂氏春秋校釋》，頁595～596）

盜跖之寓言在譏諷儒家「聖」、「勇」、「義」、「智」、「仁」之價值，仁智義勇
等已淪爲被標舉之名教，大盜亦可借以美化惡行。作者認爲盜跖的言論是「辨
而不當論」，盜跖口才便給卻不能切合事理，這顯然是儒家對《莊子》〈胠篋〉、
〈盜跖〉等內容的回應。但文末所言「辨（辯）若此不如無辨（辯）」，或可
能受到《莊子・齊物論》「無辯」論——「其以爲異於鷇音，亦有辯乎，其無
辯乎？道惡乎隱而有眞僞？言惡乎隱而有是非？」之啓發，然本文作者所持
之「道」當然是儒家仁義之道。可見儒道之對話中，常是衝突與融會並現。

二、儒、道之融合

　　出上論可知，孔老高下的問題仍在，代表儒道仍相爭，因此，〈有度〉篇
才會有道者批評儒墨的言辭；〈當務〉篇才有儒家回應〈盜跖〉的言論。然而，
更須注意的是：對立之外，融合的情形也同時並在，這一點與《莊子・外雜
篇》的情況類似。《呂氏春秋・離俗》言：

　　故如石戶之農、北人無擇、卞隨、務光者，其視天下若六合之外，
　　人之所不能察；其視富貴也，苟可得已，則必不之賴；高節厲行，
　　獨樂其意，而物莫之害；不漫於利，不牽於埶，而羞居濁世；惟此
　　四士者之節。若夫舜、湯，則苞裹覆容，緣不得已而動，因時而爲，
　　以愛利爲本，以萬民爲義。譬之若釣者，魚有小大，餌有宜適，羽
　　有動靜。（《呂氏春秋校釋》，頁1234）

　　上文既肯定石戶之農、北人無擇、卞隨、務光等人節操清高，品行堅貞，
輕視富貴，外物莫能害之；又肯定舜、湯能包容萬物，愛利萬民。值得注意
的是，文中形容舜、湯「緣不得已而動，因時而爲」，有將舜、湯道家化之傾
向。《莊子・在宥》言：「君子不得已而臨邪天下，莫若無爲」、〈刻意〉言：「（聖
人）感而後應，迫而後動，不得已而後起」、〈庚桑楚〉言：「動以不得已之謂
德」皆論聖人不得已而臨天下，聖德順時無爲。是以此處舜、湯的聖王形象

是結合了「以愛利爲本，以萬民爲義」的儒家使命，與「不得已而動，因時而爲」的道家成色。文末所言「魚有小大，餌有宜適，羽有動靜」肯認凡人天生材質氣性各異，可各適其性，不必限於一端。若以超脫世俗之德行爲準，則隱者與舜湯兩方都是「離俗」之人，品德皆有過人之處。然此處只是成德者人格境界的相似，並未深辨兩者的功夫進路與成德基礎。作者雖轉化了舜、湯儒家聖王之形象，但大體來說，仍同時肯定了道家之隱者與儒家之聖功，與《莊子》只認同隱士，重生輕利、不恥君位的思想差異頗大〔註22〕。由此可窺見《呂氏春秋》中儒道藉人格主體以交會融通的情形。

第三節　孔子形象的再轉化──合名法的黃老道家

　　《呂氏春秋》在思想上有兼合儒、道的特色，《呂氏春秋》所塑造的「孔子」形象也是如此。但必須注意的是，《呂氏春秋》中，孔子的道家傾向，並非原始道家，而是黃老道家。也就是說，《呂氏春秋》中的孔子不僅是「兼儒墨」，且是「合名法」，呈顯出黃老道家化的傾向。此外，孔子與黃老道家的結合方式，也與《莊子》不同。《呂氏春秋》主要是以孔子的言論或事例證明道家之理，因此，孔子基本上保持了儒家的形象，然而在理論的闡發上，有向黃老道家發展的傾向。孔子之「黃老道家化」，可以從以下幾方面看出：

一、因順時勢、建立事功

　　孔子欲行大道於天下，有時不得不降格以求，在《論語‧陽貨》篇中，就有子路懷疑孔子心志的記載。而在《莊子》外雜篇中，道家後學更極力攻擊這一點，〈漁父〉篇說「田成子常殺君竊國而孔子受幣」、〈盜跖〉篇批判孔子「使天下學士不反其本，妄作孝弟而徼倖於封侯富貴者也」，都顯示道家後學不能認同孔子意圖行大道於天下之用心，懷疑他是爲了名位富貴。然而，《呂氏春秋》卻認爲孔子這樣的作法十分積極穩當。〈舉難〉篇言：

> 季孫氏劫公家。孔子欲諭術則見外，於是受養而便說，魯國以訾。
> 孔子曰：「龍食乎清而游乎清，螭食乎清而游乎濁，魚食乎濁而游乎濁。今丘上不及龍，下不若魚，丘其螭邪。」夫欲立功者豈得中繩哉？救溺者濡，追逃者趨。（《呂氏春秋校釋》，頁1310）

〔註22〕相關文字見於《莊子‧讓王》篇。

魯國人之所以批判孔子，是以爲孔子貪戀財貨，所以接受季孫氏的供養。孔子自認「食乎清而游乎濁」，雖身處汙濁的政治環境，其立身之道仍然公正清廉，不容質疑。

　　從黃老的立場來看，孔子的行爲正是因勢利導，順時而爲。《呂氏春秋》的目標在於「求治」、「求用」，所以後文才說「欲立功者豈得中繩哉？」若想要建功立業，又哪能事事合乎繩墨法度？這是從人臣的角度出發，說明人不必拘於瑣碎小節，或在乎他人評論，應該要力圖建功立業，對君主發揮影響力。〈順說〉篇更提出「善說者若巧士，因人之力以自爲力，因其來而與來，因其往而與往」，認爲臣下應該要順君主所好，因勢利導，以達到勸說的目的。若從人君的角度來說，「以人之小惡，亡人之大美，此人主之所以失天下之士也已」，用人不必求全，權衡之後選擇有專長之人，是最恰當的作法。此正是〈舉難〉篇所言「以全舉人固難，物之情也」的道理。

　　〈貴因〉篇說：

> 夫審天者，察列星而知四時，因也。推歷者，視月行而知晦朔，因也。禹之裸國，裸入衣出，因也。墨子見荊王，錦衣吹笙，因也。孔子道彌子瑕見釐夫人，因也。湯、武遭亂世，臨苦民，揚其義，成其功，因也。故因則功，專則拙。因者無敵。國雖大，民雖眾，何益？（《呂氏春秋校釋》，頁 927）

〈貴因〉篇談順應時勢、憑藉外物，以獲得成功，其以爲「三代所寶莫如因，因則無敵。」「因」包含了觀察天象、推算曆法，以及人事作爲。因此，大禹尊重裸國之習俗，爲「因」；墨子錦衣吹笙以迎合荊王，爲「因」；孔子通過彌子瑕去見衛靈公夫人南子，亦是「因」﹝註23﹞。孔子降格以求原本是道家後學批評的道德瑕疵，然而，在黃老道家看來，卻是能夠順應趨勢的積極作

﹝註23﹞余嘉錫指出：「又有『孔子主癰疽與待人瘠環』之說，孟子援孔子之拒彌子瑕以辨之，而後世復有孔子因彌子瑕之說。翟氏曰：『案彌子欲借重孔子，孔子拒之，此文甚明。《呂氏・慎大覽》乃云：「孔子道彌子瑕見釐夫人，因也。」《淮南・泰族訓》亦云：「孔子欲行王道，七十說而無所偶，故因衛夫人、彌子瑕而欲通其道。」當時之謗孔子者，且不僅造爲癰疽瘠環言矣。』翟氏說均見《四書考異》卷三十一。余謂此非謗孔子也，乃借孔子以自飾其非也。以爲如孔子之爲人，尚因欲行其道，不惜自汙，則枉尺直尋，宜若可爲。吾雖吮癰舐痔，亦可以免於譏矣。」余氏之批判，正突顯出《呂氏春秋》積極求用的精神。余氏之論見氏著《古書通例》（上海：上海古籍出版社，1985年7月），頁 80。

爲。如果孔子謹守道德，不見南子，又怎有機會實行自己的抱負？《論語·雍也》記載：「子見南子，子路不說。夫子矢之曰：『予所否者，天厭之！天厭之！』」孔子甘願冒著被誤解的可能，去見南子，可見其求用心志之堅定。黃老道家認爲：孔子的行爲正符合求治、求用的精神〔註24〕。然若仔細分判，孔子之行乃出於「道之不行」、人倫不明的憂懼，與黃老道家聚焦於政治之術的「務爲治」心態，實有差異。

正因爲目標在於求治、求用，所以《呂氏春秋》特別強調「知時」與「機遇」，〈首時〉言：「事之難易，不在小大，務在知時。」〈長攻〉言：「凡治亂存亡，安危強弱，必有其遇。」然而，人爲努力亦不可或缺，〈慎人〉曰：「功名大立，天也。爲是故，因不慎其人，不可」、〈不廣〉曰：「智者之舉事必因時。時不可必成，其人事則不廣，成亦可，不成亦可。以其所能託其所不能，若舟之與車」都一再強調人事努力的重要。平時就要善盡人事，在時機到來時，應時而爲、「以事適時」（〈召類〉），以建功立業。

同樣的，〈義賞〉篇記載：

> 昔晉文公將與楚人戰於城濮，召咎犯而問曰：「楚眾我寡，奈何而可？」咎犯對曰：「臣聞繁禮之君，不足於文；繁戰之君，不足於詐。君亦詐之而已。」文公以咎犯言告雍季，雍季曰：「竭澤而漁，豈不獲得？而明年無魚。焚藪而田，豈不獲得？而明年無獸。詐偽之道，雖今偷可，後將無復，非長術也」。文公用咎犯之言，而敗楚人於城濮。反而爲賞，雍季在上。左右諫曰：「城濮之功，咎犯之謀也。君用其言而賞後其身，或者不可乎！」文公曰：「雍季之言，百世之利也。犯之言，一時之務也。焉有以一時之務先百世之利者乎？」孔

〔註24〕 陳師麗桂指出：《呂氏春秋》的「因」術，正是遠承管、慎，近襲韓非，轉化自《老子》「和光同塵」的「玄同」哲學而來的。又言：這個「因」術，歸結到最後，和管、慎、韓一樣，是用來講治官的刑名術的。見師著《秦漢時期的黃老思想》（台北：文津出版社，1997年2月），頁44。
王爾敏認爲：若就先秦諸子貴因這一理趣而言，孔子、墨子、荀子，均已表達貴因的用意。惟自《管子》所言「道貴因」一語，方是確見其表現「貴因」思想。因是而可知道家學派中宋鈃、尹文，並早期法家之慎到、申不害，均可知其具有貴因思想。事實上，一切發展完備，醞釀定型之貴因思想，自當歸趨於晚出的雜家。我人從《呂氏春秋》可信其足以代表先秦貴因思想者，自非雜家莫屬。見氏著〈先秦貴因思想〉，《國立臺灣師範大學歷史學報》第27期（1999年6月），頁14～15。

子聞之曰：「臨難用詐，足以卻敵。反而尊賢，足以報德。文公雖不終始，足以霸矣。」賞重則民移之，民移之則成焉。成乎詐，其成毀，其勝敗。天下勝者眾矣，而霸者乃五，文公處其一，知勝之所成也。勝而不知勝之所成，與無勝同。秦勝於戎而敗乎殽，楚勝於諸夏而敗乎柏舉。武王得之矣，故一勝而王天下。眾詐盈國，不可以為安，患非獨外也。（《呂氏春秋校釋》，頁 780）

晉文公在與楚人作戰時，聽從咎犯，使用詐術。勝利回國之後，卻重賞反對使用詐術的雍季。孔子亦認為，遇到危難用詐術，足以打敗敵人；回國以後就應尊崇賢人，報答其恩德，文公雖然不能堅持到底，卻足以成就霸業了。雖然文末說「眾詐盈國，不可以為安」，然而，這段文字卻非常務實地認為，必要之時、不得以之際，可以使用詐術。也就是說，為了求得勝利，詐術仍然可以「救急」。是以作者藉孔子之口說出：「臨難用詐，足以卻敵」，這樣的孔子當然與《論語》中的孔子不同，《論語》中的孔子不可能為了求勝而行欺騙之事。與此相較，《韓非子・難一》所載：「仲尼聞之曰：『文公之霸也，宜哉！既知一時之權，又知萬世之利』」，較接近文中孔子的口吻。吾人亦可由此看出，〈義賞〉此則寓言對孔子改造的幅度較大。《論語》中的孔子不時顯現出「不容，然後見君子」、「君子固窮，小人窮斯濫矣」的氣度。然而，在《呂氏春秋》詮釋改造之下，孔子儼然成為因時而為、伺機而動的賢人〔註25〕。而孔子形象之所以有這樣的轉變，當然是為了完成政治實務上的目標。

二、心懷憂患、有道者成

《呂氏春秋》十分強調孔子有政治方面的才能，〈樂成〉曰：

孔子始用於魯。魯人鷔誦之曰：「麛裘而韠，投之無戾；韠而麛裘，

〔註25〕王弼《論語釋疑》在〈陽貨〉篇「子曰：『然有是言也。曰：不曰堅乎？磨而不磷；不曰白乎？涅而不緇。吾豈匏瓜也哉？焉能繫而不食！』」下注：「孔子機發後應，事形乃視，擇地以處身，資教以全度者也，故不入亂人之邦。聖人通遠慮微，應變神化，濁亂不能污其潔，凶惡不能害其性，所以避難不藏身，物不以形也。」王弼指出，聖人神通廣遠、思慮精微，能與時俱化，知所應變。這樣的詮釋與《呂氏春秋》此處在文字上有相似之處，然而《呂氏春秋》論述的重心在外王事功之建立，而王弼所言聖人之「應變神化」乃是立基於「體無」、「無累於物」的內聖境界上，兩者關注之焦點與立論之向度不同。

投之無郵。」用三年，男子行乎塗右，女子行乎塗左，財物之遺者，
民莫之舉。大智之用，固難踰也。子產始治鄭，使田有封洫，都鄙
有服。民相與誦曰：「我有田疇，而子產賦之。我有衣冠，而子產貯
之。孰殺子產，吾其與之。」後三年，民又誦之曰：「我有田疇，而
子產殖之。我有子弟，而子產誨之。子產若死，其使誰嗣之？」使
鄭簡、魯哀當民之誹訑也而因弗遂用，則國必無功矣，子產、孔子
必無能矣。非徒不能也，雖罪施，於民可也。今世皆稱簡公、哀公
為賢，稱子產、孔子為能，此二君者，達乎任人也。（《呂氏春秋校
釋》，頁989）

孔子剛被任用時，魯國人怨恨他，但三年後，行事有序，路不拾遺。作者以
孔子之例說明魯哀公善於任賢，並論證「民不可與慮化舉始，而可以樂成功
〔註26〕」的法家之理與「大智不形，大器晚成，大音希聲〔註27〕」的道家之
理。

　　《呂氏春秋》常以孔子的言論或事例來佐證道家之理，此種縮合儒道的
作法是為了「王治」之目的，〈慎大〉篇載曰：

趙襄子攻翟，勝老人、中人，使使者來謁之，襄子方食摶飯，有憂
色。左右曰：「一朝而兩城下，此人之所以喜也，今君有憂色何？」
襄子曰：「江河之大也，不過三日；飄風暴雨，日中不須臾。今趙氏
之德行，無所於積，一朝而兩城下，亡其及我乎？」孔子聞之曰：「趙
氏其昌乎！」夫憂所以為昌也，而喜所以為亡也；勝非其難者也，
持之其難者也。賢主以此持勝，故其福及後世。齊、荊、吳、越皆
嘗勝矣，而卒取亡，不達乎持勝也。唯有道之主能持勝。孔子之勁，
舉國門之關，而不肯以力聞；墨子為守攻，公輸般服，而不肯以兵
加。善持勝者，以術彊弱。（《呂氏春秋校釋》，頁845）

趙襄子所言：「江河之大也，不過三日；飄風暴雨，日中不須臾」之論即《老
子・二十三章》所載「飄風不終朝，驟雨不終日，孰為此者，天地。天地尚
不能久，而況於人乎？」及〈三十章〉所言「物壯則老，是謂不道，不道早

〔註26〕 《商君書・更法》言：「愚者闇於成事，知者見於未萌。民不可與慮始，可與
　　　　樂成功。」見蔣禮鴻撰《商君書錐指》（北京：中華書局，1986年4月），頁
　　　　2。

〔註27〕 《老子・四十一章》言：「大方無隅，大器晚成，大音希聲，大象無形」。

已〔註28〕」之義理。孔子聞知此事，讚揚趙襄子能秉持憂患意識，以維持勝利。作者指出，孔、墨有勇力、能用兵，卻不以此求勝。因為持勝的關鍵並不在勇力或用兵，而在「術」——操持強弱之術，而孔子對趙襄子的讚許也暗示了孔子深諳此強弱之術。

儒道兩家各有其「憂患意識」，孔子言：「人無遠慮，必有近憂」（〈衛靈公〉），〈五行〉談「中心之憂」，孟子亦言：「君子有終身之憂」（〈離婁下〉），孔孟所憂心的是自我道德是否良好，個人能否行仁由義。而孟子所言「入則無法家拂士，出則無敵國外患者，國恒亡。然後知生於憂患而死於安樂也」（〈告子下〉）亦有心懷憂懼，發憤圖強，反而能使國家長治久安之意。然而，此是從國際現實情勢來論憂患意識，與道家之思考進路有所不同。

道家的「憂患意識」著重於自然有其循環，天地有其規律，「盛極而衰」、「物極必反」，因此有道者必須與天地同德，順自然而行，才能保持平衡，主導強弱之勢。道家之所以以「道」名家，實乃因道者有著喜言天道、擅長「以天道下推人事」的性格。雖然「道家」之名的出現，乃是後人整理的結果，先秦道家人物並沒有自覺地以「道者」自居，然而，其善言天道以推人事的特點，正是後人將其歸為一類的原因。

在《呂氏春秋》作者的安排下，孔子的贊語結合了道家的學說。必須釐清的是，作者此舉乃是出於追求治國之道的需要，並非出於有意結合儒道的學術企圖。然而，此舉無意間促成了孔子的「道家化」，也影響了後世對孔子形象的理解。

三、先德後武、無為而治

〈上德〉篇言：

> 三苗不服，禹請攻之。舜曰：「以德可也。」行德三年，而三苗服。孔子聞之曰：「通乎德之情，則孟門、太行不為險矣。故曰：德之速，疾乎以郵傳命。」周明堂，金在其後，有以見先德後武也。舜其猶此乎？其臧武通於周矣。（《呂氏春秋校釋》，頁1256）

文中孔子的評論在強調，德政收效快速，以德施政，即可通行無阻。孔子的言論只在追求「行德」，並未論及「用武」，「先德後武」之論其實是《呂氏春

〔註28〕王弼《注》曰：「壯，武力暴興，喻以兵強於天下者也。飄風不終朝，驟雨不終日，故暴興必不道早已也。」

秋》作者的發揮，認為：由舜以至周代，皆有「先德後武」的傳統，君王必須先行德教，不輕言動武，當然，這樣的理論並不排除用武的可能。〈上德〉篇談「為天下及國，莫如以德，莫如行義」之理，主張聖王應順應天道，以德化民，其德澤如天覆地載一般廣披天下，無論喜愛或厭惡之物，皆無私心，這就是「順天」之道。在此，孔子基本上保持了追求「德政」的形象〔註29〕，「先德後武」之論乃是《呂氏春秋》的後續闡發，亦即〈用民〉篇所言：「凡用民，太上以義，其次以賞罰。」

　　至於〈先己〉篇則採取了「並列孔子之言與道者之言」以論理的模式，文曰：

> 《詩》曰：「執轡如組。」孔子曰：「審此言也可以為天下。」子貢曰：「何其躁也？」孔子曰：「非謂其躁也，謂其為之於此，而成文於彼也，聖人組修其身，而成文於天下矣。」故子華子曰：「丘陵成而穴者安矣，大水深淵成而魚鱉安矣，松柏成而塗之人已蔭矣。」
> （《呂氏春秋校釋》，頁145）

孔子認為，了解《詩經》所言「執轡如組」之理，就可以治理天下了。「執轡如組」比喻聖人修養自身，自然能成就功業、安定天下。子華子之言則顯示環境安適，政治不攪擾民生，人民自然安居樂業。《詩經》所言「執轡如組」與子華子所言「丘陵成而穴者安矣」有共同之理，此即〈先己〉下文所揭示的「無為而治」。

　　關於「子華子」此人，高誘《注》：「子華子，古體道人。無欲，故全其生。長生是行之上也。」陳奇猷說：「子華子之學，其要旨即此所謂『全生為上』，〈審為〉引其言曰：『兩臂重於天下，身又重於兩臂』，其旨尤為明顯。至於『全生』，非僅有其生而已，必『六欲皆得其宜』始可謂之『全生』。六欲得其宜之標準若何？曰樂其所樂則幾矣。」、「子華子之主張不是『無欲』，而是『有欲』，但欲不得其宜時則須『忘欲』，高注云『無欲』，蓋不明子華子之學也。〔註30〕」由此可知，子華子學說強調「全生」，且「生」的內涵不僅

〔註29〕 若依據《論語‧衛靈公》所載：「衛靈公問陳於孔子。孔子對曰：『俎豆之事，則嘗聞之矣；軍旅之事，未之學也。』明日遂行。」可推知孔子反對君主用武的立場。

〔註30〕 陳奇猷又言：子華子以為「生」之至上者為六欲皆得其宜之「全生」。「全生」與「長生」義殊，高注云：「長生是行之上」，亦失子華子之旨。參見氏著《呂氏春秋校釋》，頁81～82。

包含身體形軀，也包含了適度滿足感官欲望，使「六欲得其宜」，精神得其樂。因此，子華子並非主張絕禁、消滅欲望，而是承認欲望之存在，宜適度滿足欲望的需求，但也不能助長欲望無限度滋長，有時必須以「忘欲」克制之。其思想雖與老子、楊朱等人節欲養生（老子言：「難得之貨，令人行妨」、「聖人為腹不為目」；楊朱重「全身保真，不以物累形」）的偏重不同，但他們重視生命、追求養生的道家思路相近。作者此處並引孔子之說與子華子之言，隱含著兩人學說在此有契合之處，也就是儒道兩家有一共同的價值──「無為而治」。看似不相關的兩人學說，為何能被綰合一起？作者為何作出這樣的推論？孔子的無為而治是儒家的典範教育，聖王以其完美人格為民之典範，人民一望而知所自治，故收效迅速。道家則強調「為無為則無不治」（《老子·第三章》），再聯結子華子的「全生」主張，子華子的「無為而治」應是指去除規範與限制後，環境安適自在，人民自能滿足其生命需求，自然「甘其食，美其服，安其居，樂其俗」（《老子·八十章》）。〈先己〉僅就其「無為而治」之名連結兩家學說，並未考慮其內涵的差異。〈先己〉接著說：

> 孔子見魯哀公，哀公曰：「有語寡人曰：『為國家者，為之堂上而已矣。』寡人以為迂言也。」孔子曰：「此非迂言也。丘聞之：『得之於身者得之人，失之於身者失之人。』不出於門戶而天下治者，其唯知反於己身者乎！」〔註31〕（《呂氏春秋校釋》，頁145）

文中孔子所言：「得之於身者得之人」是儒家式的「無為而治」，合於《論語·衛靈公》中所論述的義理。〈衛靈公〉記載：「子曰：『無為而治者，其舜也與？夫何為哉，恭己正南面而已矣。』」儒家強調道德之自覺自省，聖王涵養本心之善性，修此使成「典範」之身，以為天下「式」。此身修得越好，展示的模式越標準，天下人越能受其感，自然成教。再以「修身──齊家──治國──平天下」的模式推擴出去，即能安治天下、收服民心，此即「得之於身者得之人」。

孔子之後所說「不出於門戶而天下治者，其唯知反於己身者乎？」則是道家式的「無為而治」，襲用了《老子·四十七章》：「不出戶，知天下；不闚

〔註31〕 《孔子家語·賢君》記載：「衛靈公問于孔子曰：『有語寡人：「有國家者，計之于廟堂之上，則政治矣。」何如？』孔子曰：『其可也。愛人者則人愛之，惡人者則人惡之。知得之己者，則知得之人。所謂不出環堵之室，而知天下者，知反己之謂也。』」文字與此相近。

牖，見天道。其出彌遠，其知彌少，是以聖人不行而知，不見而名，不爲而成」。孔子在此襲用了《老子》之言，彷彿熟知道家之理，由此可見在《呂氏春秋》作者的安排之下，他儼然已成爲「會通儒道」之人了。

《呂氏春秋》在此結合了孔子思想與老子言論，申論「無爲而治」之意。儒道兩家所論之「無爲而治」的確皆含有修養己身，才能平治天下之意。然而，各家所言「無爲」的內涵其實差異甚大。儒家之「無爲」強調的是道德覺醒之後，以仁心廣施德澤、以德化民〔註32〕，此即〈爲政〉所言「恭己正南面」；老子之「無爲」強調的是去除造作，順任自然，不生攪擾，政治反而因此清明，故曰「道常無爲而無不爲。侯王若能守之，萬物將自化。」（〈三十七章〉）。儒道在「無爲而治」論題中，表面上看來似乎有可以會通之處。但是，嚴格說來，兩家的義理內涵其實不同。

《呂氏春秋》所論之「無爲而治」與《老子》之意涵是否完全相同呢？若單就表面文句來看，兩者之用語確實十分一致。〈先己〉說「先聖王成其身而天下成，治其身而天下治」，正是襲用《老子·十三章》：「貴以身爲天下，若可寄天下，愛以身爲天下，若可託天下」。然而，仔細考察〈先己〉篇所談之「無爲」——「故反其道而身善矣；行義則人善矣；樂備君道而百官已治矣，萬民已利矣。三者之成也，在于無爲。無爲之道曰勝天，義曰利身，君曰勿身。勿身督聽，利身平靜，勝天順性。」乃是指：若返歸於道，則自身美善；多行仁義，則眾人稱善；樂行君道，則百官得治、萬民得利。此三者皆成於「無爲」。無爲之道在於法天而行，順時而爲，保養自身，外物不傷，保持心靈的平靜，凡事不可親力親爲。《呂氏春秋》的「無爲而治」既言「行義」，又言「勝天」、「勿身」〔註33〕，不但涵容儒道，又加以轉化，強調人君不僅要多行仁義，亦要潛藏不伸、因勢而爲、順天而行。由此可知《呂氏春秋》所論之「無爲而治」與《老子》的原義也有不同。

〔註32〕 林惟仁認爲：孔子所言之「道德」，若不從「自覺之意識」來說，將會抽離「儒家之所以爲儒家」的精神。不過，這不是判定孔子高舉「自覺意識」或「價值根源」，就「立即地」完成「道德」。孔子言「道德」之效用，仍著眼於「治世」上，因此「道德」的「實踐層面」，不應被「價值層面」所淹沒。參見氏著《求道者——以孔子弟子爲研究的起點》（國立政治大學中文系碩士論文，林啓屏先生指導，2005 年 7 月），頁 83。

〔註33〕 陳奇猷指出：「勿身即勿申，謂自我潛藏不申（伸）於外也。」、「法與任、勝義近，則帛書『法天地之則者』即此文『勝天』也。」見氏著《呂氏春秋校釋》，頁 150。

　　因此，雖然各家都談「無為而治」，然而重點在於「無為」、「反其道」的意涵是什麼？究竟是儒家的「恭己而正」、「反身而誠，樂莫大焉」？還是道家的「不為而成」、「不出戶，知天下」？抑或兩者兼而有之？《呂氏春秋》在此似乎是找到一個可以兼融儒道的空間，更重要的是，其結合不只是儒道字面上的連結，《呂氏春秋》實際上呈顯了黃老道家式的「無為而治」。黃老思想下的「無為」談「修身」，但不只著重儒家之道德仁義，也強調要保養身形、保持心靈平靜；黃老思想下的「無為」也談「不出戶，天下治」，但不只強調內凝自觀之省察，更強調要知人善任，主導大勢，因時而為。且較之於黃老帛書與《管子》一系的「無為」，《呂氏春秋》更強調儒家之仁德。《呂氏春秋》可說是對「無為而治」作出了改造性的詮釋，在其改造下，孔子也彷彿成了融通儒道之人。

四、君因臣為、正名守分

〈召類〉說：

> 士尹池為荊使於宋，司城子罕觴之。南家之牆，犨於前而不直；西家之潦，徑其宮而不止。士尹池問其故。司城子罕曰：「南家，工人也，為鞔者也。吾將徙之。其父曰：『吾恃為鞔以食三世矣。今徙之，是宋國之求鞔者不知吾處也。吾將不食。願相國之憂吾不食也。』為是故，吾弗徙也。西家高，吾宮庳，潦之經吾宮也利，故弗禁也。」士尹池歸荊，荊王適興兵而攻宋，士尹池諫於荊王曰：「宋不可攻也。其主賢，其相仁。賢者能得民，仁者能用人。荊國攻之，其無功而為天下笑乎！」故釋宋而攻鄭。孔子聞之曰：「夫脩之於廟堂之上，而折衝乎千里之外者，其司城子罕之謂乎？」宋在三大萬乘之間。子罕之時，無所相侵，邊境四益，相平公、元公、景公以終其身，其唯仁且節與？故仁節之為功大矣。故明堂茅茨蒿柱，土階三等，以見節儉。（《呂氏春秋校釋》，頁 1361）

本文說明「賢者能得民，仁者能用人」之理，司城子罕仁慈賢能，楚王因此不出兵攻宋。孔子稱道其在朝廷上修養自己的品德，卻能制勝敵軍於千里之外。從字面上看，此似是儒家式的「無為而治」，但《呂氏春秋》所談的不只是儒家式的修養品德而已，黃老道家式的「無為」重點在於：修養品德、保養身形之外，還要得到賢才之佐助，才能夠達成「無為而治」的理想。也就

是說「君無爲而臣有爲」〔註34〕，才可能達成王治的目標。之所以必須在「君無爲」之下強調「臣有爲」，是因爲時代漸趨複雜，事務漸趨繁多，單靠君主「無爲」不可能順理國事；是以「有爲」的重擔就落在臣下的身上，要透過層層的組織與分工，才能達成王治的目的。同樣的，〈求人〉亦載：

> 晉人欲攻鄭，令叔嚮聘焉，視其有人與無人。子產爲之詩曰：「子惠思我，褰裳涉洧；子不我思，豈無他士？」叔嚮歸曰：「鄭有人，子產在焉，不可攻也。秦、荊近，其詩有異心，不可攻也。」晉人乃報攻鄭。孔子曰：「《詩》云：『無競惟人。』子產一稱而鄭國免。」（《呂氏春秋校釋》，頁 1515）

子產引詩經之言，順利化解晉國攻打的危機。孔子稱讚他：誦詩一首就能使鄭國免於災難。這個事例也是在闡發「賢主勞於求人而佚於治事」的政治主張。君主若想達成「無爲而治」的目的，必須先求得賢人之助，才能以逸待勞。由此可知，《呂氏春秋》確實轉化了儒道兩家「無爲而治」的意涵，呈現了黃老道家之「無爲」。其所言「無爲而治」是針對君主而言，限定在君主得賢士輔佐之後，才能完成理想的政治目標。與此相對，君主若「勞於治事」，勞形苦思，親力親爲，則必用力多而見功少。

爲了達成「君因臣爲」的目標，君主必須正名定分〔註35〕，臣下必須謹守職務，〈不苟〉篇言：

> 武王至殷郊，係墮。五人御於前，莫肯之爲，曰：「吾所以事君者非係也。」武王左釋白羽，右釋黃鉞，勉而自爲係。孔子聞之曰：「此五人者之所以爲王者佐也，不肖主之所弗安也。」故天子有不勝細民者，天下有不勝千乘者。（《呂氏春秋校釋》，頁 1583）

孔子認爲：五人所以成爲王者輔臣的原因，就在於臣下謹守職分，不越俎代

〔註34〕 白奚指出：君無爲，臣有爲的思想可能是早期黃老學者申不害率先提出的。《申子·大體》：「鼓不與於五音，而爲五音主；有道者不爲五官之事，而爲治主。君知其道也，官人知其事也。十言十當，百爲百當者，人臣之事，非君人之道也。」又曰：「君如身，臣如手；君如號，臣如響；君設其本，臣操其末；君治其要，臣行其詳；君操其柄，臣事其常。」參見氏著〈郭店儒簡與戰國黃老思想〉，收入陳鼓應主編《道家文化研究》第十七輯（北京：生活·讀書·新知三聯書店，1999 年 8 月），頁 444。

〔註35〕 〈審分〉曰：「有道之主，其所以使羣臣者亦有轡。其轡何如？正名審分，是治之轡也」、「故至治之務，在於正名。名正則人主不憂勞矣。」見陳奇猷《呂氏春秋校釋》，頁 1030。

庖。〈不苟〉篇作者以此論證「定分官，此古人之所以爲法也」與人臣「必中理然後動，必當義然後舉」之理。人君執此政術，主導百官；人臣謹守本分，各盡其職，故能事省而國治，此即〈圓道〉所言：「主執圓，臣處方，方圓不易，其國乃昌。」

　　孔子提出「正名」之論，其理據在於「名不正，則言不順；言不順，則事不成；事不成，則禮樂不興；禮樂不興，則刑罰不中；刑罰不中，則民無所措手足。故君子名之必可言也，言之必可行也。」(《論語‧子路》)。「正名」是爲了使上位者能夠名正言順地推行禮樂教化，上下尊卑依此確立，家族之婚喪祭祀、個人之言行進退才有依循的準則。孔子以恢復周文爲志，政治秩序的建立倚賴「正名」之原則，然此禮樂之治並非只是外在之儀節形式，而是以仁之道德意識縱貫其中。《呂氏春秋》作者以孔子之言闡發正名定分之理，然其重點卻落在君主操控大局，循名責實，臣下各司其職，不相逾越，以達成「君無爲臣有爲」的理想，實已歧出孔子「正名」思想。

　　〈察賢〉篇也以「宓子賤治單父」爲例，說明「君無爲臣有爲」之理，文曰：

> 宓子賤治單父，彈鳴琴，身不下堂而單父治。巫馬期以星出，以星入，日夜不居，以身親之，而單父亦治。巫馬期問其故於宓子。宓子曰：「我之謂任人，子之謂任力。任力者故勞，任人者故逸。」宓子則君子矣，逸四肢，全耳目，平心氣，而百官以治義矣，任其數而已矣。巫馬期則不然，弊生事精，勞手足，煩教詔，雖治猶未至也。(《呂氏春秋校釋》，頁 1441)

宓子賤「任人」而治，己無爲臣有爲，單父因而大治；巫馬期「任力」而治，親力親爲，是以單父雖治，卻未達至境。相較之下，當然以宓子賤爲高。因此，君主應「無智」、「無能」、「無爲」，才能「使眾智」、「使眾能」、「使眾爲」，其成功的關鍵就在於選才任能，正名定分，使其各司其職，故曰：「凡人主必審分，然後治可以至」、「故至治之務，在於正名」(〈審分〉)。筆者之所以特別舉出「宓子賤治單父」之例，是因爲宓子賤正是黃老道家式「無爲而治」的典範，他對外能用賢任人，正名定分；對內則精誠內發，感化萬民，孔子亦肯定其精誠化民之術。

　　總之，《呂氏春秋》透過孔子的贊語評論，強調孔子的「求賢」與「正名」思想，再進一步闡發黃老道家式君因臣爲、正名定分的理論，無形中也轉化

了孔子的形象。

五、與天符同、精誠動人

《呂氏春秋》常以孔子之言行來論證道家之理，無意間促成了孔子的「黃老道家化」。更值得注意的是，在〈精諭〉篇作者的塑造下，孔子成了與天符同的道家聖人，〈精諭〉說：

> 孔子見溫伯雪子，不言而出。子貢曰：「夫子之欲見溫伯雪子好矣，今也見之而不言，其故何也？」孔子曰：「若夫人者，目擊而道存矣，不可以容聲矣。」故未見其人而知其志，見其人而心與志皆見，天符同也。聖人之相知，豈待言哉？（《呂氏春秋校釋》，頁 1167～1168）

孔子所言「目擊而道存，不可以容聲」是十足的道家之言，孔子僅以目視，不必言談，就能夠感知對方是得道之人。聖人之間的溝通理解，不必透過語言，那麼聖人究竟是如何感知的？道家認為，天地萬物皆是一氣之流行〔註36〕，聖人修養自身，內向觀凝於己，剝除感官的蔽障之後，「不出戶，知天下；不闚牖，見天道」，不必向外探求執取，自然能感通外物，就如〈君守〉所言：「不出於戶而知天下，不窺於牖而知天道。其出彌遠者，其知彌少。故博聞之人、疆識之士闕矣，事耳目、深思慮之務敗矣，堅白之察、無厚之辯外矣。不出者，所以出之也；不為者，所以為之也。此之謂以陽召陽，以陰召陰。」博聞強識之士不能泯除主客二分之成心，以耳目感官執取外物，實是將外物「對象化」，反在物我之間建立無可跨越的鴻溝。反之，道家聖人透過「以陽召陽，以陰召陰」的類應感通，就能感知天下萬物。因此，道家之聖人「未見其人而知其志，見其人而心與志皆見。」不必眼見，就能感知對方的志向。眼見之後，更能感通了解對方的心思，這同時也是道家式的「識人之明」。文末說：「聖人之相知，豈待言哉？」將孔子與溫伯雪子同列為與天符同的聖人，

〔註36〕 《莊子‧知北遊》曰：「人之生，氣之聚也；聚則為生，散則為死。……故曰：『通天下一氣耳。』聖人故貴一。」在《管子》與《呂覽》中，「氣」的分類漸趨眾多，正因「氣」與萬物的生息消長密切相關，是以論者將其與「天」、「地」、「陰」、「陽」、「寒」、「暖」、「燥」、「濕」、「春」、「秋」結合，用以詮釋自然之氣與萬物生滅的關聯。而在《管子‧四時》「其氣曰風，風生木與骨」、「其氣曰陽，陽生火與氣」、「其氣曰陰，陰生金與甲」、「其氣曰寒，寒生水與血」的論述過程中，「氣生物」的思想也得到了進一步的發揮。「風」、「陽」、「陰」、「寒」四類之「氣」具有創生意涵，是一切生物與無生物的源頭，亦即是萬物之根源。

進一步將孔子形象加以道家化。

　　《莊子・田子方》亦記載了溫伯雪子與孔子之事〔註37〕，〈田子方〉的記錄側重於溫伯雪子的感嘆，他認爲中國之君子進退舉止遵守規矩、講求禮義，卻不能夠明白人心之眞義。孔子見溫伯雪子而不言，可見孔子與一般的中國君子有異，孔子目擊雪子後，即知其爲得道的聖人，他能理解得道之人的境界，亦知語言之無用與侷限。〈田子方〉的作者確實分隔了「孔子」與「中國君子」的不同，認爲孔子能「理解」道家聖人的境界，但也僅止於「理解」而已，孔子尚未與溫伯雪子並列，溫伯雪子對君子的質疑仍未化解，孔子也仍非得道之聖人。

　　相較於《莊子・田子方》，《呂覽・精諭》的記錄省略了溫伯雪子批評「中國之君子」的部分，不對儒家進行批判，顯示其兼取儒家與道家的思想性格，更重要的是其後的評論——「聖人之相知，豈待言哉？」將孔子與溫伯雪子皆視爲道家聖人，認爲聖人之間相互溝通不需要語言，未見其人即能知其志向，見其人即能見其心思，這是因爲兩人皆到達了與天道相通的境界。

　　由此可知，《莊子・田子方》只說孔子能「理解」溫伯雪子的境界；《呂覽・精諭》則大大提高了孔子的地位，將孔子與溫伯雪子並列，塑造他爲與天符同的聖人，肯定聖人之精神能彼此相通，不必經由粗糙而表面的語言，就能達到溝通的效果，呼應了〈精諭〉篇所論「聖人相諭不待言，有先言言者也」。因此，在本篇中，孔子不僅是聖人，且是道家化的聖人。相較而言，在《莊子》外雜篇中，孔子有時是得道之聖人，有時是求道之凡人；而在《呂覽・精諭》中，孔子的聖人境界已確定無疑。

　　再者，〈具備〉記載：

　　　三年，巫馬旗短褐衣弊裘，而往觀化於亶父，見夜漁者，得則舍之。

　　　巫馬旗問焉，曰：「漁爲得也。今子得而舍之，何也？」對曰：「宓

〔註37〕《莊子・田子方》曰：「溫伯雪子適齊，舍於魯。魯人有請見之者，溫伯雪子曰：『不可。吾聞中國之君子，明乎禮義而陋於知人心，吾不欲見也。』至於齊，反舍於魯，是人也又請見。溫伯雪子曰：『往也蘄見我，今也又蘄見我，是必有以振我也。』出而見客，入而嘆。明日見客，又入而嘆。其僕曰：『每見之客也，必入而嘆，何耶？』曰：『吾固告子矣：「中國之民，明乎禮義而陋乎知人心。」昔之見我者，進退一成規，一成矩，從容一若龍，一若虎，其諫我也似子，其道我也似父，是以嘆也。』仲尼見之而不言。子路曰：『吾子欲見溫伯雪子久矣。見之而不言，何邪？』仲尼曰：『若夫人者，目擊而道存矣，亦不可以容聲矣！』」見《莊子集釋》，頁704～706。

子不欲人之取小魚也。所舍者小魚也。」巫馬旗歸，告孔子曰：「宓
子之德至矣。使民闇行，若有嚴刑於旁。敢問宓子何以至於此？」
孔子曰：「丘嘗與之言曰：『誠乎此者刑乎彼』。宓子必行此術於亶父
也。」夫宓子之得行此術也，魯君後得之也。魯君後得之者，宓子
先有其備也。先有其備，豈遽必哉？此魯君之賢也。三月嬰兒，軒
冕在前，弗知欲也，斧鉞在後，弗知惡也，慈母之愛諭焉，誠也。
故誠有誠乃合於情，精有精乃通於天。乃通於天，水木石之性，皆
可動也，又況於有血氣者乎？故凡說與治之務莫若誠。聽言哀者，
不若見其哭也；聽言怒者，不若見其鬥也。說與治不誠，其動人心
不神。（《呂氏春秋校釋》，頁 1225～1226）

巫馬旗到亶父去觀察教化後，告訴孔子「宓子之德至矣。使民闇行，若有嚴
刑於旁」，是以巫馬旗讚其「德至矣」。孔子認為宓子真正做到了誠於中者，
形於外，精誠能感通天地萬物，人民自然心悅誠服，如同下文所言：「誠有誠
乃合於情，精有精乃通於天。乃通於天，水木石之性，皆可動也，又況於有
血氣者乎？故凡說與治之務莫若誠。」誠而又誠，至於極致，能引發他人情
感的共鳴；精而又精，至於極致，則能感通天地萬物。值得注意的是，孔子
所言：「丘嘗與之言曰：『誠乎此者刑乎彼』，宓子必行此術於亶父也」，說明
了宓子所行的政治之術，乃是出於孔子的教導。也就是說，孔子早就深諳精
誠動人，以誠治國之理〔註38〕。

　　戰國以後，儒家後學亦論「誠」之道，如：《中庸·第二十二章》曰：「唯
天下至誠，為能盡其性；能盡其性，則能盡人之性；能盡人之性，則能盡物
之性；能盡物之性，則可以贊天地之化育；可以贊天地之化育，則可以與天

〔註38〕佐藤將之認為：〈具備〉的作者明確地將「誠」當作「統治術」最重要的一點……
在這裏「誠」概念與「精」相結合，被看做「通乎天」的價值。其實，如此
「通乎天」的「誠」與「精」，和《莊子·徐無鬼》中的「應天地之情」的「誠」
相當一致。不但如此，在〈漁夫〉（筆者按：〈漁夫〉應作〈漁父〉）的「精誠
之至也。不精不誠，不能動人」一句中，作者還主張能否「動人」的關鍵，
在於「精」和「誠」的結合狀態。……然而，在〈具備〉和〈漁夫〉的例子
之間，還是有些許差異。〈漁夫〉的作者基本上是將「精」和「誠」當作對「仁
義」和「禮」等儒家價值概念的批判而提出的，並且頗有反世俗（即「反政
治活動」）的立場。相反地，〈具備〉的「誠」卻明確地是作為一個「統治術」
而提倡的價值。見氏著〈戰國時代「誠」概念的形成與意義：以《孟子》、《莊
子》、《呂氏春秋》為中心〉，《清華學報》新三十五卷第二期（2005 年 12 月），
頁 238。

地參矣。」認爲至誠者能盡人之性，是以能預知國事，參贊天地之化育〔註39〕。
《中庸》是以「誠」爲中心所開展之天人合一之道。然而，其論僅止於「誠」
而已，未曾提及「精」的概念，「精」乃是黃老道家一系的概念，《管子》書
中的討論尤其豐富。結合了「精」與「氣」，形成「精氣說」的，正是《管子》
與《呂覽》二書〔註40〕。《呂氏春秋·盡數》說：「精氣之集也，必有入也。
集於羽鳥，與爲飛揚；集於走獸，與爲流行；集於珠玉，與爲精朗；集於樹
木，與爲茂長；集於聖人，與爲夐明。精氣之來也，因輕而揚之，因走而行
之，因美而良之，因長而養之，因智而明之。」精氣聚集於各種物類之中，
因順萬物本有之質，使其得以正常運作、顯現本性。〈君守〉言：「昊天無形
而萬物以成；至精無象而萬物以化。」說萬物乃是由無形的上天生成、由無
象之精氣化育。這都顯示出精氣化生萬物、順成萬類，是萬物賦生稟性之根
源。

〔註39〕 見〈二十四章〉言：「至誠之道，可以前知。國家將興，必有禎祥；國家將亡，
必有妖孽；見乎蓍龜，動乎四體。禍福將至：善，必先知之；不善，必先知
之。故至誠如神。」、〈三十二章〉曰：「唯天下至誠，爲能經綸天下之大經，
立天下之大本，知天地之化育。夫焉有所倚？肫肫其仁！淵淵其淵！浩浩其
天！苟不固聰明聖知達天德者，其孰能知之？」
又，除《中庸》外，孟、荀亦有至誠動人、參贊萬物化育之論。《孟子·離婁
上》言：「居下位而不獲於上，民不可得而治也。獲於上有道：不信於友，弗
獲於上矣；信於友有道：事親弗悅，弗信於友矣；悅親有道：反身不誠，不
悅於親矣；誠身有道：不明乎善，不誠其身矣。是故誠者，天之道也；思誠
者，人之道也。至誠而不動者，未之有也；不誠，未有能動者也。」《荀子·
不苟》言：「君子養心莫善於誠，致誠則無它事矣。惟仁之爲守，惟義之爲行。
誠心守仁則形，形則神，神則能化矣。誠心行義則理，理則明，明則能變矣。
變化代興，謂之天德。天不言而人推高焉，地不言而人推厚焉，四時不言而
百姓期焉。夫此有常，以至其誠者也。」
〔註40〕 在《管子》〈心術上〉、〈心術下〉、〈白心〉、〈內業〉四篇中，「精氣說」由修
養論出發，而修養的終極目標則指向治國之術。〈內業〉提出了「凡人之生也，
天出其精，地出其形，合此以爲人」、「凡物之精，此（化）則爲生，下生五
谷，上爲列星，流於天地之間謂之鬼神，藏於胸中謂之聖人」的說法，然而，
說「精」是物質性的，抑或精神性的，似乎都難盡其實，因爲無論是從〈水
地〉篇中有關「精」的討論出發，抑或由〈心術〉四篇來看，「精」乃是精神
與物質之上的一切存在之基礎。正因爲「精」與「氣」兩個範疇有其相似性，
二者皆是萬物存在之源，「精氣」一詞於是乎形成，〈內業〉、〈五行〉、〈侈靡〉
皆載有關於「精氣」的紀錄。「精」之所以與「氣」結合，乃是要借助於「氣」
充塞天地、瀰漫一切，無處不入、無地不存的特性，「精」與「氣」結合爲「精
氣」一詞，更顯其靈動性。

　　而在〈具備〉篇中，孔子似乎仍是儒家之人，孔子只提「誠」之道，未言「精」之理〔註41〕，而《呂氏春秋》的作者則將「精」與「誠」兩概念合而論之，如〈精通〉言：「身在乎秦，所親愛在齊，死而志氣不安，精誠往來也。」《呂氏春秋》更將「精誠」之論用在政治上，認爲精誠至極能夠感化人民，是以「君子誠乎此而諭乎彼，感乎己而發乎人，豈必強說乎哉？」、「聖人南面而立，以愛利民爲心，號令未出，而天下皆延頸舉踵矣，則精通乎民也」（〈精通〉）〔註42〕，聖人愛民之號令未出，天下人即心悅歸服，乃因聖人以精誠感通萬民，這是君民之間超乎語言的溝通模式，而意念之所以能夠傳達，是建立在君民身心類同，故能共感的基礎上。此即黃老道家式的「以德化民」，無需語言教化，更遑論以力服人，其最高境界是——「同氣」，也就是〈應同〉篇所言：「同氣賢於同義，同義賢於同力」、「帝者同氣，王者同義，霸者同力。」聖王與人民同息共感，精誠互通，皆渾化於天地根源之一氣。因此，宓子執政能達到「使民闇行，若有嚴刑於旁」的效果，也就是不必刑罰，人民自動遵循法規，這也符合《呂氏春秋》一貫「先德後刑」的理念。

　　在〈具備〉篇中，孔子只提「誠」之道，未言「精」之理，大致符合儒家立場。值得注意的是：文中的孔子說「宓子必行此『術』於亶父」，明確將「誠」的發用，化爲一種統治之術，這正是《呂氏春秋》中孔子形象的轉化。《呂氏春秋》進一步結合了道家之「精」與儒家之「誠」，將「精誠動人」視爲政治化民之術，這是《呂氏春秋》的新詮釋。

〔註41〕陳平坤指出：雖然「誠」在道家重要典籍《莊子》的「雜篇」中已受重視，不過，它的意義，主要是落在意指精神摶聚充盈的一種生命狀態，如〈庚桑楚篇〉所說：「不見其誠己而發，每發而不當」及〈漁父篇〉所言：「眞者，精誠之至也：不精不誠，不能動人」等等；而且它在《莊子》書中，並不與「仁」、「義」等人倫道德觀念結合起來，以展開哲理的論述。相反地，《呂氏春秋》所說的「誠」，更接近《中庸》的觀念，書中也曾引用孔子的話說：「誠乎此者刑乎彼」。因此，《呂氏春秋》所謂「誠」反映了儒家思想的某些精神取向。見氏著〈《呂氏春秋》與《淮南子》的感應思維〉，《臺灣大學哲學評論》第三十二期（2006年10月），頁191。

〔註42〕佐藤將之指出：《呂氏春秋》的「誠」與「精」概念非常密切，而基於「類比」的思維模式，係指人和人之間「非語言」的意念傳達（即「精」和「精」之間的互應）。具體而言，《呂氏春秋》的作者認爲，有「誠心」的統治者之「精」會引起被統治者的正面反應，藉由此便能夠不靠法令等語言的手段而贏得人民的服從。而且，《呂氏春秋》的「誠」和「精」概念，在其「養生→與天地合一→非語言的統治」的理論架構中發揮其思想特色。見氏著〈戰國時代「誠」概念的形成與意義：以《孟子》、《莊子》、《呂氏春秋》爲中心〉，頁241。

六、至言去言、智可微謀

　　黃老道家對於老莊的「無言」思想也有新的詮釋與闡發，〈精諭〉篇言：

> 白公問於孔子曰：「人可與微言乎？」孔子不應。白公曰：「若以石
> 投水奚若？」孔子曰：「沒人能取之。」白公曰：「若以水投水奚若？」
> 孔子曰：「淄、澠之合者，易牙嘗而知之。」白公曰：「然則人不可
> 與微言乎？」孔子曰：「胡爲不可？唯知言之謂者爲可耳。」白公弗
> 得也。知謂則不以言矣。言者，謂之屬也。求魚者濡，爭獸者趨，
> 非樂之也。故至言去言，至爲無爲。淺智者之所爭則末矣。此白公
> 之所以死於法室。（《呂氏春秋校釋》，頁1168）

白公希望爲父報仇，尋問是否有「微言」——隱微之言的可能，也就是不明言某事，而以暗示隱喻的方法傳遞訊息。孔子認爲，只有「知言」者才可能「微言」，也就是說，只有眞正了解語言意義與侷限的人，才可能「微言」，甚至「無言」。語言是用以表達思想意涵的工具，並非思想意涵本身，是以「至言去言，至爲無爲」，白公不能了解這層眞義，所以最後死於非命。

　　《老子·五十六章》言：「知者不言，言者不知」；〈五十七章〉言：「我無爲，而民自化」、「我無欲，而民自樸」；《莊子》談恬淡無爲之道，〈知北遊〉言：「至言去言，至爲去爲。齊知之所知，則淺矣」。《呂氏春秋》的「去言」、「無爲」之論無疑是襲用老莊之說。值得注意的是，《呂氏春秋》不只強調透過「去言」、「無爲」逐步歸返大道，剝除語言的侷限以同於大通，更強調眞正的「知言」者，在傳遞訊息時，不必透過語言，而是透過精神意識的相通，就能達到溝通的效果，如此就能避免被他人察覺自己的心思。因此，〈精諭〉又言：「勝書能以不言說，而周公旦能以不言聽。此之謂不言之聽。不言之謀，不聞之事，殷雖惡周，不能疵矣。口吻不言，以精相告，紂雖多心，弗能知矣。目視于無形，耳聽於無聲，商聞雖眾，弗能窺矣。」勝書與周公旦兩人溝通於無形，不言之謀、不聞之事，讓政敵無法覺察。由此可知，《呂氏春秋》確實有將老莊思想權術化的傾向。

　　同時，《呂氏春秋》也強調不透過言語，就能知曉對方的思想，也就是「相諭不待言」。是以〈精諭〉在下文中舉齊桓公之例，言「桓公之所以匿者不言也，今管子乃以容貌音聲，夫人乃以行步氣志。桓公雖不言，若暗夜而燭燎也。」再舉晉襄公之例，言「此形名不相當，聖人之所察也，莧弘則審矣。故言不足以斷事，唯知言之謂者爲可。」其論述的重心在於不單憑表面的語

言作出判斷，必須憑藉聲音容貌、行步氣志等其他線索來作判別對方的心志。這已非原始老莊思想，而雜有法家權謀之味，進而將道家思想技術化、權謀化。

同樣地，在〈觀表〉篇中，孔子也肯定了「智可以微謀」的郈成子：

> 郈成子爲魯聘於晉，過衛，右宰穀臣止而觴之，陳樂而不樂，酒酣而送之以璧，顧反，過而弗辭，其僕曰：「鄉者右宰穀臣之觴吾子也甚歡，今侯涊過而弗辭？」郈成子曰：「夫止而觴我，與我歡也；陳樂而不樂，告我憂也；酒酣而送我以璧，寄之我也。若由是觀之，衛其有亂乎！」倍衛三十里，聞甯喜之難作，右宰穀臣死之。還車而臨，三舉而歸。至，使人迎其妻子，隔宅而異之，分祿而食之，其子長而反其璧。孔子聞之曰：「夫智可以微謀、仁可以託財者，其郈成子之謂乎！」郈成子之觀右宰穀臣也，深矣妙矣，不觀其事而觀其志，可謂能觀人矣。（《呂氏春秋校釋》，頁1413）

文中藉孔子的評論來肯定郈成子的行爲，說他「智可以微謀、仁可以託財」。能透過隱微的方式與人溝通謀劃，此即「智」也。〈觀表〉篇談「凡論人心，觀事傳，不可不熟，不可不深」之理，說郈成子觀察入微，他從右宰穀臣的言行舉止，即可體察其隱藏的心思。聖人觀察深入，應時而爲，就能付出少而見功多。因此，〈論人〉篇甚至提出「八觀六驗」以識人的方法〔註43〕，歸納觀人之術的動機不僅在於任才的需求、王治的目標，亦隱含著對人心的不信任。〈觀表〉言：「人之心隱匿難見，淵深難測。故聖人于事志焉。聖人之所以過人以先知，先知必審徵表。」聖人透過各種徵兆表象來推測人心意志，知人知面，亦要知心，才能做出正確的判斷。因此，《呂氏春秋》中孔子所言之「智」指的是知人以任事、知人以成事。此處之「智」，與《論語》中「知者利仁」（〈里仁〉）、「知者不惑」（〈子罕〉）的意涵已大不相同。

由上論可知，在《呂氏春秋》中，孔子認爲眞正「知言」者可以用「微言」的方式，甚至「不言」的方式來溝通思想，也肯定「智可以微謀」、善於觀人的重要，可見孔子形象確實有被轉化爲黃老道家的趨向。

〔註43〕 〈論人〉曰：「凡論人，通則觀其所禮，貴則觀其所進，富則觀其所養，聽則觀其所行，止則觀其所好，習則觀其所言，窮則觀其所不受，賤則觀其所不爲，喜之以驗其守，樂之以驗其僻，怒之以驗其節，懼之以驗其特，哀之以驗其人，苦之以驗其志，八觀六驗，此賢主之所以論人也。」見陳奇猷《呂氏春秋校釋》，頁160。

七、識人不易、見微知著

《呂氏春秋》所言之「智」，強調的是「知人之術」，聖人之所以為聖，乃因其能「審徵表以先知」。《呂氏春秋》也特別推崇孔子見微知著的能力，〈任數〉篇說：

> 孔子窮乎陳、蔡之間，藜羹不斟，七日不嘗粒，晝寢。顏回索米，得而爨之，幾熟，孔子望見顏回攫其甑中而食之。選間，食熟，謁孔子而進食。孔子佯為不見之。孔子起曰：「今者夢見先君，食潔而後饋。」顏回對曰：「不可。嚮者煤室入甑中，棄食不祥，回攫而飯之。」孔子歎曰：「所信者目也，而目猶不可信；所恃者心也，而心猶不足恃。弟子記之，知人固不易矣。」故知非難也，孔子之所以知人難也。（《呂氏春秋校釋》，頁1066）

作者在此借用了孔子困厄陳蔡的史實，闡發自己的理念。故事中，孔子並沒有因「眼見為憑」，誤會、責罵顏回，而是採取進一步的驗證。他因而體悟到：「所信者目也，而目猶不可信；所恃者心也，而心猶不足恃」，耳目所見聞、心思所惴度並不一定符合實情。人皆有耳目心知，「知人」卻不能僅僅依賴耳目心知。

〈任數〉篇強調「耳目知巧固不足恃，惟修其數行其理為可。」「去聽無以聞則聰，去視無以見則明，去智無以知則公。」作者以孔子之例說明耳目心知容易被表象蒙蔽，不足以依靠。唯有「去聽」、「去視」、「去智」才能聰敏至公。其所謂治國之道，是「至智棄智，至仁忘仁，至德不德。無言無思，靜以待時，時至而應，心暇者勝。」使用的雖是道家老子式的語言模式，談的卻是黃老治術，原始道家所言之「棄智」是要剷除耳目感官的限制，回溯生命之本真；而黃老道家所言之「棄智」雖然同樣認為人君不可受到耳目感官的蒙蔽，卻更強調知人以善任，拔識真正的人才，如此就能得到賢人之助，其終極目標在於「君因臣為」、「君無為而臣有為」。

由此可知，黃老所言「棄智」、「無思」只是去其感官心知之蔽障，王者必須具備識拔人才、見微知著的能力。去除思智，如何能知人任才？此牽涉修養工夫，唯修養達致虛靜清明之境，才能明白測知事物變化的徵兆。在〈察微〉篇中，同樣讚許了孔子見微知著的能力，文曰：

> 魯國之法，魯人為人臣妾於諸侯、有能贖之者，取其金於府。子貢贖魯人於諸侯，來而讓不取其金。孔子曰：「賜失之矣。自今以往，

魯人不贖人矣。取其金則無損於行，不取其金則不復贖人矣。」子
路拯溺者，其人拜之以牛，子路受之。孔子曰：「魯人必拯溺者矣。」
孔子見之以細，觀化遠也。（《呂氏春秋校釋》，頁 1003）

〈察微〉篇說：「治亂存亡，其始若秋毫。察其秋毫，則大物不過矣。」孔子
能從子貢與子路的行爲測知魯國社會將來的風氣，可見孔子有見微知著，預
知後事的才能。〈義賞〉篇亦載：

趙襄子出圍，賞有功者五人，高赦爲首。張孟談曰：「晉陽之中，赦
無大功，賞而爲首何也？」襄子曰：「寡人之國危，社稷殆，身在憂
約之中，與寡人交而不失君臣之禮者惟赦，吾是以先之。」仲尼聞
之曰：「襄子可謂善賞矣。賞一人而天下之爲人臣莫敢失禮。」爲六
軍則不可易。北取代，東迫齊。令張孟談踰城潛行，與魏桓、韓康
期而擊智伯，斷其頭以爲觴，遂定三家，豈非用賞罰當邪？（《呂氏
春秋校釋》，頁 780～781）

孔子評論趙襄子，說他善於賞賜。賞賜了一個人，天下臣子就沒人敢失禮了。
〈察微〉與〈義賞〉兩則故事，都說明了孔子洞燭機先、一葉知秋。同時也
說明上位者的言行有著示範的作用，君主對於自身的言行不可不慎。《呂氏春
秋》強調「知幾」之理，「至知不幾，靜乃明幾」（〈審分〉），虛靜才能觀察出
事物變化的細微徵兆。孔子在《呂氏春秋》的詮釋之下，正是具備見微知幾、
見小知大能力之人〔註44〕。

　　綜合以上所言，可知《呂氏春秋》中的孔子能夠見微知著、以小見大，
合於《老子・六十三章》所言：「圖難於其易，爲大於其細；天下難事必作於
易，天下大事必作於細。是以聖人終不爲大，故能成其大。」及〈六十四章〉
所言：「其安易持，其未兆易謀。其脆易泮，其微易散。爲之於未有，治之於
未亂」。孔子在《呂氏春秋》的改造下，儼然成爲能見小知大，預知後事的黃
老道家聖人〔註45〕。

〔註44〕陳師麗桂指出：《呂氏春秋》說：「得道者必靜，可以言君道也……天之大靜，
　　　　既靜而又寧，可以爲天下正。」（〈君守〉）明白點出：政治上的虛靜無爲，是
　　　　法自天道的虛靜無爲的。……因任自然、依順自然叫「無爲」。這些從自然之
　　　　道上去談「虛靜」，都屬《老子》「無爲」一義的「虛靜」。但《呂氏春秋》接
　　　　著又說：「至知不幾，靜乃明幾」（〈審分覽〉），「靜」可以明白觀測到週遭事
　　　　物變化的細微徵兆，這是《老子》「致虛」「守靜」以「觀復」的推衍，見師
　　　　著《秦漢時期的黃老思想》，頁 36。
〔註45〕佐藤將之指出：《呂氏春秋》主張「未至化而知」的重要，而且還設計名爲〈知

第四節　結　語

　　在《呂氏春秋》中，孔、墨並尊的現象隨處可見，儒、墨思想有合流的趨勢，且墨將併於儒的趨向也已隱然成形。而儒道之間，則是有衝突，也有融合。〈貴公〉認為就「公」而言，老子高於孔子；〈有度〉批判儒家的「仁義之術」，這是儒道之爭鋒；〈離俗〉同時肯定道家隱者與儒家聖功，這是儒道之融合。在這樣的學術氛圍下，孔子形象勢必有所轉化。

　　孔子基本上保持了儒家形象，然而在理論的闡發上，有向黃老道家發展的傾向。《呂氏春秋》喜用孔子的言論或事例來佐證黃老道家之理，因此促成了孔子的「黃老道家化」。

　　在《呂氏春秋》中，孔子因順時勢，以求建立事功；見小知大、能預知後事；強調盛極而衰、物極必反的道家式憂患意識；將「誠」的發用，化為實際的統治之術；論「無為而治」時引用老子之言，孔子儼然成為會通儒道之人；而在〈精諭〉的塑造下，孔子更成了與天符同的道家聖人。因此，作者的論述闡釋已不完全合於《論語》的原意，而有了偏向黃老道家的趨勢。至於孔子肯定至言去言、智可微謀的言論更可見其政治化、權術化的傾向。這正是《呂氏春秋》詮釋孔子的創新特出之處。

　　化〉的一篇。同時，將能不能「化未至而知」，作為區分「賢愚之分」的重要條件。如此，《呂氏春秋》的作者似乎期待能夠掌握「變化」的聖人出現。見氏著〈中國古代「變化」觀念之演變暨其思想意義〉，《政大中文學報》第三期（2005 年 6 月），頁 69。